西安石油大学优秀学术著作出版基金资助
西安石油大学油气资源经济管理研究中心资助
陕西省教育厅人文社科专项项目（2013JK0106）资助

城市化、能源消费与经济增长：
理论分析与实证研究

张优智 著

Chengshihua Nengyuanxiaofei Yu Jingjizengzhang:
Lilunfenxi Yu Shizhengyanjiu

中国社会科学出版社

图书在版编目（CIP）数据

城市化、能源消费与经济增长：理论分析与实证研究/张优智
著 . —北京：中国社会科学出版社，2015.5
ISBN 978 - 7 -5161 -6159 -3

Ⅰ.①城…　Ⅱ.①张…　Ⅲ.①城市化—关系—能源消费—研究
②城市化—关系—经济增长—研究　Ⅳ.①F291.1

中国版本图书馆 CIP 数据核字（2015）第 110856 号

出 版 人	赵剑英
责任编辑	刘晓红
责任校对	周晓东
责任印制	戴　宽

出　　版	中国社会科学出版社
社　　址	北京鼓楼西大街甲 158 号
邮　　编	100720
网　　址	http：//www. csspw. cn
发 行 部	010 - 84083685
门 市 部	010 - 84029450
经　　销	新华书店及其他书店

印　　装	北京君升印刷有限公司
版　　次	2015 年 5 月第 1 版
印　　次	2015 年 5 月第 1 次印刷

开　　本	710×1000　1/16
印　　张	15
插　　页	2
字　　数	259 千字
定　　价	56.00 元

凡购买中国社会科学出版社图书，如有质量问题请与本社发行部联系调换
电话：010 - 84083683
版权所有　侵权必究

目　录

第一章　绪论

第一节　研究背景

一　现实背景

众所周知，一个社会的进步程度和人类对能源的依赖程度是正相关的关系。能源是一个国家经济增长的重要条件之一。能源与经济增长之间存在着十分紧密的联系，一方面，经济增长对能源需求存在着一定的依赖性；而另一方面，能源作为经济增长的促进因素的同时也会对经济增长形成制约。这主要是因为能源的稀缺性和能源的利用会引起二氧化碳排放，进而给生态环境带来负面效应，影响各国经济可持续发展。因此，厘清经济增长与能源消费之间的关系，对世界各国经济的持续发展具有重大意义。20 世纪以来，全球范围内爆发了三次石油危机，即 1973 年第一次石油危机、1978 年第二次石油危机以及 1990 年第三次石油危机，三次石油危机都对世界经济造成了一定的影响和冲击。此外，世界各国从 1992 年9 月巴西里约热内卢召开的联合国环境与发展会议上制定的《联合国气候变化框架公约》开始，到 2009 年 12 月在丹麦首都哥本哈根召开的"哥本哈根世界气候大会"为止，都一直关注能源消费、经济增长与节能减排等问题。因为能源是经济增长的投入要素，在推动经济增长同时，也会产生大量的二氧化碳并对生态环境造成破坏。同时自 2007 年 8 月开始出现的经济危机，对世界各国的经济均有一定的影响，能源领域在世界各国经济发展中的基础性地位也遭受到了冲击。因此，需要各国政府协调好能源消费与经济增长之间的关系。

我国在 2009 年已经成为世界第二大经济实体、第一大二氧化碳排放国、第二大能源消费国以及煤炭消费第一大国。国内生产总值（GDP）从 1953

年的 824.2 亿元上升为 2013 年的 568845.21 亿元。尤其根据胡鞍钢（2008）的研究发现：我国 GDP 在 1978—2007 年的 29 年间增长了 14.93 倍，年均增长速度约为 9.77%，创造了"中国奇迹"。但与此同时我国也付出了巨大的能源代价。我国的能源消费量已经从 1953 年的 5411 万吨标准煤，增加到 2013 年的 375000 万吨标准煤，其中煤炭消费总量为 247500 万吨标准煤（占能源消费总量 66%）、石油消费总量为 69000 万吨标准煤（占能源消费总量 18.4%）、天然气消费总量为 21750 万吨标准煤（占能源消费总量 5.8%）、水电、核电、风电消费总量为 36750 万吨标准煤（占能源消费总量 9.8%）。而从 2010 年起，我国已经成为世界能源消费第一大国。我国从 2001 年到 2013 年能源消费年均增加 1.9 亿标准煤，年均增速高达 8%，占全球能源消费的比重从 21 世纪初不足 11% 增加到 22%，尤其在 2002—2012 年，我国能源消费量占世界总增量的 58%。同时，根据英国石油公司（BP）数据显示，2010 年中国以 20.3% 的能源需求高于美国的 19% 成为能源消耗第一大国，较 2009 年相比上升了 11.2%。中国的煤炭消耗量以 48% 高居榜首。2009 年中国煤炭和石油的对外依存度均超过了 50% 的国际警戒线。可见，伴随着中国经济的高速增长，能源消耗量也在持续增长。

除了能源消费，城市化也与一国的经济发展密切相关。随着经济的迅速增长，我国的城市化水平也稳步推进，从 1953 年的 13.31% 上升到 2013 年的 53.73%，城市化已进入加速发展的中期阶段。同时，城市化还与能源消费密切相关。但城市化进程对能源消费到底具有何种影响效应呢？未来一段时期我国城市化仍将快速推进，而能源消费问题将比较突出，在这种背景下来分析城市化水平与能源消费的动态关系，建立以能源节约为主导的城市化发展模式，对促进城市化进程与能源消费的协调发展具有重要意义。目前，学术界对城市化与能源消费、能源消费与经济增长、城市化与经济增长的研究由于采用的计量方法和数据时段及其研究对象不同，研究结论有差异甚至有些结论之间是相互矛盾的。因此，为了揭示它们之间复杂而真实的关系，需要从非线性视角进行系统而深入的分析。

（一）随着经济总量的增加，能源消费量迅速上升

2013 年我国 GDP 达到了 568845.21 亿元，同时期能源消费总量也达到了 375000 万吨标准煤，比 1978 年的 57144 万吨标准煤高出了 317856 万吨标准煤。图 1-1 显示，随着我国经济总量的增加，能源消费量迅速

上升，但是 1992 年前后我国出现了能源供需矛盾。在 1992 年之前，中国能源生产总量大于能源消费总量，但是从 1992 年后则一直是能源消费总量大于能源生产总量，能源供需之间开始出现矛盾。《BP 世界能源统计年鉴（2014）》的相关数据表明：我国 2013 年能源进口在 GDP 中所占比重几乎是 2003 年的 3 倍。《BP2030 世界能源展望》还预测：到 2030 年，中国与印度将分别成为世界上最大和第三大经济体以及能源消费国，两国的人口、GDP 和能源需求总和将占全球总量的 35%。同时快速的经济发展意味着工业化、城市化和机动化。未来 20 年全球煤炭需求净增长将全部来自中国和印度，全球 94% 的石油需求净增长、30% 的天然气需求净增长，以及 48% 的非化石燃料需求净增长都将来自中印两国。《BP2030 世界能源展望》还指出：中国更高的能源需求将会导致 2030 年的全球煤炭、石油以及天然气需求分别提高 32%、8% 和 2%，并使全球二氧化碳排放量增加 18%。这就给我国的能源生产与供应能力带来了一定的挑战。

图 1-1 1978—2012 年中国能源生产总量、消费总量与经济增长变动情况

资料来源：根据《新中国六十年统计资料汇编》、《中国能源统计年鉴（2013）》以及国家统计局网站数据整理而得。

中国、美国和俄罗斯是当今世界的三大能源消费国与生产国。俄罗斯是世界上最大的化石燃料出口国，而日本、美国及中国则分别是第一、第二和第三大进口国。2013 年，中美两国的能源消费增长之和占全球增长的 72.52%。《BP2035 世界能源展望》预测：2012—2035 年，全球煤炭消费年均增长 1.1%。非经合组织的煤炭消费继续增长（年均 1.6%），抵消了经合组织的下滑（年均 -0.9%）。到 2035 年，中国和印度将共同贡献 87% 的全球煤炭消费增长。2035 年中国在全球消费中占 52%，仍将是最大的煤炭消费国，而印度（13%）将在 2024 年超过美国，位居第二。经合组织的比重将从 2012 年的 28% 降至 2035 年的 18%。根据国际能源署（International Energy Agency，IEA）的预测，我国石油进口依存度2020 年以后将超过 60%，而在 2030 年前将超过 70%。《BP2030 世界能源展望》指出：中国的天然气消费将以年均 7.6% 的速度迅速增长，2030 年的消费量将达到 460 亿立方英尺／日，相当于欧盟 2010 年的天然气消费水平。中国在全球天然气需求增长中占 23% 的份额。天然气在中国一次能源消费中所占的份额将从 2013 年的 5.8% 增加到 9.5%。

通过图 1-2 可以发现：我国煤净进口量 2009 年就达到了 60.80 百万吨标准油，已经开始成为煤炭的净进口国，2011 年的净进口量上升为82.58 百万吨标准油，而美国还没有出现煤炭的净进口情况。同时，我国1992 年就已经成为石油净进口国，2007 年我国的石油进口依存度高达46%，2008 年我国石油净进口量在国内油品消费量中的比重接近 52%，而到了 2011 年我国石油净进口量，虽然比美国的 465.69 百万吨标准油少，但也达到了 275.30 百万吨标准油（见图 1-3）。2013 年我国的天然气消费增长 10.8%，达到了 153 亿立方米，居世界首位。虽然中国的天然气生产实现全球第二大增量，增加了 9.5%，达到了 99 亿立方米，但仍有巨大的缺口需要通过增加进口予以解决。这一缺口主要是通过进口液化天然气（增长 22.9%）以及管道天然气（增长 28.0%）来填补。

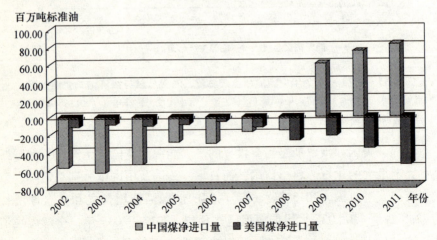

图 1-2 2002—2011 年中国与美国煤净进口量比较

资料来源：根据《中国能源统计年鉴（2013）》整理而得。

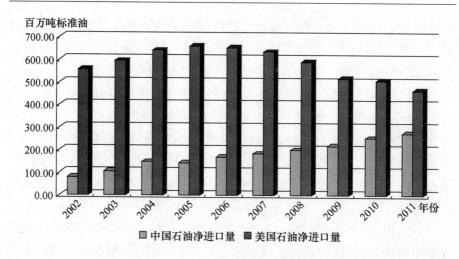

百万吨标准油

■ 中国石油净进口量   ■ 美国石油净进口量

图 1 - 3   2002—2011 年中国与美国石油净进口量比较

资料来源：根据《中国能源统计年鉴（2013）》整理而得。

1985 年我国能源消费量只占世界能源消费总量的 7.5%，但从 1993 年开始，我国已经成为世界第二大能源消费国，占世界能源消费总量的 10%，仅次于美国。我国终端能源消费量在 2010 年和 2011 年分别达到了 1512.22 百万吨标准油和 1634.71 百万吨标准油，分别占世界终端能源消费量的 17.43%、18.33%。同时能源自给率 2011 年我国只有 0.89，也低于世界 1.01 的平均水平。2011 年我国人均能源供应量只有 2.03 吨标准油/人，虽然高于世界平均水平，但是远远低于美国的 7.02 吨标准油/人（见表 1 - 1）。由此可见，随着我国经济发展，能源需求会加大，但是能源供给不足问题将会比较突出。

表 1 - 1 　　　　　　2002—2011 年人均能源供应量情况　　　　　单位：吨标准油/人

国家和地区	2002 年	2003 年	2004 年	2005 年	2006 年	2007 年	2008 年	2009 年	2010 年	2011 年
世界	1.65	1.69	1.75	1.79	1.8	1.82	1.83	1.8	1.86	1.88
OECD 合计	4.66	4.67	4.73	4.62	4.64	4.65	4.49	4.27	4.39	4.28
美国	7.94	7.84	7.92	7.89	7.74	7.74	7.5	7.04	7.03	7.02
非 OECD 合计	0.97	0.99	1.05	1.08	1.11	1.15	1.18	1.19	1.24	1.3
中国	0.95	1.06	1.22	1.34	1.41	1.49	1.57	1.69	1.81	2.03

（二）随着城市化的稳步推进增加，能源消费也会增加

国家新型城镇化规划（2014—2020 年）显示：改革开放以来，伴随

着工业化进程的加速，我国城市化经历了一个起点低、速度快的发展过程。1978—2013 年，城镇常住人口从 1.7 亿人增加到 7.3 亿人，城市化率从 17.9% 提升到 53.7%，年均提高 1.02 个百分点。京津冀、长江三角洲、珠江三角洲三大城市群，以 2.8% 的国土面积集聚了 18% 的人口，创造了 36% 的国内生产总值，成为带动我国经济快速增长和参与国际经济合作与竞争的主要平台。但是，2013 年我国常住人口城市化率为 53.7%，户籍人口城市化率只有 36% 左右，不仅远低于发达国家 80% 的平均水平，也低于人均收入与我国相近的发展中国家 60% 的平均水平，还有较大的发展空间。

众所周知，1953 年我国城市化率只有 13.31%，而到了 2010 年城市化率上升到 49.95%，农村人口和城市人口基本相当，城市化进程处于加速发展期。2013 年城市化率更是上升到了 53.73%。随着我国城市化率的提高，同时期能源消费也从 1953 年的 5411 万吨标准煤增加到了 2013 年的 375000 万吨标准煤（见图 1 - 4）。因为在城市化加速阶段，经济发展对工业特别是资源型工业的依赖要高于城市化初级阶段，这会增加能源消费量。所以，城市化进程的推进所带来的生产和生活方式的改变将会导致总体能源消费水平的上升。

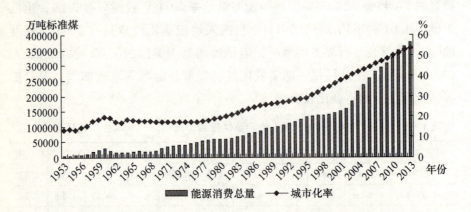

图 1 - 4　1953—2013 年我国城市化水平与能源消费变动情况

资料来源：根据《新中国六十年统计资料汇编》和国家统计局网站数据整理而得。

我国能源资源的结构特点为"富煤、贫油、少气"，人均石油与天然气资源仅有世界人均量的 11% 和 4%，但我国在城市化过程中，能源消费需求快速增长。根据相关统计，最近几年我国每年约有1800万农村居民成为城镇居民，按照当前的城市化趋势，我国2050年城市化率将达到75%左右，那时候就有3亿多农民市民化。可见，城市化的稳步推进，必然产生大量的新增能源需求。《BP2030世界能源展望》指出：2010年到2030年，中国的千人汽车保有量将从约50辆增加到140辆（年均增长5.7%）。《BP2035世界能源展望》还预测：2035年，中国的液体燃料消费需求将增长800万桶/日，达到1800万桶/日，在2029年超过美国（美国在展望期内的需求将减少270万桶/日，降至1580万桶/日）。可见，随着我国人均GDP的提高以及农民市民化进程的加快，居民对交通运输业的服务需求也将继续增加，这将对液体燃料产生更高的需求。因为我国的交通行业的石油消费占每年石油消费的40%以上。

二 理论背景

城市化、能源消费与经济增长之间的关系一直是经济领域学者研究的热门主题。许多理论虽然探讨了变量之间的关系，但国内外研究由于研究角度、计量方法、研究对象、研究时段、数据选择、解释变量多少、控制变量选取等的不同，加之有些研究直接采用原始数据，未能对数据进行指数调整，这些因素均会导致研究结论的差异，甚至互相矛盾，所以说对城市化与能源消费、能源消费与经济增长、城市化与经济增长以及城市化、能源消费与经济增长之间的关系仍有许多尚待进一步研究的问题。

（1）经济增长与能源消费之间的关系一直是经济领域学者研究的热门主题。国内外学者运用不同计量方法研究不同国别（或地区）和不同时段的研究结果可以归纳为单向因果关系、双向因果关系和无因果关系。即：①有的学者发现能源消费为经济增长的格兰杰原因。如果能源消费是经济增长的原因，那么经济发展具有较强的"能源依赖"、"能源高耗"等特征，能源供应紧张将成为制约中国经济增长的"瓶颈"，即能源短缺将阻碍经济增长。或者说，这个结论就为经济增长理论提供了理论依据。经济增长理论的观点是：能源在工业化过程中具有不可替代的重要作用，其应该与资本、劳动一样，成为经济增长的必要因素。②有的学者发现只是存在从经济增长到能源消费的格兰杰原因。如果经济增长是能源消费增长的原因，那么这意味着经济增长对能源的依赖性不强，实行能源储备政策将对经济影响效果不大。或者说，这个结论就会支持保守假说，也就是说一国的经济增长不依赖于能源消费，能源保守政策对经济增长的冲击很小。③有的学者发现能源消费与经济增长之间是双向格兰杰因果关系。说明了该研究结论支持反馈假说。④有的学者发现能源消费与经济增长之间不存在格兰杰因果关系。如果能源消费和经济增长之间不存在任何方向的因果关系，即节能政策不能影响经济增长。或者说，该研究结论支持中性假说。中性假说认为能源在经济增长中的作用是中性的，能源因素并不是拉动经济增长的必要因素。可见，虽然大量的研究探讨了能源消费与经济增长之间的关系，但是目前还没有达成一致的结论，需要采用新的计量方法对这一问题进行深入研究。

（2）现有研究大多数均是在双变量的分析框架下，单独研究了能源消费与经济增长或城市化与能源消费或者城市化与经济增长之间的关系，而没有对城市化、能源消费与经济增长之间的关系采用非线性技术在一个统一的分析框架下进行，这就构成了本书的研究起点。

第二节　研究意义

目前国内外学者以能源消费为研究对象的论文比较多，但系统深入研究城市化、能源消费与经济增长三者之间相互关系的论文比较少。本书将主要从理论与实证两个方面研究城市化、能源消费与经济增长三者之间的关系，因而具有一定的学术意义及实际应用价值。

一　学术意义

目前国内外学者研究探讨了能源消费与经济增长或城市化与能源消费或者城市化与经济增长之间的关系，但是还缺乏在非线性框架下对这三者之间的相互关系的系统研究。众所周知，经济经济增长问题是经济学家关注的焦点问题之一。古典经济学家是属于物质资本决定者，他们持物质资本积累促进了经济增长的论点。而新古典学派经济学家是典型的技术进步决定论者，其认为技术进步是推动经济增长的最关键因素。主流经济增长理论坚持认为：能源是可以被其他要素所替代的外生变量，即缺少能源一国经济也可持续增长。但是20世纪以来，全球范围内爆发了"三次石油危机"致使全球经济衰退和波动，这时候学者们才重视能源对经济增长的影响。由于国内外学者采用计量分析来研究城市化、能源消费与经济增长问题还未达成一致结论，也没有形成一个系统深入研究三变量相互作用机理的理论框架。本书试图研究城市化、能源消费对经济增长的影响，构建相对完整的能源消费理论体系，进而希望在能源经济领域中有可能进行理论创新。因此，本书的研究不仅能够为我国经济发展过程中能源政策和节能减排政策的制定以及建设资源节约型与环境友好型社会提供理论支撑，而且还能够丰富能源经济学与经济增长理论的研究成果。

总体来说，本书主要具有以下几个方面的学术意义：

（1）采用线性和非线性计量方法分别来研究城市化与能源消费之间的关系以及城市化不同阶段能源消费的影响因素，为以后采用更为先进的计量方法来研究这一问题奠定了一定的基础，也拓宽了城市化与能源消费实证研究的视野。

（2）采用协整检验和状态空间模型，在扩展的生产函数中研究了能源消费与经济增长之间的动态关系、能源消费结构与经济增长之间的动态关联关系、能源效率与经济增长之间的关系，有利于在理论上从数量和质量两方面来深入认识能源消费与经济增长之间的关系。同时通过构造四个不同的STR模型分别来研究能源消费与经济增长的长期动态非线性关系，实证得出在不同区制状态下的转换速度（平滑参数），这就丰富了经济增长与能源消费研究的方法手段以及能源经济理论研究的视角。

（3）运用STR模型对城市化与经济增长之间的关系进行了研究，估计出促进经济增长的最优城市化率（位置参数），深化了城市经济学相关理论。同时本书在线性和非线性框架下实证分析了城市化和能源消费对经济增长的影响，这样可以深化对它们之间关系的认识。

二　实践意义

（1）有利于正确理解城市化在我国能源消费中的作用，测算城市化进程中能源消费的数量特征，建立以能源节约为主导的城市化发展模式，对促进城市化进程与能源消费的协调发展具有重要的现实意义。同时，这样可以为政府部门稳步而有序地推进城市化进程提供相关理论指导与政策依据，进而实现城市化与能源消费的协调发展。

（2）采用协整检验和状态空间模型的Kalman滤波法及其非线性方法对我国能源消费与经济增长之间的关系进行实证检验，得到的研究结论有助于了解我国能源政策的出台背景，有助于政府部门与经济学家了解这些政策的有效性，并进一步为相关能源政策的制定、预测提供良好的理论依据和实践支持。

（3）正确理解城市化促进我国经济增长的具体效应，采用非线性技术对城市化推动我国经济增长的作用进行实证检验，研究结论所得到的最优城市化水平将会对以后的经济政策制定提供一定的理论支持及政策参考。同时，由于本书得到最优城市化水平门限值两侧存在非对称性影响和不同状态间的转换速度，这也将会对我国以什么样的速度合理有序地推进城市化从而促进经济增长提供理论帮助。

（4）正确理解城市化、能源消费对经济增长的影响效应，从实证分析中认识现阶段我国城市化、能源消费与经济增长之间的非线性关系，有利于政府部门采取有针对性的对策与措施，大力推进城市化和实施节能政策，从而促进经济增长。

第三节　相关概念辨析

一　城市化

城市是人类为满足自身生存与发展需要而创造的一种经济社会活动高度集中的地域空间。本书的城市，指的是国家按行政建制设立的直辖市、市以及镇，把建制镇也归为城市范畴。而城市化是伴随工业化发展，非农产业在城镇集聚、农村人口向城镇集中的自然历史过程，是人类社会发展的客观趋势，是国家现代化的重要标志。

各国城市化发展的规律由诺瑟姆（Northam）1975年总结为城市化发展曲线，即S形曲线。世界城市化具有明显的阶段性，可以分为三个阶段：第一阶段城市化水平小于30%，此时城市人口增长缓慢，当城市人口比重超过10%以后城市化水平才略微加快。该阶段人们的生产和生活方式以农业和农村为主，以城市的生产和生活方式为辅。第二阶段城市化水平在30%—70%，当城市人口比重超过30%城市化进入加速阶段，城市化进程出现加快趋势，这种趋势一直持续到城市化水平达到70%才会稳定下来。主要表现在两个方面：一方面是城市人口规模的不断扩大；另一方面是城市的数量也在不断增加。该阶段人们的生产和生活方式也在发生深刻的变化，主要表现为由农业和农村转变为工业和城市。第三阶段城市化水平大于70%。此时社会经济发展渐趋成熟，城市人口保持平稳。

该阶段人们生产方式由工业向服务业转变，生活方式由追求数量向提高生活质量转变。

城市化水平是测量一个国家或者地区城市化程度的重要指标，通过一定的量化方法计算其发展水平是学术界通行的做法。因为城市化是一种比较复杂的社会现象，由此产生了几种测算方法。归纳起来主要有三类：单一指标法、综合指标法及其他指标法。一般常见的测算方法有人口比重指标法、城镇土地利用比重指标法、调整系数法、农村城镇化指标体系法与现代城市化指标体系法等几种。一般考虑到数据获得的便利性，主要采用市镇人口占总人口比重指标来衡量城镇化水平（即人口比重指标法），即城市化率=市镇人口/总人口。由于该指标具有简单明了的特点，已经被各学科所普遍接受，也是世界公认的度量城市化水平的指标。洪银兴、陈雯（2000）也认为现在城市化通常是以城镇人口占总人口的比重作为指标衡量的，这种衡量指标是有理论依据的。诺贝尔经济学奖得主库兹涅茨将城市化定义为：城市和乡村之间的人口分布方式的变化，即城市化的进程（库兹涅茨，1989）。

二 能源消费

能源，是指自然界赋存的能够为人类提供某种形式能量的物质或者物质的转换运动过程。早期工业化几乎完全依靠煤炭，后来廉价的石油和内燃机帮助石油取代了煤炭，成为主导燃料。逐渐地，能源结构进一步多样化，各种燃料被专门用于不同的应用（石油用于运输，煤炭用于电力）。总体而言，燃料结构仍由燃料可获得性和当地成本决定。能源强度较低的国家有更大空间去承受更清洁和更方便的燃料。世界能源委员会根据能源转换和应用的层次，把能源分类为：化石能源（包括石油等液体燃料、煤炭等固体燃料、天然气等气体燃料）、水能、电能、太阳能、生物质能、风能、核能、海洋能和地热能。根据能源的基本形态，把能源费划分为：煤炭、石油、天然气、水能、风能、太阳能、生物能、海洋能等一次能源（以现存形式存在于自然界，可直接取得而不改变其基本形态的天然能源）以及电力、煤气、汽油、柴油、煤油、焦炭、生物燃料和沼气等二次能源（由一次能源直接或间接转换成其他种类和形式的能量资源）。

还可以根据是否可以短期再生或补充，把能源划分为：可再生能源（风能、水能、海洋能、潮汐能、太阳能和生物质能等）和不可再生能源

（煤、石油以及天然气等）。根据能源的使用类型，把比较普遍使用的煤炭、石油和天然气等资源定义为常规能源，而把还处于研究以及发展阶段的太阳能、地热能、风能、生物能、海洋能、氢能等叫作新型能源。

三　经济增长

在经济学界，经济学家经常把经济增长定义为生产能力的增长。美国经济学家 S. 库兹涅茨曾给经济增长下了这样一个定义："一个国家的经济增长，可以定义为给居民提供种类日益繁多的经济产品的能力长期上升。"这个定义表明经济增长集中表现在经济实力的增长上，而这种经济实力的增长就是商品和劳务总量的增加，即国内生产总值的增加。所以，经济增长最简单的定义就是国内生产总值的增加。国内生产总值（GDP）指按市场价格计算的一个国家（或地区）所有常住单位在一定时期内生产活动的最终成果。国内生产总值有三种表现形态，即价值形态、收入形态和产品形态。从价值形态看，它是所有常住单位在一定时期内生产的全部货物和服务价值与同期投入的全部非固定资产货物和服务价值的差额，即所有常住单位的增加值之和；从收入形态看，它是所有常住单位在一定时期内创造并分配给常住单位和非常住单位的初次收入之和；从产品形态看，它是所有常住单位在一定时期内最终使用的货物和服务价值与货物和服务净出口价值之和。在实际核算中，国内生产总值有三种计算方法，即生产法、收入法和支出法。三种方法分别从不同的方面反映国内生产总值及其构成。经济增长可以采用国内生产总值、国民生产总值或者人均国内生产总值来测量。

经济增长理论按其发展的脉络和内在逻辑关系可分为三个阶段：资本决定论、技术进步论、知识积累和人力资本内生决定论，每个理论各自都提出了相应的生产函数和经济增长模型。其中，最具代表性的经济增长理论模型是古典经济增长理论的哈罗德—多马增长模型、新古典经济增长理论的索洛模型和新经济增长理论的卢卡斯模型。

卢卡斯（Lucas，1988）吸收了人力资本的思想，放弃了将生产部门区分为物质生产部门和生产知识的教育部门两个部门的做法，而是假定每个劳动者用一定比例 β 的时间从事生产，还用 $1-\beta$ 的时间从事人力资本建设。这样，卢卡斯的生产函数为：

$$Y = AK^{\beta}(\mu Nh)^{1-\beta}h^{\gamma} \tag{1.1}$$

其中：N 是劳动力数，h 是人均人力资本，h^{γ} 是人力资本的外部效应

递增。技术进步方程式为:

$$\frac{\dot{h}(t)}{h(t)} = \delta[1 - u(t)] \tag{1.2}$$

在以上两个约束条件下求解效用最大化问题:

$$\max \int_0^\infty e^{-pt} \frac{c^{1-\sigma}(1-t)}{1-\sigma} N(t) dt \tag{1.3}$$

卢卡斯最后也导出了他的模型的均衡增长条件:

$$g = \frac{\dot{h}(t)}{h(t)} = \frac{(1-\beta)[\delta - (\rho - \lambda)]}{\delta(1-\beta+\gamma)-\gamma} \tag{1.4}$$

其中:λ 是劳动力增长率或人口增长率。这里尽管经济的均衡增长率仍然与 λ 有关,但是即使 λ 等于 0 或者小于 0,经济的均衡增长仍然是可能的。

卢卡斯将人力资本作为一个独立的因素纳入经济增长模型,运用更加微观的、个量的分析方法,将舒尔茨的人力资本和索洛的技术进步结合起来。卢卡斯将人力资本引入索洛模型,视其为索洛模型中"技术进步"的另一种增长动力形式,视人力资本积累为经济长期增长的决定性因素,并使之内生化。

第四节 研究的问题、内容及目标

一 研究问题

为了大力推进城市化和实施节能政策,从而促进经济增长,本书主要提出了以下研究问题:

城市化进程对能源消费到底具有何种影响效应?城市化与能源消费之间相互作用的机理是什么?城市化与能源消费之间的关系是线性还是非线性?能源消费与经济增长之间是否存在协整关系?在劳动力与资本要素投入水平不变时,能源消费对经济增长的偏弹性系数是多少?煤炭消费、石油消费、电力消费与经济增长之间是否存在长期的均衡关系?能源消费与经济增长之间的关系是线性还是非线性?促进经济增长的最优城市化率是多少?与传统的线性模型相比,平滑转换回归模型是否能够准确反映我国城市化、能源消费对经济增长的非对称效应?

二　研究内容

基于以上问题，本书主要探讨如下几个方面的内容：

（1）城市化、能源消费与经济增长问题分析框架构建。主要分析了城市化与能源消费之间相互作用的机制、能源消费对经济增长的影响、城市化与经济增长之间相互作用的机制以及城市化、能源消费与经济增长数理关系的构建。

（2）城市化进程中的能源消费问题研究。首先，基于我国城市化和能源消费的现状，采用协整和格兰杰因果检验等线性计量方法分析了城市化与能源消费之间的关系。其次，使用平滑转换回归模型方法研究了城市化与能源消费之间的动态关系和非对称影响效应。最后，基于诺瑟姆城市化发展曲线的标准，以 1978 年与 1995 年为阶段分界点，分别对 1953—1978 年、1979—1995 年、1996—2011 年三组时间段内城市化、工业化与能源消费的关系问题进行比较研究，即分析了城市化不同阶段能源消费的影响因素。

（3）能源消费与经济增长内在依从关系的研究。首先，基于协整检验和状态空间模型，在扩展的生产函数中研究了能源消费与经济增长之间的动态关系。其次，分别研究了煤炭消费、石油消费、电力消费与经济增长关系。再次，选择能源效率作为度量能源消费质量的指标，对能源消费质量与经济增长的关系进行分析。最后，构造了四个不同的 STR 模型分别来研究能源消费与经济增长的长期动态非线性关系。这种方法可以实证得出在不同区制状态下的转换速度（平滑参数）。

（4）城市化对经济增长的影响研究。主要基于线性时序数据研究了城市化与经济增长之间的关系以及运用 STR 模型对我国的城市化与经济增长的关系进行了研究。这个模型考虑了城市化对于经济增长影响的门限效应，它允许当城市化水平较低和较高时，城市化对于经济增长有不同的作用，这样可避免由于选择了不同的样本时期而得出不同甚至是相反结论的问题，也可以更全面地了解城市化与经济增长的关系。

（5）城市化、能源消费与经济增长关系研究。主要基于线性和非线性时间序列数据的视角把城市化、能源消费与经济增长三变量纳入到同一分析框架下，对三变量之间的关系进行全面深入的分析。线性分析发现：城市化对经济增长的促进作用比能源消费显著。进一步的分析还发现：能源消费具有显著的中介效应。交互项的系数为正值，说明随着能源消费水平的提高，我国城市化将促进经济增长。同时，还在传统的线性模型基础上引入 STR 模型，构建了一个我国城市化、能源消费与经济增长的非线性模型，同时，引入城乡收入差距因素，考察了我国城市化、能源消费、城乡收入差距与经济增长的动态演变。

三　研究目标

（1）界定城市化、能源消费与经济增长的内涵，找到准确捕捉三变量之间关系的计量方法。

（2）总结前人的研究成果，经过梳理相关文献，建立线性和非线性计量模型，对城市化与能源消费、能源消费与经济增长、城市化与经济增长以及城市化、能源消费与经济增长之间的关系进行实证检验，并给出合理的经济学解释。

（3）采用非线性技术对城市化推动我国经济增长的作用进行实证研究，并检验最优城市化水平在门限值两侧对经济增长的影响是否存在非对称性与在不同状态间的转换速度。

第五节　研究方法、技术路线与研究框架

一　研究方法

本书主要采用理论研究与实证分析相结合的研究方法。对城市化与能源消费、能源消费与经济增长、城市化与经济增长以及城市化、能源消费与经济增长之间理论关系的研究主要采用理论研究的方法，而对它们之间效应的估算主要采用实证研究的方法。这部分采用实证研究的主要原因在于：经济学理论研究来源于现实，又为了解释现实。因此，脱离实际的研究是没有价值的。本书将严格检验逻辑分析所得出的结论与经验事实的一致性，努力在已有或者自己调查所得数据的基础上，为理论逻辑分析提供实证分析。

具体来说，本书采用的研究方法主要有：

（1）理论分析方法。在理论分析上，本书主要依据宏观经济学、发展经济学和区域经济学中的相关理论对问题进行研究，并对经济增长理论中的"柯布—道格拉斯生产函数"（即 C–D 生产函数）进行扩展，将能源消费看成是生产函数的内生变量来考察资本存量、劳动力投入、能源消

费总量对经济增长的影响。

（2）计量经济学分析法。在实证研究上，本书主要应用计量经济学中的相关方法。选取协整检验、格兰杰因果检验、VAR 模型和方差分解等动态计量方法分别研究我国城市化、能源消费与经济增长之间的关系。同时利用细化的非线性平滑转换回归（STR）模型，可以分析城市化与能源消费、能源消费与经济增长、城市化与经济增长之间复杂而真实的关系。这个模型考虑了城市化与能源消费、能源消费与经济增长、城市化与经济增长的门限效应，可以更为全面地了解变量之间的关系。

（3）比较分析方法。本书基于线性分析方法和非线性方法分别对城市化与能源消费、能源消费与经济增长、城市化与经济增长之间的关系进行了研究，并对研究结论进行了对比分析。

（4）跨学科的综合研究方法。综合经济学、管理学、政治学、社会学、公共管理学等各学科的相关知识，对城市化、能源消费与经济增长问题进行全面分析。

（5）逻辑分析方法。经济学理论是对经济生活中主要经济变量之间的因果关系的逻辑解释。本书主要根据经济增长理论、发展经济学、区域经济学、城市经济学和计量经济学等理论进行分析，以形成一个逻辑上自洽的解释研究问题的理论体系。相关理论体系是相当复杂的，而且具有一定的难度，需要笔者运用最基本的原理进行分析，努力将理论的使用控制在自己可以驾驭的范围内。

二 技术路线与研究框架

首先，本书根据现实背景与理论背景，提出研究问题与研究内容；其次，根据研究问题及研究内容，以城市化与能源消费、能源消费与经济增长、城市化与经济增长的相关文献综述为基础，探讨城市化与能源消费、能源消费与经济增长、城市化与经济增长以及城市化、能源消费与经济增长之间的关系，构建本书的研究框架；再次，进行数据收集和整理，提出本书采用的计量分析方法，分别实证检验了城市化与能源消费、能源消费与经济增长、城市化与经济增长以及城市化、能源消费与经济增长之间的数量关系，并对每一部分的检验结果进行分析和讨论；最后，对全书进行总结，并提出本书研究的创新点、不足之处以及未来研究方向。

本书一共有八章内容。各章的研究内容与相互之间的关系如图 1 - 5 所示。

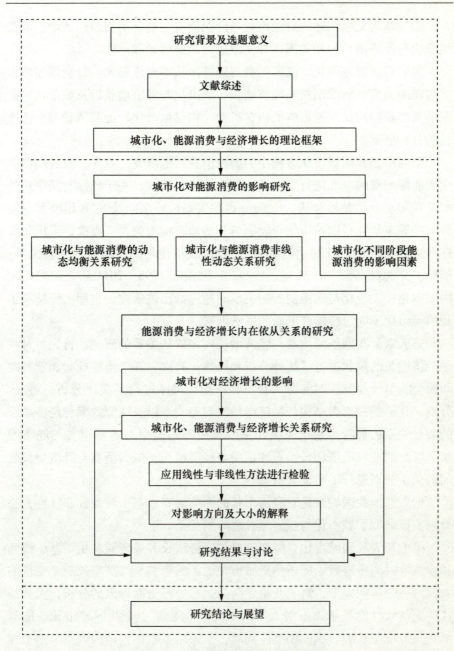

图1-5 本书研究框架与技术路线

第一章为绪论。首先说明了本书选题的现实和理论背景,论述了本书的理论意义与现实意义;其次介绍本书的研究问题、内容及目标;最后阐述了本书的研究方法、技术路线及其研究框架。

第二章为文献综述。对城市化与能源消费、能源消费与经济增长以及城市化与经济增长的相关国内外文献进行简要回顾和评述。

第三章是对城市化、能源消费与经济增长的理论框架。分别阐述城市化与能源消费、能源消费与经济增长、城市化与经济增长以及城市化、能源消费与经济增长相互影响的内在机理，构建城市化、能源消费与经济增长的分析框架。

第四章是我国城市化进程中的能源消费问题研究。首先，对我国城市化和能源消费的概况进行了统计分析和描述；其次，基于线性时间序列的ADF检验法、协整检验法、Granger因果关系检验法以及VAR模型和方差分解法等来研究我国城市化与能源消费的动态均衡关系；再次，采用非线性平滑转换回归（STR）模型分析了我国城市化与能源消费的动态关系；最后，分别对1953—1978年、1979—1995年、1996—2011年三组时间段内城市化、工业化与能源消费的关系问题进行比较研究，也即实证检验了我国城市化不同阶段能源消费的影响因素。

第五章为我国能源消费与经济增长内在依从关系的研究。首先，对我国经济增长的现状进行了统计分析和描述；其次，基于协整检验和状态空间模型的估计等方法对能源消费与经济增长关系进行了实证分析；再次，分别研究了能源消费结构与经济增长的动态关系以及能源效率与经济增长的数量关系；最后，基于非线性平滑转换回归模型对能源消费与经济增长、煤炭消费与经济增长、石油消费与经济增长、电力消费与经济增长之间的关系分别进行了实证分析。

第六章为我国城市化对经济增长的影响研究。基于线性和非线性方法分别实证研究了城市化与经济增长之间的关系。

第七章为我国城市化、能源消费与经济增长关系研究。主要基于线性和非线性时间序列数据的视角把城市化、能源消费与经济增长三个变量纳入到同一分析框架下，对三变量之间的关系进行全面深入的分析。尤其是在传统的线性模型基础上引入STR模型，构建了一个我国城市化、能源消费与经济增长的非线性模型，同时，引入城乡收入差距因素，考察了我国城市化、能源消费、城乡收入差距与经济增长的动态演变。

第八章为研究结论与展望。对全书的研究进行总结，得出研究结论、创新点，并提出了本书不足之处和进一步的研究方向。

第二章 文献综述

第一节 城市化与能源消费之间关系研究现状

众所周知，城市化水平和能源消费之间的关系一直是经济学家所关注的重要问题。当前国内外学者对两者关系的研究成果主要体现在三个方面：（1）城市化发展水平与能源消费总量之间的关系研究；（2）城市化发展水平与能源消费结构之间的关系研究；（3）不同的城市规模与结构对能源消费的影响问题研究。

一 城市化发展水平与能源消费总量之间关系研究

城市化水平与能源消费总量之间存在较为密切的关系。国外学者Yimin Chen 等（2011）经研究发现：城市规模、城市土地分块与其不规则性以及主城区与能源的消费相关。Phetkeo Poumanyvong 和 Shinji Kaneko（2010）收集了99个国家1975—2005年的平衡面板数据，并通过可拓展的随机环境影响评估模型，对人口、富裕程度、技术这三个自变量及其因变量之间的关系进行了实证分析研究。研究发现：城市化水平降低了低收入群体的能源消费，但是中高收入群体却随着城市化进程的推进增加了能源消费。Yaobin Liu（2009）的研究发现：不管是长期还是短期，只存在从城市化到能量消耗总量的单向因果关系。Reinhard Madlener 和 Yasin Suna（2011）的研究发现：经济体内不同地区不同的城市化机制会导致城市能源需求的大幅上升和能源结构的变化。Weijun Gao 等（2004）发现：城市居民生活条件的逐步改善会造成家庭能源使用的增加。Lei Shen 等（2005）深入研究了城市化和主要能源以及煤炭资源的供求关系，还研究了国内生产总值（GDP）与我国城市化之间的关系。Wei 等（2003）认为城市化对能源消费具有"双刃剑"的作用：一方面，城市化进程的推进导致了经济的增长与人们生活水平的提高，这就会加大对能源消费的数量。但是另一方面，正是因为城市化水平的不断提高，使得产业组织结构、技术结构及其产品结构等得到了更为合理的调整，各种资源配置也得到了进一步的优化，各种资源的效率也提高了，这些又使得能源消耗具有不断下降的趋势。Hiroyuki（1997）采用多国 1980—1993 年的数据分析认为：城市人口比例与人均能源消费的对数存在着正相关关系。York（2007）采用 1960—2000 年欧盟国家的数据来研究人口及经济因素对能源消费的影响。研究结论发现：随着人口规模扩大与年龄结构的变化，城市化对能源消费的可持续性带来了挑战。Parikh 和 Shukla（1995）指出城市化影响能源消耗的三种方式：第一是将传统燃料转化为现代燃料。第二是通过食物与服务需求增加了能源消耗。第三是通过住房与交通增加能源消费。Jones（1991）研究发现：城市化与能源消费之间是正相关的关系，城市化可以通过增加运输中的能源使用及每单位能源产出，从而使得城市从生产规模经济中受益。Hohedahl 和 Joutz（2004）研究发现：城市化增加了住宅能耗，因为人们迁移到城市就会增加对电力的需求，并且农民从农村搬迁到城市后，所购买的新电器会增加能源消费。Liddle（2004）应用 EKC 模型和 OECD 数据的研究发现：城市化与人口密度以及每单位道路交通能耗负相关。Pachauri（2004）发现印度的城市地区每单位住宅能源需求高于农村地区。Chen 等（2008）发现在中国人口密度与每单位家庭能源消耗之间存在负相关关系。

国内学者耿海青（2004）对 1953—2002 年中国的煤炭、石油、天然气消费量和城市化率进行拟合，发现相关系数都在 0.9 以上。城市化水平与人均能源消费也存在高度的相关性，随着城市化水平的提高，人均能源消费水平上升。梁朝晖（2010）采用 1953—2007 年的时间序列数据来研究城市人口与能源消费之间的因果关系，发现两者之间存在双向因果关系。刘耀彬（2007）对 1978—2005 年间的中国城市化与能源消费之间的动态关系进行分析，研究发现中国城市化水平提高是导致能源消费量增长的格兰杰因果原因，而中国能源消费增长却不是城市化水平提高的直接推动原因。许冬兰等（2010）研究发现山东省城市化和能源消耗量之间不仅存在着单向的格兰杰因果联系，并且存在着协整关系。袁晓玲等（2011）构建了测度城市化水平的综合指标，基于 1990—2009 年关中城市群的时间序列数据，定量分析了陕西省不同区域城市化水平与能源消费之间具有不同的因果关系。杨肃昌等（2012）研究发现甘肃省城市化水平提高是导致能源消费增长的原因，而能源消费增长却不是城市化水平提高的原因。黄献松（2009）的研究发现陕西省城市化与能源消费之间存在协整关系。而程开明（2011）基于时序数据的协整检验和横截面数据的分析，却发现城市化并不是构成能源消费增加的重要动力。王子敏和范从来（2012）采用2000—2009年我国的省级面板数据的研究发现：我国存在一条 U 形的城市化能耗库兹涅茨曲线。郑云鹤（2006）发现：城市化进程加快会导致能源消耗增加，而市场化进程加快会导致能源消耗降低。成金华和陈军（2009）研究表明：城市化水平对能源消费的影响呈现下降的趋势。周国富和藏超（2011）采用1978—2008年我国的时间序列数据分析了我国城市化与能源消费之间的动态相关性，结果发现：我国城市化与能源消费存在协整关系。张黎娜与夏海勇（2013）采用我国东部 8 个省份、中部 7 个省份、西部 7 个省份，共 22 个省份 1995—2010 年的省际面板数据，分析了城市化对能源消费的影响。研究发现：总体上来看，我国的城市化能推动能源消费的增加，但是区域之间存在差异，东部和中部地区的城市化能增加能源消费，而西部地区的城市化却降低了能源消费。马珩（2012）认为随着我国的城市化与工业化，我国的能源消费将会进一步增加。梁进社等（2009）研究发现：在我国近 20 年的城市化进程中，生产能源消费占有支配地位，但生活能源消费也已加快。张馨等（2011）的研究结果表明：在不考虑其他因素的前提下，一个农村居民转变为城市居民将会增加能源消费量 1085.26 千克标煤。何晓萍等（2006）应用面板数据非线性模型及协整模型研究发现：现阶段电力需求与城市化高度相关。同时，他们还预计 2020 年中国人均电力需求将达到 5000 千瓦时左右，所以，中国电力需求必然会呈现出一些发达国家在城市化进程中曾出现过的特征。袁晓玲等（2010）研究发现：现阶段对陕西省而言，工业化、城市化对能源需求的影响作用比较小，且呈现出了逐年下降的趋势。

二　城市化发展水平与能源消费结构之间关系研究

各国城市化发展的规律由诺瑟姆（Northam）1975 年总结归纳为城市化发展曲线，也即 S 形曲线。Sathaye 和 Meyers（1985）从城市化对能源消费结构影响的角度出发，认为随着城市化的发展，发展中国家由石油替代煤炭消费的过程正在加速。Pachauri 和 Jiang（2008）研究发现：城市居民使用了更为高效率的能源，如煤油、液化石油气和电力等能源。而农村长期依赖低效率的生物质、木炭和煤等固体燃料。耿海青对1953—2002年中国的煤炭、石油、天然气消费量和城市化率进行拟合，发现相关系数都在0.9以上。城市化水平与人均能源消费也存在高度的相关性，随着城市化水平的提高，人均能源消费水平上升。

三 不同城市结构及规模对能源消费的影响研究

不同的城市规模及其结构也会对能源消费产生一定的影响。一般规模大的城市会消耗比较多的能源，而规模较小的城市能源消耗也比较少。同时城市中经济结构、产业结构以及人口结构均会对能源消费产生一定的影响。Shu Li Huang（2005）研究了能源消费在城市生态系统中的流动及对城市系统演进的作用。Parik（1995）研究认为紧凑型城市比松散型城市更加节约能源。仇宝兴（2004）研究认为城市化模型决定了能源消费，我国应该沿着紧凑型城市化道路发展。

第二节 能源消费与经济增长之间关系研究现状

一 能源消费与经济增长之间因果关系研究

（一）线性框架下的相关研究

国内外学者对能源消费与经济增长问题的研究在线性框架下的分析可以分为：采用线性时间序列数据和线性面板数据的分析。采用线性时间序列数据分析的文献主要有：

Kraft 和 Kraft（1978）对美国1947—1974年能源消费与经济增长之间的关系进行了开拓性的研究，结果发现：美国存在从 GNP 到能源消费的单向因果关系，即经济增长能够带动能源消费。但 Akarca 和 Long（1980）当使用同样的时间序列数据，但样本区间取值比 Kraft 和 Kraft（1978）更短时，却不能得出类似的结果，这就意味着样本区间的不同选择可能会影响对能源消费与经济增长之间的实证结果。Yu 和 Hwang（1984）把美国数据样本区间更新为 1947—1979 年时，实证研究发现：美国的能源消费和 GNP 增长之间不存在因果关系。Masih 和 Masih（1996）对相关国家 1955—1990 年的数据进行了分析，研究发现：马来西亚、新加坡和菲律宾的能源消费与经济增长之间缺乏协整关系，但在印度存在从能源消费到经济增长的单向因果关系，在印度尼西亚表现为从经济增长到能源消费的单向因果关系，在巴基斯坦表现为能源消费和经济增长之间存在双向因果关系。Asafu Adjaye（2000）发现：在1973—1995年，印度与印度尼西亚两国存在从能源消费到 GDP 的单向因果关系，而菲律宾以及泰国两国存在着能源消费与 GDP 之间的双向因果关系。Oh 和 Lee（2004）基于生产函数的角度研究发现：韩国在1970—1999年存在能源消费与经济增长的双向因果关系。Ghali 和 El - Sakka 的研究发现：加拿大存在从能源消费到经济增长的单向因果关系。Stern（1993，2000）发现了能源消费与 GDP 之间存在双向因果关系。Dergiades 和 Martinopoulos 以及 Tsoulfidis（2013）通过对希腊1960—2008年数据，应用参数与非参数格兰杰因果关系检验方法研究发现：能源消费与经济增长之间不存在因果关系。Hamit - Haggar（2012）发现：在1990—2007年，加拿大的能源消费与经济增长之间存在着弱因果关系。Fuinhas 和 Marques（2012）对葡萄牙、意大利、希腊、西班牙以及土耳其1965—2009年数据的分析发现：能源消费与经济增长之间存在双向因果关系。Shahbaz 和 Zeshan 及 Afza（2012）实证检验了1972—2011年巴基斯坦能源消费与经济增长之间的关系。研究发现：该国的可再生与不可再生能源的消费均可以促进经济增长，并且两者之间存在着反馈作用。Jafari，Othman 及 Nor（2012）采用了 Toda - Yamamoto（TY）因果检验方法研究发现：在1971—2007年间，印度尼西亚的能源消费与经济发展变量间并不存在因果关系。Yalta（2011）采用最大熵自助法（maximum entropy bootstrap）分析了1950—2006年间土耳其能源消费与真实 GDP 间的关系。

国内学者师博（2007）研究发现：我国1952—2005年能源消费与经济增长之间不存在长期均衡关系，但是1962—2005年两变量之间具有协整关系。吴巧生等（2005）对1978—2002年中国能源消费与 GDP 的关系进行因果关系检验的结果表明，GDP 增长是能源消费增长的原因。汪旭晖等（2007）以1978—2005年间我国能源消费总量和 GDP 的数据为基础，运用协整分析方法和 Granger 因果检验结果发现，存在从能源消费到经济增长的单向因果关系。张优智（2012）采用 E - G 两步法对1978—2010年中国能源消费和经济增长之间的关系进行了协整分析和 Granger 检验，研究发现：我国存在着从能源消费到经济增长的单向因果关系。杨宜勇等（2009）分析了1952—2008年能源消费与国内生产总值的数据，研究表明能源消费与经济增长存在双向因果关系。张唯实（2010）基于1995—2007年中国经济增长、能源消费总量等年度统计数据的研究结果表明，中国存在 GDP 与能源消费的双向因果关系。陶磊（2009）、李晓嘉等（2009）、陈首丽等（2010）、尹建华等（2011）的实证研究结果都发现：经济增长与能源消费之间存在长期的均衡关系。赵霄伟等（2011）发现新疆能源消费与经济增长存在着长期均衡关系。曾胜和黄登仕（2008）的研究揭示了我国能源消费与经济增长之间的内在比例关系。李国璋、霍宗杰（2010）采用中国 1978—2007 年的数据，运用自回归分布滞后方法（ARDL）的研究发现：经济增长对能源消费与能源结构均有显著的影响，但没有发现能源消费与能源消费结构对经济增长的长期影响。李宏岳（2012）对我国 1978—2006 年数据分析发现：我国能源消费的弹性系数为 0.412。刘剑锋和汤晓蔚（2012）通过最大熵自助法分析我国1981—2009 的数据发现：能源消费对中国经济增长是中性的，所以节能减排政策不会影响经济增长。马颖（2012）采用马尔可夫区制转移向量自回归模型对能源消费与经济增长的分析发现：研究结论会随着状态不同而不同。在国际国内环境稳定情况下，能源消费为经济增长的原因，而在不稳定情况下，经济增长为能源消费的原因。李韧（2010）采用我国1978—2007 年的数据，应用向量自回归方法的分析发现：综合能耗和经济增长之间存在双向的 Granger 因果关系。蔡雪雄等（2012）对长三角、珠三角和海西经济区（即海峡西岸经济区）1986—2009 年的能源消费与经济增长之间关系实证检验发现：在不考虑结构变化的情况下，3 个地区能源消费总量和实际 GDP 之间均不存在线性协整关系。

采用线性面板数据分析的文献主要有：国外学者 Narayan 与 Smyth（2008）采用面板协整方法对 G7 国家的研究发现：在长期中能源消费是实际 GDP 的格兰杰原因。Akkemik 和 Gooksal（2012）采用 1980—2007 年79 个国家面板数据研究发现：其中，大概十分之七的国家能源消费和经济增长之间存在双向因果关系。Belke 和 Dobnik 及 Dreger（2011）对OECD 中 25 个国家 1981—2007 年面板数据的分析发现：能源消费和经济增长之间也存在双向因果关系。Narayan 和 Popp（2012）通过对 1980—2006 年 93 个国家面板数据的研究发现：能源消费的增加，从长期来看，会降低实际的 GDP。Zhang 和 Xu（2012）采用我国 1990—2008 年省际和产业部门间面板数据的研究发现：对于东部地区而言，其能源消费与经济增长之间存在双向因果关系。

　　国内学者李鹏（2013）采用1995—2008年我国能源消费与经济增长的面板数据的研究发现：经济增长是能源消费变动的原因。吴巧生等（2008）基于面板的误差修正模型重新检验1986—2005年中国能源消费与GDP之间的关系，研究发现：从长期来看，存在能源消费与GDP之间的双向因果关系。但就短期而言，中国总体及东西部地区的能源消费与GDP无因果关系，而中部地区则存在着能源消费和GDP之间的双向因果关系。胡军峰等（2011）利用面板协整理论分析了北京市能源消费和经济增长的关系，面板协整检验发现北京市能源消费和经济增长之间存在长期协整关系。齐绍洲等（2007）使用面板数据计量经济学模型的研究发现：总体而言，西部与东部地区的人均GDP差异存在收敛，随着人均GDP的收敛，西部与东部地区的能源消费强度差异也是收敛的，但收敛的速度慢于人均GDP的收敛速度。于全辉等（2008）研究发现：我国东部地区的能源消费和经济增长之间存在协整关系，而西部地区这一关系不成立。赵湘莲等（2012）采用中国31个省市区的面板数据，应用空间计量技术发现：经济发展与能源消耗水平在大部分省市间具有正向相关性，呈现出明显的空间集聚。王火根等（2008）研究发现：能源消费是经济增长的原因，而经济增长不是能源消费的原因。若能源供应下降1%，经济增长将下降0.498%。肖涛和张宗益等（2012）研究发现：我国能源输入省与能源输出省的能源消耗与经济增长关系也不同的格兰杰因果关系。

　　国内学者的研究与国外学者的研究结论大体一致，研究结论也可以概括为两变量之间存在着单向因果关系、双向因果关系和无因果关系。能源消费与经济增长相互关系检验结果见表2-1。从表2-1可以看出，国家的不同、同一国家时间间隔的不同或者所采用的因果关系检验方法不同，所得到的结论也不同。

表2-1　　　　　能源消费与经济增长相互关系部分检验结果

作者	检验期间	国家或者地区	因果关系
Kraft J. and Kraft A.（1978）	1947—1974	美国	Y到E
Yu and Hwang（1984）	1947—1979	美国	无协整关系

续表

作者	检验期间	国家或者地区	因果关系
Masih 和 Masih（1996）	1955—1990	马来西亚、新加坡、菲律宾	无协整关系
		印度	E 到 Y
		印度尼西亚	Y 到 E
		巴基斯坦	Y、E 双向
Asafu Adjaye（2000）	1973—1995	印尼、印度尼西亚	E 到 Y
		泰国、菲律宾	Y、E 双向
Oh 和 Lee（2004）	1970—1999	韩国	Y、E 双向
马超群等（2004）	1954—2003	中国	Y、E 双向
吴巧生等（2005）	1978—2002	中国	Y 到 E
汪旭晖等（2007）	1978—2005	中国	E 到 Y
吴巧生等（2008）	1986—2005	中国	Y、E 双向
杨宜勇等（2009）	1952—2008	中国	Y、E 双向
张唯实（2010）	1995—2007	中国	Y、E 双向
尹建华等（2011）	1953—2008	中国	E 到 Y

（二）非线性框架下的相关研究

以上大多数国内外文献均是基于线性分析，此外国内外学者还应用非线性分析方法来探讨能源消费与经济增长之间的因果关系。国内外学者对能源消费与经济增长问题的研究在非线性框架下的分析也可以分为：采用非线性时间序列数据和非线性面板数据的分析。采用非线性时间序列数据分析的文献主要有：

Hamilton（2003）研究了石油价格和 GDP 增长之间的非线性关系。研究表明：石油价格上升的变化对经济的影响要大于石油价格下降对经济变化的影响。Lee 与 Chang（2007）采用 1955—2003 年台湾地区的数据，对两者关系进行分析，其研究发现：台湾的能源消费与经济增长之间存在着 U 形关系，两者的关系用非线性拟合效果更好。Huang 等（2008）采用四种门限变量，分别研究了世界上 82 个国家的能源和经济增长之间的关系，研究显示：48 个国家应该采取积极的环境政策，而 34 个国家应该采取保守的环境政策。

国内学者赵进文等（2007）运用非线性 STR 模型技术对 1956—2005 年间中国能源消费和经济增长的关系进行了实证研究，结果表明：我国经济增长对能源消费的影响具有明显的阶段性特征，在 1956—1976 年间呈现明显的非线性特征，在 1977—2005 年间呈现明显的线性特征。梁经纬等（2014）利用两区制马尔可夫状态转移模型对我国 1953—2008 年的能源消费与经济增长相互关系进行分析发现：我国的能源消费与经济增长的相互关系呈现明显的动态区制转移和非对称性。王火根等（2008）在非线性框架下，利用 Hansen 和 Seo（2002）发展的门限协整方法（threshold co – integration test）对中国的经济增长和能源消费两者之间的关系重新进行了检验。实证结果表明经济增长和能源消费两者之间存在非线性两机制门限协整。田涛（2012）利用平滑转换回归（STR）模型对中国能源消费收入弹性时变性的特点进行验证，研究发现：我国能源消费收入弹性具有明显的时变性，并且能源消费收入弹性不断下降并最终收敛为 – 0.08。刘长生等（2009）通过对我国 1952—2006 年数据的实证分析发现：能源消费与经济增长之间的确存在着非线性关系而不是线性关系。原艳梅等（2009）研究发现我国能源消费年增长速度与 GDP 增长速度之间不存在线性因果关系而是非线性关系。梁经纬等（2013）应用非线性门限向量误差修正模型对我国 1953—2008 年能源消费与经济增长之间关系的分析发现：两变量之间存在着门限效应。

采用非线性面板数据分析的文献主要有：王火根和沈利生（2007）研究发现：从整体上讲，我国省域之间的经济增长与能源消费是存在空间相关性的。贺小莉和潘浩然（2013）采用我国 1990—2011 年的 30 省市区面板数据的研究发现：中国能源消费与经济增长之间是非线性关系。梁经纬等（2013）采用我国 1998—2008 年 30 个省份的面板数据的分析发现：我国能源消费与经济增长之间呈现出扁平 S 形的非线性关系。

根据国内外学者的相关研究，可以发现：经济增长与能源消费之间的关系一直是经济领域学者研究的热门主题。国内外学者运用不同计量方法研究不同国别（或地区）和不同时段的研究结果可以归纳为单向因果关系、双向因果关系和无因果关系。

二 能源消费结构与经济增长之间关系研究

由于现有能源总量的数据是由各种不同类型能源消费的线性加总得到的，该种线性加总假设各能源类型是同质和完美替代，该假设具有一定的理论意义，但是与现实世界有所出入。因此，为了科学地揭示能源消费与经济增长之间的关系，仅仅研究总能源消费量与经济增长之间的相互关系是不够的，应该详细地研究不同类型的能源消费与经济增长之间的相互关系。这种研究对象的转变体现在较多的文献开始分类型研究能源与经济增长之间的相互关系。即分类研究能源消费中的煤、石油、天然气、水和电力等消费与 GDP 之间的关系。Cho 等（2004）采用韩国 1981—1997 年的季度数据，采用两阶段超对数成本函数对要素间替代关系以及能源间替代关系进行了联合估计。Harvey 和 Marshall（1991）的研究发现：英国的石油与电力之间是可替代的，而煤炭与石油之间的关系则是互补的。Hu 与 Lin（2008）运用阈值协整模型分析了台湾地区的 GDP 和各种能源消费的非线性均衡关系。Bessec 与 Fouquau（2008）采用阈值面板模型考察了欧盟各国电力消费量和温度之间的非线性关系。Yuan（2007）的研究发现：电力消费对中国的经济增长只具有单向的影响。

国内学者林伯强（2003）应用协整分析和误差修正模型技术研究了我国电力消费与经济增长之间的关系。研究显示：GDP、资本、人力资本以及电力消费之间存在着长期均衡关系。马超群等（2004）采用 E - G 两步法对 1954—2003 年的我国能源消费与 GDP 年度数据进行分析的结果表明，GDP 分别与能源总消费、煤炭消费之间存在协整关系，而 GDP 与石油、天然气和水电之间不存在协整关系。牟敦国（2008）的分析表明：我国经济增长能带动能源消费增长，但是煤炭、石油和天然气与经济发展的因果关系是不一致的。曾胜等（2009）实证检验了能源消费结构和经济增长之间的因果关系。周海燕等（2011）采用我国省际面板数据的研究发现：电力和煤炭能源消耗对经济增长的促进作用很明显。张炎涛（2012）采用阈值协整方法对我国 1955—2009 年的数据分析发现：煤炭和天然气与经济增长之间存在着非线性协整关系。曹丰等（2012）采用我国 1999—2008 年 30 个省市区的省际面板数据，研究了各地区电力消费与经济增长之间的关系。张琳等（2008）对我国 30 个省市区 2001—2006 年的面板数据进行协整检验分析发现：电力消费对我国经济增长具有显著的促进作用。胡源（2012）运用协整理论及其误差修正模型的研究发现：1978—1984 年我国经济增长与电力消费不存在长期均衡关系，但是 1985—2010 年电力消费与经济增长互为 Granger 原因。李科（2012）分析了 1980—2008 年间中国经济增长与电力消费增长的非对称变化特征。牛东晓等（2013）应用自回归分布滞后模型（ARDL）以及基于误差修正模型对我国 1980—2009 年的数据进行分析发现：从长期来看，存在从电力消费到经济发展的单向因果关系，而短期两者之间存在明显的双向因果关系。刘生龙等（2014）对1978—2011年我国28个省市区面板数据，使用面板协整检验方法研究发现：从长期来看，存在着从电力消费到GDP单向的因果关系；而从短期来看，存在着从GDP到电力消费的单向因果关系。李强等（2013）基于1990—2011年间我国省际面板数据的分析发现：从全国范围来看，我国东西部均存在从经济增长到电力消费的短期因果关系。但从长期因果关系上看，我国东部地区存在着从电力消费到经济增长的长期因果，而西部存在着电力消费与经济增长间的双向长期因果关系。梁经纬等（2013）检验了中国1953—2008年的总能源消费、煤炭消费、石油消费、电力消费和经济增长之间的关系。

三　能源效率与经济增长之间关系研究

国外学者 Richard F. Garbaccio 等（1999）应用投入产出法研究了中国1978—1995年能源消费效率的变化情况，研究发现：中国能源消费效率的改进主要是由于部门中技术的变化。Fisher 等（2004）应用面板计量方法，发现我国1997—1999年间促使能源消费强度下降的因素为能源 R&D 支出、能源相对价格的上升和企业产权改革以及中国的产业结构调整等。Fan 和 Wei（2007）研究发现：市场化程度的加深对1993年以后的能源效率改进有明显的影响。Hang 与 Tu（2007）研究发现：中国在1995年之前各类能源的高价格会使得总能源效率提高，1995年之后能源价格对能源效率的影响已经弱于收入效应与人口效应对能源效率的影响，但行业调整对中国能源效率的改进有着重要作用。Thomas（2001）对1990年以来中国能源和经济增长的关系进行了实证检验，并且通过对比亚洲部分国家的能源经济数据后，认为中国的能源效率与10年前相比，并无根本性改进，因此，中国在能源消费下降的情况下实现经济增长是不可能的。

国内学者李廉水等（2006）采用 DEA – Malmquist 方法的研究发现：提高能源效率主要来自于产业结构调整和技术进步。史丹（1999，2002）的研究发现：我国的产业结构变动对能源消费效率的提高意义重大，但产业结构对能源消耗强度的影响方向不一致。以1990年为临界点，研究发现：1990年以前产业结构的变动降低了我国的能源消耗强度，而1990年之后却增加了能源消耗的强度。将市场化程度指数、对外开放程度带入模型后还发现：20世纪90年代以来，对外开放以及经济体制改革对我国能源消费效率的提高作用明显。施发启（2005）分别研究了1997—1999年我国能源弹性系数为负以及2002—2004年能源消费弹性系数大于1的原因。1997—1999 年我国能源弹性系数为负主要是因为 1997 年我国出现买方市场、亚洲金融危机等因素导致国内能源需求疲软、耗能高且污染大的企业关停并转、产业结构改善和能源效率提高；2002—2004 年能源消费弹性系数大于 1 主要是因为我国固定资产投资高速增长、第二产业比重上升和居民生活能源消费增长等。蒋金荷（2004）分析了我国能源效率的现状、与先进能源效率国家的发展差距，提出了提高我国能源效率的措施：比如合理调整产业结构与工业内部结构，加快发展三业，加强高耗能行业的结构调整，优化一次能源结构，促进能源利用向清洁化方向发展。孙鹏等（2005）运用分解模型把我国 1978—2003 年能源消耗总量的变化分解为经济增长效应和能源强度效应。研究发现：能源消耗的总发展趋势是能源利用效率不断提高，但是能源消耗总量并未随着经济产出同比例增长，经济发展与能源消耗之间实现了一定程度的相对脱钩。孙立成等（2008）运用 DEA – Malmquist 方法研究了 1997—2006 年 12 个国家的能源效率及变动指数，并检验了相关变动指数的收敛性。研究结果发现：我国能源使用的技术效率的增长在一定程度上提高了中国能源效率，但是能源效率在整体上并未有明显的提高，能源使用技术进步增长率的下降是中国能源效率未能得到提高的主因。张琳（2011）采用 GDP/EC 来表示能源效率，研究了 1978—1991 年、1992—2009 年能源效率与经济增长的关系，研究结果：表明在 1978—1991 年我国能源效率对经济增长的促进作用不明显；而在 1992—2009 年我国能源效率对经济增长的促进作用比较明显。李振名（2010）把能源利用效率引入生产函数模型，回归实证分析发现：能源效率每提高 1%，将使产出增加 0.68%。这也说明了我国能源利用效率对经济增长的促进作用比较明显。王火根（2008）认为我国目前以煤炭为主的能源消费结构与现在所处的工业化初中期阶段，导致我国的能源效率水平比西方发达国家低下。杨冕等（2011）研究发现：能源相对价格的提升与科技进步对中国能源效率的改进有促进作用，但是产业结构和能源结构的变动却在不同程度上制约着中国能源效率的提高。师博、张良悦（2008）研究发现：我国西部能源效率表现为发散，而东部表现出趋同的特征，中部则呈现出逐渐向东部收敛的迹象。王丹枫（2010）采用我国 1995—2007 年 31 个省域的数据，运用分位点回归计量模型的研究发现：我国各省能源利用效率水平分布具有显著的不平衡性。武春友等（2012）的研究结果表明：我国在 1990—2009 年间不可再生能源消耗效率值经历了"下降—上升—下降—下降—上升"五个阶段。沈能和刘凤朝（2012）应用随机前沿生产函数模型、空间面板回归和门槛面板回归模型，采用我国1995—2009年省份面板数据的研究发现：能源效率对经济增长存在明显的空间外溢效应。原毅军等（2012）应用随机前沿分析方法对2000—2010年我国29个省区市的面板数据的实证研究发现：从短期能源利用效率上看，我国"十五"与"十一五"期间大致相同，而长期能源利用效率上，"十五"高于后者"十一五"。周建（2008）应用空间计量模型对我国1989—2005年31个省域面板数据的分析发现：各省域能源利用效率在空间分布上具有明显的空间依赖性。范如国和罗明（2014）应用时空加权回归模型以及空间计量模型对我国30个省区在1995—2011年间能源效率演化的异质特征进行了分析。研究发现：我国能源效率的时空演化路径存在异质性特征。从时间维度上看，2000年后的能源效率改善效果比2000年前有很大提高；从空间维度上看，东部地区能源政策实施效果相比中西部而言更好。吴琦和武春友（2010）采用超效率DEA方法对我国能源效率进行研究发现：自改革开放以来，我国的能源效率经历了"下降—上升—下降—上升"的波浪式变化过程。史丹等（2008）应用随机前沿生产函数的地区能源效率差异分析框架和方差分解方法测算了我国1980—2005年能源效率地区差异中各因素的作用大小，研究发现：全要素生产率差异的作用在不断提高，是中国能源效率地区差异扩大的主要原因。傅晓霞和吴利学（2010）对我国能源效率以及影响因素进行了时间趋势分析。吴利学（2009）研究发现：全要素生产率、能源价格与政府消费的冲击对能源效率的影响差异很大。晏艳阳和宋美喆（2011）认为产业结构调整与技术进步是影响我国能源利用效率的主要因素。曾胜和靳景玉（2013）认为我国能源效率较低是由于能源技术效率水平低下所致。魏楚和沈满洪（2007）研究发现：大多省份能源效率符合"先上升，再下降"的特征，转折点一般出现在2000年左右。

第三节　城市化与经济增长之间关系研究现状

Marshall在1890年就认为城市给企业之间提供了彼此紧密接触的环境，从而可以带来本地信息的溢出，这样能促进经济增长。Lucas（1988）

发现本地信息与知识的溢出使得城市成为经济增长的引擎。Lampard（1955）通过对美国数据的实证研究，认为城市发展和经济增长之间是正相关关系。Bairoch（1988）认为城市化是经济发展过程中的一个极其重要的因素。Jacobs（1969）的研究发现：虽然城市化和经济发展之间的因果关系有待于进一步分析。但是若无城市化，经济就不可能有真正的发展。Moomaw 和 Shatter（1996）发现城市化率随人均 GDP 的上升而上升。同时 Jones 和 Kone（1996）、Lemelin 和 Polese（1995）、Tolley 和 Thomas（1987）的研究也认为：人均收入和城市化之间是正相关性关系。Prud'Homme，R.（1997）发现城市地区在国家收入与产品中所占比重明显超过其面积及人口比重的事实。而 Krugman（1991）、Rauch（1993）、Quigley（1998）、Ciccone 和 Hall（1996）、Glaeser（1994，1998）以及 Henderson（2003）认为城市的形成主要归因于聚集经济，所以他们都认为产出与经济聚集之间是正向关联的关系。根据国内外学者们对城市化与经济增长相互作用的研究可以把文献分为以下两类。

一　经济发展引致城市化水平提高的相关研究

众所周知，经济发展要求劳动力等要素能从农村部门转向城市部门，城市化也就成为经济发展过程中不可避免的结果。人口等要素向城市集中是集聚经济及规模经济作用的结果，而工业化进程的纵深发展也会引起人口要素聚集在城市中，所以可以说经济增长会引起城市化水平的提高。

钱纳里利用 1950—1970 年的 101 个国家的经济发展与城市化数据，证明在不同的人均 GNP 水平上对应着不同的经济结构与城市化水平。即人均国民生产总值越高、工业化水平越高、城市化水平也越高。Mills 和 Becker（1986）的研究发现：工业化可以引起工业与服务部门产出的上升，但是这些部门对土地的占用比农业部门要节省，这样就导致大量企业聚集在城市地区。Mills 和 Song（1979）的研究发现：对外开放促使城市化水平上升。一方面对外开放使得运输结点的重要性日益凸显，而运输结点大多在城市；另一方面对外开放扩大了对市场和金融等需求，从而导致城市区位优势更为明显。Davis 和 Henderson（2003）的分析发现：一国政府的基础投资、贸易保护政策以及价格控制等因素均会影响一国的城市化推进速度，中国和波兰等国的户籍政策阻碍着城市化水平的提高。Black 和 Henderson（1999）的研究表明：随着经济增长，知识外溢有利于人力资本积累，可以使得城市规模扩大和城市数量增加，进而推进城市化进程。Evans（1972）认为城市中的生产者与消费者能够享受到城市化经济所带来的好处。Polese（2006）发现：城市化与城市增长是生产率和收入水平长期持续增长的自然结果。

二 城市化推动经济增长的相关研究

Krugman（1991）的新经济地理模型提出在不完全竞争市场条件下人口与经济的集中有利于利用相互间技术外部性，改善劳动生产率，进而推动经济增长。杨小凯和张永生（2000）所创立的新兴古典经济学，利用超边际分析工具建立起简化的城市化模型，他们的研究发现：城市化可以导致分工进一步深化，这样就形成了专业化经济，同时城市化还可以提高生产效率与降低交易费用，进而促进经济增长。Jacobs（1969）研究发现：城市创造了经济发展的过程。Duranton（2000）的研究表明：城市是经济增长的发生之地，也是经济增长本身的动力之源。Quigley（1998）发现大城市是经济增长的一个重要源泉。

周一星（1995）利用1977年157个国家和地区的数据进行分析，发现城市化与经济增长之间存在十分明显的对数关系，相关系数达0.9079。高佩义（2004）通过168个国家和地区城市化水平及人均GDP排序、对比，得出城市化与经济发展之间存在双向互促共进结论。成德宁（2004）根据世界银行公布的2002年76个国家人均GNP和城市化率的资料，拟合对数曲线模型，证明了城市化水平与人均GNP之间存在对数曲线关系，相关系数为0.82。沈坤荣和蒋锐（2007）采用时间序列数据和面板数据的研究发现：城市化水平与人均产出呈现显著正相关，城市化水平的提高能促进经济增长。程开明（2006，2008）对我国1978—2004年的时序数据的实证检验分析发现：经济增长为城市化水平提高的格兰杰原因，但城市化对经济增长的促进作用不明显。中国经济增长与宏观稳定课题组（2009）通过对世界38个国家和地区1976—2007年城市化和人均GDP的回归，发现各国的城市化随着人均GDP的增长而提高。项本武、张鸿武（2013）采用1995—2010年我国29个省的面板数据的研究发现：长期来说，我国城市化对经济增长促进作用明显，城市化率每增加1%，经济增长平均增加2.33%。但是从短期来看，当城市化水平变动滞后二期时，其对短期实际产出有正向促进作用。曾贤林（2013）发现：贵州的城市化与经济增长之间存在长期均衡关系，两者相互推动。聂华林等（2012）发现在1989—2010年我国人口城市化水平对地区经济增长的促进作用有差异，东部地区最明显，其次才为中部、东北以及西部。施建刚和王哲（2011）采用我国1987—2008年的省际面板数据，应用联立方程以及分布滞后模型的实证分析发现：城市化与经济增长的相互促进作用在短期内存在。杨筠等（2014）采用西部省级面板数据模型研究发现：不同地区经济增长速度对人口城市化水平提升具有不同的拉动效应。冯亚娟和陈振环（2013）采用VAR模型对我国1978—2011年的数据分析发现：我国城市化对经济增长的正向效应要强于工业化对经济增长的正向效应。王稳琴等（2011）的研究表明，我国在不同城市化阶段，城市需求结构和经济增长模式有所不同。金荣学和解洪涛（2010）采用面板数据模型，运用工具变量估计方法研究发现：我国各省区城市化水平与经济增长关系并不明确。钟陈和陈苏丽（2012）对我国1989—2009年29个省份的面板数据的实证研究发现：在短期内城市化能有效地促进经济增长，而在长期内城市化对经济的促进作用不明显。

第四节　现有研究述评

整体来说，国内外文献对城市化与能源消费、能源消费与经济增长、城市化与经济增长的关系进行了大量的理论分析和实证检验。这些方面的研究也取得了较多的研究成果。比如：（1）由最早采用时间序列数据到现在采用面板数据只简单对城市化与能源消费、能源消费与经济增长、城市化与经济增长两个变量的关系研究，已经扩展包含了资本、劳动力、城市化、能源消费等为生产要素的Cobb－Douglas生产函数分析框架下，这样就深化了对城市化与能源消费、能源消费与经济增长、城市化与经济增长的关系理解。（2）研究方法多样化。主要研究方法包括时间序列数据和面板数据的协整检验、误差修正模型和格兰杰因果检验以及VAR模型等。但是，由于模型选取的时段以及国别不同，实证分析的结果也有差异。尤其是对能源消费与经济增长关系的研究，到底是存在从经济增长到能源消费的单向因果关系，还是存在从能源消费到经济增长的单向因果关系，还是两者根本不存在因果关系，还是两者之间存在着双向因果关系，目前学者们还没有达成一致的研究结论。具体而言，该研究领域的研究缺陷主要体现为以下几个方面：

（1）不同国家或地区的城市化与能源消费、能源消费与经济增长、城市化与经济增长之间的内在依从关系有差异。即使是同一个国家的不同发展时期，由于使用的样本期选取不同，研究结论也是迥异的。比较重要的一个原因在于以上大多数文献都是基于线性假设的前提。虽然线性化建模方法具有理论成熟和实际应用广泛以及易于操作等优点，但是这样就无法揭示出变量之间存在的复杂而微妙的真正关系。同时，虽然也有一些非线性的文献，但由于对非线性模型没有进行具体细化分析，且也与线性模型未进行对比分析，这样就无法精确捕捉到我国城市化与能源消费、能源消费与经济增长、城市化与经济增长之间的真正关系。

（2）现有文献大多数均是基于双变量的分析框架，单独考察能源消费与经济增长关系或者城市化与能源消费关系或者城市化与经济增长关系，这可能会导致遗漏变量与模型错误设定问题的产生。

（3）目前对城市化、能源消费与经济增长的关系研究尚未形成一个系统的理论分析框架。虽有少数零散的文献对三变量进行了分析，但均是基于线性分析框架，而且还未形成一套完整的理论框架和体系。所以，可以说目前最缺乏在统一框架下采用非线性技术同时研究城市化、能源消费与经济增长三者关系的文献。若不对城市化、能源消费与经济增长的关系进行深入研究，就会裂割三个变量之间的内在联系。

为了克服研究我国城市化与能源消费、能源消费与经济增长、城市化与经济增长之间的相互关系大多数只采取协整检验、向量自回归模型和向量误差修正模型、自回归分布滞后模型以及格兰杰因果检验等线性研究方法的不足，进一步揭示城市化与能源消费、能源消费与经济增长、城市化与经济增长以及城市化、能源消费与经济增长之间复杂而真实的关系，本书采用了非线性平滑转换回归（Smooth Transition Regression Model，STR）模型对其相互关系进行实证分析。因为近年来 STR 模型已经成功地应用到经济金融和宏观政策等领域，是非线性关系模型分析的典型工具之一。这个模型考虑了城市化与能源消费、能源消费与经济增长、城市化与经济增长的门限效应，可以更为全面地了解变量之间的关系。

第三章 城市化、能源消费与经济增长的理论框架

第一节 城市化进程对能源消费的作用过程

一 城市化对能源消费的影响途径

一般来说，城市是一个很复杂的系统，而这个系统可能随着时间的演进与推进，包含了各个方面的变化。一般在城市化进程中，经济总量扩大、产业结构调整与技术进步是对能源消费量的主要影响因素。

(一) 城市化进程中的经济总量扩大和能源消费

众所周知，城市化是经济发展过程中一个极其重要的现象，经济发展一般可以带来城市聚集与城市规模的扩大，促使城市化水平的发展。其实城市化水平的发展也可以反过来对经济发展产生促进作用。所以，城市化发展与经济增长两者之间是一种互相促进的关系。

一般地，作为生产要素与生活要素的能源，当经济总量扩大时，对其需求也会发生调整。经济总量的增长会引起经济体生产规模、生产方式及生活方式发生改变，生产规模、方式的变化将会引起生产过程中对能源要素的需求发生变化，这里的能源要素需求不仅有各个生产部门的直接需求，而且也有间接需求。拥有一个部门的商品很有可能是另一个部门的原料；同时生活方式的变化一方面使得居民对能源商品的直接需求发生变化，另一方面对其他商品和服务的需求也会发生变化，从而会进一步间接引起对生产这些商品与服务的生产部门的能源要素需求发生变化；最后，能源商品、能源要素需求的变化也会共同导致能源总需求发生变化。

同时城市化进程中生产规模的扩大会增加能源需求。城市化进程中生产方式的变化对能源需求的影响，可从空间形式上与组织形式上来看。从

空间形式上来说，生产活动从农村向城市集中，生产型能源消费也将随之向城市集中。从组织形式上来说，自给自足型经济向分工型经济转变，会引起运输部门能源需求增加；从生产结构上来说，主导产业由农业向工业再向服务业转变，而产业结构的转变对能源消费的影响下再进行分析。

所以，城市化进程中的经济总量扩大将带来国民在生活方式的变化，生活方式的转变对能源需求的影响表现为：人口从农村向城市发生转移，其生活能源消费也随之会向城市集中，农业人口就会逐步减少，其将为非农业人口，这就肯定会要求农业生产力提高以给人们提供足够多的农产品，从而需要农业部门增加能源消费；从消费方式的变化来看，随着经济总量扩大，国民消费水平提高的同时，国民消费结构也有所升级，这就必然引起能源需求总量增加与能源结构的优化。

（二）城市化进程中的经济结构调整和能源消费

1. 城市产业层次结构的高级化规律

从世界各国城市产业结构的演进过程可以看出，产业结构的高级化规律是十分明显的。福拉斯蒂埃（J. Fourastié）把人类的文明分成 3 个时期：以第一产业或者说农业为基础的文明，以第二产业或者说工业为基础的文明，以第三产业或者说服务业为基础的文明。城市化过程主要与第二产业或者说工业文明相对应，从而城市产业结构的发展规律表现为：第一产业的比重将会稳步下降，而第二产业的比重先上升，达到顶峰后又会趋于下降。第三产业的比重稳步上升。

2. 非农产业内部的结构演变规律

随着城市化进程的稳步推进，非农产业内部将会发生轻工业到重工业再到服务业演进过程。世界各个国家的经验表明：城市化进程基本上与一国工业化的初期、中期及后期相对应。世界上大部分的国家在城市化与工业化的初期阶段的主导产业是轻工业，其特点是较少的资本投入，以简单的农产品为原料。而伴随着技术进步与国民消费需求结构的升级提高，非农产业内部结构就会由轻工业逐渐向重工业转变，城市化和工业化也就会进入中期阶段。而在城市化与工业化的后期，经济中的主导产业则会变为第三产业。

3. 产业结构调整对能源消费的影响

根据对产业结构调整和能源消费关系的研究发现：第二产业对能源消耗总量需求最大，第三产业位居其次，而第一产业对能源消耗程度最低。

随着城市化进程的推进，第一产业的比重将会越来越小，而第二产业的比重先增后减，第三产业比重则会稳步上升。此时，能源消费也会伴随着第二产业比重的上升而上升。这时候经济结构变动能够实现经济总量的增长，从而使能源需求的总量扩大。

（三）城市化进程中的技术进步与能源消费

众所周知，专利发明多数发生在城市，是一个"城市现象"。在20世纪90年代，美国城市面积为全国总面积的20%，人口比重75%，但超过90%的专利发明来自城市。由此可见，城市可以为技术创新提供沃土。随着经济增长，城市化水平的提高已是促进技术创新的一个重要因素。

1. 城市的发展有利于技术创新活动

技术创新多来自于城市，主要原因是因为城市能够为技术创新提供较为有利的环境及便利的条件。首先，城市拥有专业化及多样性的优势。城市的形成就源于人类的聚居，在城市中各种各样的高度专业化企业聚集一起，可以共享劳动力市场、信息及内部联系等各种资源，产生正的外部性。由于城市聚集了不同的人、企业及产业等，形成了多样性的环境，这样就会方便不同行业与不同学科领域人才之间互相交流，进而创造出新知识与新技术。其次，城市拥有人力资本形成优势。城市具有更完备的教育基础设施，城市居民受教育的机会也比较多，且多样化的城市环境能促进人力资本的形成与积累。与此同时，城市产业集聚程度高，工人发挥特长的机会也比较多一些，这样就使得工人加大了人力资本投资的意愿，加之知识的外溢效应，更能刺激教育上的人力资本投资的增加。再次，城市中存在形成信息交流网络的比较优势。一般在大城市中，创新活动主体在空间上能够相互毗邻，不仅使得其之间的运输成本降低，并且也能使其之间的信任度增加，降低机会成本与交易费用，这样就在一定程度上能刺激新技术的产生。最后，城市能促进分工与交易效率的提高。产业、人口聚集在城市里面，企业在地理上的相互邻近，能保证它们之间建立起长期信任及长期稳定的合作关系，这样就有利于企业的垂直分解与专业化发展。这些因素均使得城市成为技术创新的摇篮。

2. 技术进步对能源消费具有两面性的作用

一方面，技术进步使得各国对能源需求大大增加。第一次与第二次能源技术革命，分别表现为：煤炭的大量开采、利用与电力的大量消耗。而这些表现背后，是煤的开采及其利用技术的提高，电磁学理论的建立与电工技术的普及和广泛应用。技术进步使得各国从自然界中不断攫取所需的能源，使国民的生活水平不断提高。与此同时，技术进步也促使各国生产规模扩大。大规模的生产活动，导致各国都需要消耗更多的能源。

但是另一方面，技术进步也能提高能源利用效率，从而达到节省能源消费的目标。企业可以通过技术进步改进生产工艺，从而提高能源的利用效率。从这个层面来看，技术进步能够达到节能的目标。

综上所述，城市化水平的提高能够实现经济增长，促进产业结构调整与技术进步。与此同时，经济增长也能带动能源消费的增加，工业化的不同阶段其产业结构对能源的消费需求也很不同，技术进步对能源消费的作用具有两面性。同时在城市化不同阶段，城市化水平对能源消费的影响也有所差异。

二　城市化对能源消费的影响机理

一般来说，能源消费分为两种类型：一种是作为生产要素的消费，也就是生产部门把能源作为生产所需投入的要素，相应的能源消费称为要素需求；另一种是作为商品的消费，也就是人们常说的生活消费，这一部分能源消费为商品消费。在人类社会里，生产消费能源多于生活消费能源。作为商品需求的生活能源消费，就是属于直接需求。作为生产要素的能源消费，一般是一种派生需求。这种生产要素将要生产的产品数量决定能源消费的多少。

众所周知，城市化是人类生产与生活方式由乡村型向城市型转化所经历的过程。在生产方式方面：人们一般会从传统的农业与农村社会的生产方式向现代工业与城市社会的生产方式转变。而这种转变是以人们的生产活动不断从农村向城市集中，自给自足型经济向分工型经济或者专业化生产方式转变，主要特征是主导产业由农业向工业再向服务业转变。生产方式的变化致使人们在生产过程中对能源要素的需求发生变化，而这其中包括各个生产部门的直接需求与能源要素作为中间要素的间接需求。在生活方式方面：人们从农村生活方式开始慢慢地向城市生活方式转变，而这种转变是以农村人口向城市大规模转移，其消费水平与消费结构向城市高水平靠近为主要特征。生活方式的变化一方面使得居民对能源商品的直接需求发生变化，另一方面也对其他商品与服务的需求发生了变化，从而进一步间接引起对生产这些商品与服务的生产部门的能源要素需求发生变化。能源商品与能源要素需求的变化共同导致社会中的能源总需求发生变化。在通过交换过程之后，这种需求的变动最终就会转变成为能源消费过程（见图3-1）。这就是城市化进程对能源消费作用的基本过程。

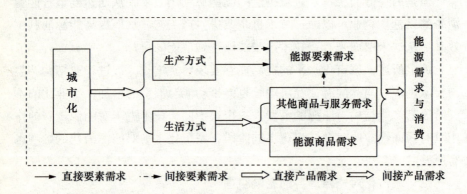

图3-1　城市化对能源消费的影响机理

第二节　引入能源消费的经济增长模型构建

为了研究能源消费和经济增长之间的关系，可以采用新古典经济学的单部门总量生产函数模型，有：

$$Y_t = F(K_t, L_t, EC_t) = A(t)F(K_t^\alpha, L_t^\beta, EC_t^\gamma) \tag{3.1}$$

对这个公式两边取对数同时进行全微分，可以有：

$$\frac{d\ln Y}{d\ln t} = \frac{\partial \ln F}{\partial \ln K} \cdot \frac{\partial \ln K}{\partial \ln t} + \frac{\partial \ln F}{\partial \ln L} \cdot \frac{\partial \ln L}{\partial \ln t} + \frac{\partial \ln F}{\partial \ln EC} \cdot \frac{\partial \ln EC}{\partial \ln t} + \frac{\partial \ln F}{\partial \ln t}$$

有：$\dfrac{d\ln Y}{dt} = \dfrac{\dot{Y}}{Y}$，$\dfrac{d\ln K}{dt} = \dfrac{\dot{K}}{K}$，$\dfrac{d\ln L}{dt} = \dfrac{\dot{L}}{L}$，$\dfrac{d\ln EC}{dt} = \dfrac{\dot{EC}}{EC}$，

其中，$\dot{Y} = \dfrac{\partial Y}{\partial t}$，$\dot{K} = \dfrac{\partial K}{\partial t}$，$\dot{L} = \dfrac{\partial L}{\partial t}$，$\dot{EC} = \dfrac{\partial EC}{\partial t}$

则 $\dfrac{\dot{Y}}{Y}$，$\dfrac{\dot{K}}{K}$，$\dfrac{\dot{L}}{L}$，$\dfrac{\dot{EC}}{EC}$，$\dfrac{\partial \ln F}{\partial t} = \dfrac{\partial F}{\partial t}/F$ 分别表示的是总产出、资本存量、劳动力、能源消费与全要素生产率即 TFP 的增长率。

令 $g = \dfrac{\dot{Y}}{Y}$，$g_K = \dfrac{\dot{K}}{K}$，$g_L = \dfrac{\dot{L}}{L}$，$g_{EC} = \dfrac{\dot{EC}}{EC}$，$g_{ALL} = \dfrac{\partial \ln F}{\partial t}$

根据弹性系数的含义及 $Y_t = F\ (K_t,\ L_t,\ EC_t)\ = A\ (t)\ F\ (K_t^\alpha,\ L_t^\beta,\ EC_t^\gamma)$ 有：

$$\frac{\partial \ln F}{\partial \ln K} = \frac{\partial F}{\partial K} \times \frac{K}{F} = \alpha,\quad \frac{\partial \ln F}{\partial \ln L} = \frac{\partial F}{\partial L} \times \frac{L}{F} = \beta,\quad \frac{\partial \ln F}{\partial \ln EC} = \frac{\partial F}{\partial EC} \times \frac{EC}{F} = \gamma$$

所以，上面的微分形式可以写成：

$$g = \alpha g_K + \beta g_L + \gamma g_{EC} + g_{ALL} \tag{3.2}$$

这就是反映经济增长速度的方程。可以通过实证分析来分别求出 α、β、γ，这样就可以计算出经济增长和各要素之间的关系。

根据 $Y_t = F(K_t, L_t, EC_t)$，有：

全要素生产率 $TFP_t = \dfrac{Y_t}{K_t^\alpha L_t^\beta EC_t^\gamma} = A(t)$

考虑到经济意义对 $Y_t = F\ (K_t,\ L_t,\ EC_t)$ 两边同时取对数，可以得到：

$$\ln Y_t = \ln A(t) + \alpha \ln K_t + \beta \ln L_t + \gamma \ln EC_t \tag{3.3}$$

可见，这是一个扩展的线性经济增长模型，作为本书研究能源消费与经济增长之间关系的基础。其中，α、β、γ 分别表示各要素的投入产出弹性系数，$0 < \alpha,\ \beta,\ \gamma < 1$。$Y$ 为实际国内生产总值。K、L 和 EC 作为投入要素。

第三节　城市化与经济增长的相互作用机制

一　经济增长促进城市化的机制及理论解释

众所周知，经济增长是城市产生及其发展的前提，也是城市化的根本动力。虽然城市的发展和地理及其社会文化等因素有关，但按贝洛克（1991）的观点：城市化和经济两者之间的关系会对城市的起源及其发展有重大影响，并且经济变量为关键因素。伴随着经济增长，劳动力这种生产要素及其他要素不断地从边际收益递减的传统农业部门流向要素回报率较高的现代工业部门，因此，研究经济增长是如何促进了城市化发展，本质上就在于探讨城市的产生及其发展规模问题。

（一）经济增长促进城市化的作用机制

经济增长会引起需求变化，技术进步会引起产业结构的变动，农业产值占比份额的下降，工业与服务业占比份额不断上升，工业与服务业因为聚集经济的原因一般在城市发生聚集现象，这样就会使得城市的数量增加及城市的规模扩大。产业结构的变动会引起就业结构的转换，农业部门劳动者向工业部门及服务业部门转移，农村地区的人口向城市发生迁移，这样城市化的水平就会得到提高。一般地，经济增长促进城市化的作用机制如图 3 - 2 所示。

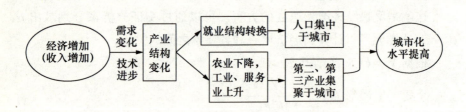

图 3 - 2　经济增长促进城市化的机制

1. 产业结构变动

经济发展导致城市化水平的上升，可以体现为两个方面。第一个方面：随着市场规模的扩大和不断深入及精细化的劳动分工，使得面对面地交流活动及其运输成本的节省更为重要，也使得城市的区位优势更为突出。第二个方面：经济发展引起的经济结构变动会导致更高的城市化水平，经济发展水平的提高引起第一产业产值比重下降，而第二、第三产业产值份额的上升，这样也会使得第二产业和第三产业倾向集中在城市。

众所周知，在国民经济现代化过程中，一方面人均 GDP 提高能够导致国民的消费需求结构发生变化，进而促使生产结构及经济结构产生相应的改变。另一方面生产技术水平的提高及发展也能够推动一国生产结构与经济结构不断发生着变化。根据库兹涅茨的研究发现：人均 GDP 处于70—1000 美元（1958 年价，见表 3 - 1）为产值结构与就业结构快速发生变化的时期。同时钱纳里等人把产业结构的转变过程划分为三个阶段：初级产品生产阶段、工业化阶段与发达经济阶段。其中第二个阶段为结构转变幅度最大的时期，工业化的过程会推动国内需求构成、生产结构及外贸结构迅速发生变动，而结构变动进一步会引起城市化水平的不断提高。所以，从总体趋势来说，城市化水平提高和产业结构高级化相伴而行，国别数据也显示，城市化水平与第一产业呈负相关关系，而与第二、第三产业呈正相关关系。

表 3 – 1　按人均 GDP 分组的 59 个国家 1958 年的劳动力在三次产业的分布情况

	8 组国家（依据 1958 年人均 GDP 递增次序排序）							
	1	2	3	4	5	6	7	8
1. 国家数	5	6	6	18	6	6	6	6
2. 人均 GDP（美元）	72.3	107	147	218	382	588	899	1501
3. 主要部门的劳动力份额（%）								
①A（第一产业）	79.7	63.9	66.2	59.6	37.8	21.8	18.9	11.6
②I（第二产业）	9.9	15.2	16.0	20.1	30.2	40.9	47.2	48.1
③S（第三产业）	10.4	20.9	17.8	20.3	32.0	37.3	33.9	40.3

注：此表中，西蒙·库兹涅茨把电力、煤气、供水、运输、邮电等产业列入第二次产业。

资料来源：转引自西蒙·库兹涅茨《各国经济增长》，第207页。

2. 就业结构转换

一般来说，大量的农村剩余劳动力伴随着产业结构的同步变化，会由传统农业部门转移到现代工业部门，这时候人们的就业结构也会发生同步变化。众所周知，诺贝尔奖获得者刘易斯在 20 世纪 50 年代中期，发表了著名的"城乡二元经济结构"理论，解释了为什么农村剩余劳动力会由落后的传统农业部门转移到现代工业部门。1961 年费景汉与拉尼斯克服了刘易斯二元结构模型的缺陷，分析了在经济结构转换中就业结构转换的条件及阶段问题。托达罗（1969）发现：人口从农村向城市迁移，不仅仅取决于城市和农村实际收入的差异，而且还取决于城市就业率的高低与城乡预期收入差异。配第—克拉克定理的观点是伴随着一个国家的经济发展，这个国家的劳动力将会由第一产业部门流动到第二产业部门，最后转移到第三产业部门，库兹涅茨的多国统计资料与钱纳里的多国模型的实证研究证实了配第—克拉克定理的存在。所以说，城市的生活条件优越、物质与文化生活丰富及受教育机会多等优势均会吸引着农村劳动力大规模涌入城市。

3. 制造业及服务业的聚集

随着经济的发展，产业结构也会发生改变，制造业及服务业就会越来越重要，由于这些产业对土地的占用量要比农业部门要节省，所以就更容易以其他生产要素替代土地的投入，从而这些产业聚集于城市。与此同时，聚集在城市的制造业与服务业还可以进一步享受到明显的规模经济、城市化经济、地方化经济、设施共享及信息外溢等效应（Moomaw and Shatter, 1996），劳动者之间专业化分工得到进一步加强、运输的成本费用更加节省、彼此之间的交流也会更加便利，这些因素均会造成城市规模的扩大。

所以，可以说在现代高度工业化的条件下，工业生产对第三产业的要求更高，涉及生产的相关服务、科学管理、信息流通等因素均要求第三产业部门的兴起及快速发展。因而，以三产 GDP 的比重上升为特征的产业结构的变化，一方面可以成为实现高度城市化的象征；另一方面也对城市化水平的提高产生着极其重要的促进作用。

（二）经济增长促进城市化的理论基础

究竟是什么因素导致了产业结构与就业结构发生了变化？产业和人口为什么会聚集在城市？对这些问题的回答，主要有如下几种理论：

1. 古典分工理论

赵红军（2005）认为古希腊的色诺芬曾经从分工的角度来分析人口集中与专业技能和产品开发之间的关系，研究发现：人口的集中是城市出现的前提条件。柏拉图继承和发展了色诺芬的思想，为城市产生于专业化及其分工确立了经济基础。城市和分工及其专业化经济是密切相关的。一方面是由于城市对单个商品的大量需求，会使得分工与专业化拥有了存在的基础。而另一方面城市内的分工及其专业化又会提高工人们的技术及生产效率。配第已经认识到了大城市和劳动分工的内在关联与专业化的益处。斯密对专业化及其分工经济也进行了研究，其把专业化分工与交换看成是城市乃至整个市场理论得以建立的基础。马克思与恩格斯从社会分工的发展，论证了城乡分离与城市的出现，他们认为城市化的主要动力来自社会分工，而农业发展与工业化为这一过程的加速器。分工先是会引起工商业劳动与农业劳动的分离，进而会引起城乡分离与城乡利益的根本对立，恰恰是工业、商业及农业的分离促使了城市的产生。

古典分工理论显示了分工与专业化在城市产生和发展中的主要作用，这一理论对城市和农村之间分工的益处、规模化的城市市场确实有利于交易费用的节省等观点具有一定的新意。但是这一思想较多地体现为碎片化，而还没有模型化。

2. 区位理论

区位理论的观点为：城市是一种社会生产方式，以社会生产的物质要素及物质过程在空间上的集聚为特征。这其中社会经济系统是由不同的城镇个体和子系统所构成，城镇之间与系统之间存在着相互作用的关系，很明显城市的集聚性肯定会创造出大于分散系统的社会经济的效益，从而使得企业与个人等主体做出向城市集中的空间决策，这恰恰构成了城市化的动力源泉。

可见，区位理论从空间最优化的角度研究了城市效益的根源问题，并且确定了城市的具体分布形式，但是其假设前提就是城市中心已经存在。在这一前提下分析与讨论城市内部及其城市之间的空间结构形成和特征，并没有对城市的形成和发展的经济原因做出令人信服的理论解释。

3. 新古典增长理论

这一理论的观点是外部性规模经济与知识外溢为经济增长的基础，同时也是城市聚集经济的核心。其中，Black 和 Henderson（1999）的城市化模型最具有代表性。其观点是假设城市是专业化的，存在着厂商与政府两类主体。每个劳动者均为一个厂商，一个城市只有一个政府主体或者土地开发商，在这一假定条件下进行一般均衡分析。为了进一步研究城市之间的相互作用问题与城市体系如何形成，两人还探讨了城市规模及城市数量和经济增长的内在机制作用，同时还分析了实现"平衡"增长的基本条件问题。

由此可见，新古典增长理论真正地把经济增长与城市化联系了起来，这一理论以一种规范的模型来研究城市化的经济动因问题。但该模型假设和现实存在一定的距离，并且研究主要是以经济发达国家的城市化为背景来展开分析，其并没有看到发展中国家存在"城市像欧洲，农村像非洲"的过大城乡差距的现实问题。

4. 新经济地理学

这一理论的观点是：有所区别于传统城市模型的外部性外生给定及其与完全竞争的假设不同，克鲁格曼（2000）的新经济地理模型（NEG）企图以单个厂商水平上的规模经济为其研究的基础，可以通过垄断竞争的市场结构把外部性内生化。其认为若制造业的某个厂商选择了某个地区，他就会雇用当地居民并在当地形成消费，这样就会创造出前向与后向的联系。这样一来，更多的工人、更为丰富的多样化及他们实际收入的增加，这一地区会吸引更多的工人。但是，为了达到减少运输费用的目的，更多的厂商会相继选择进入这一地区，这样就会形成一个自我增强的循环系统，进而促使城市的产生。

可以发现：新经济地理学的城市理论显示了城市形成过程中的内生性，因为垄断竞争的市场结构所引起的规模报酬递增效应引起了城市的出现，这一研究结论对城市经济理论有所创新，拉近了和主流经济学的距离。其缺陷在于：新经济地理学侧重说明了城市如何内生形成，却并没有完整地讨论城市化和经济增长之间的联系问题，并且这一理论的模型大多数都是模拟解，其实证检验还有待进一步的突破。

5. 新兴古典经济学

这一理论是以杨小凯为代表的超边际分析学派重新重视分工和专业化在经济增长中的作用而创立的。杨小凯等（2000）提出了一个非常简洁的超边际城市化模型，其假定社会生产最初只有农业生产，而没有制造业及城市，分工结构也是自给自足的。随着农业发展、剩余产品增加而出现了交换，交换的发展就会促进交易效率的提高。当交易效率提高到一定程度的时候，分工结构也就会从自给自足发展到局部分工，从而会出现半专业化的农业与半专业化的工业。如果进一步提高交易效率，就会在农业与制造业的分工之外，制造业内部出现了专门从事制衣、修建房屋、制造家具等的制造业者。为了达到节省不同非农职业者之间的交易成本，非农职业者就会选择聚集在一起，这样的话就会形成城市。

所以，可以说新兴古典经济学的城市模型重新深挖了古典经济学的思想，强调了分工及其专业化所引起的交易成本节约在城市形成过程中的重要作用，研究出了城市内生性模型，但是这一理论与新经济地理学的缺陷有相似之处，其模型作为新兴理论也是有待进一步深入进行实证检验的。

二 城市化推动经济增长的机制及理论解释

上面的分析发现：随着经济的发展，城市化水平也会不断地提高。但是反过来说，城市化进程也会促进经济增长。城市化的本质为人口在一个地域集聚的过程。在不完全竞争的市场下，人口与经济集中有利于经济活动利用相互间的技术外部性，从而提高生产率，带动资本形成，促进经济增长。随着一国的制造业及服务业占比不断地提高，尤其是对发展中国家而言，城市在产生马歇尔外部性、培育创新和发展对外贸易与促进人力资本积累等方面将会变得更为重要。随着城市数量的增加及其规模的扩大，交易费用降低与交易效率的提高，聚集经济将会促使生产效率的提高，进一步促进经济增长。

（一）城市化推动经济增长的作用机制

城市化在以下几个方面促进了经济增长：

（1）城市化推动了农业的现代化。众所周知，在城市化的过程中，许多农业劳动力会从农村转移到城镇地区，土地也会日益集中，从而提高了农业规模化经营水平。而与此同时，城市的技术革新与扩散也使得农业生产经营受益很多，农业现代化水平也在不断地提高。一般来说，随着城市数量的迅速增加、城市人口的增多、市民生活标准的提高，均会带动农产品消费需求的增加，进而会促进农业生产发展。林玲（1995）认为城市化与工业化的发展，可以补偿农业生产，从而加快农业资金积累。

（2）城市人口的迅速增长也刺激了对工业品的较强需求。工业品的收入弹性比农产品更大一些，随着城市人口规模的增加，居民人均收入的提高，将对工业品数量和种类的需求加大，从而促进了工业部门的深度发展。

（3）城市化推动服务业的规模不断扩大，其效率不断提高。城市化水平提高到一定程度后，会使得人们的活动从简单的商业流通扩大到广告、运输、批发、零售和金融及房地产等为生产服务的活动，及旅游、文化、娱乐和满足社会公共需要的为生活消费提供服务的活动。这样就会使得服务业作为一个独立的产业走上了自我发展及自我提升的高级化阶段。

（4）城市化能促进区域经济的发展。城市化既可以推动三大产业的发展，还能带动区域经济的发展。城市化水平的提高说明区域城市数量的增加及城市规模的扩大，城市对周边农村地区的扩散效应将会得到更充分的发挥，会带动农村地区经济的发展。城市化促进经济增长的作用机制如图3-3所示：

除此之外，城市化还能够推动技术创新的产生及其技术扩散。城市里面比较高的人口密集度便利于人们之间的沟通交流，进而会促进信息流通。同时城市活动的多样性还能够使得一个部门容易采用另一个部门已运用的技术。贝洛克（1991）认为城市能够把教育活动集中起来，这就为独创及革新提供了环境。所以可以说，随着城市规模扩大的同时，劳动分工也会逐步向纵深的方向发展，这对劳动生产率和交易效率的提高都有好处。总之，城市化扩大了社会的流动性，进而强化了竞争，这就会有利于经济增长。

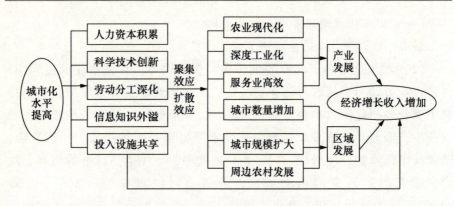

图 3 - 3　城市化推动经济增长的机制

（二）城市化推动经济增长的理论

城市化推动经济增长的机制主要有以下理论：

1. 内生增长理论

这一理论把技术、知识的跨时扩散效应导入了增长模型，从而确立了经济内生增长的基础。城市作为产业及人口高度聚集的地方，一直以来就是知识外溢与技术创新的中心。Lucas（1988）认为随着对知识外溢与技术创新的高度重视，城市自然而然就会成为研究知识外溢与技术创新的"天然实验室"。内生增长理论的观点是：城市具有专业化及多样性的优势，其在技术创新、人力资本形成及知识与信息交流网络等方面都具有一定的优势。（1）技术创新优势，即知识技术外溢。一般地，城市作为知识、信息与技能中心，在形成区域创新网络方面拥有优势。第一，城市便利于人们之间交往，从而促进了信息的交流。第二，正如贝洛克（1991）认为的那样：城市环境将会为独创精神提供一个保护壳。城市的规模越大，人均创新的数量就会越多，从而创新扩散的速度会更为迅速。已经有学者研究在城市背景下，努力把地方化的知识外溢模型化，其将知识外溢分为：马歇尔—阿罗—罗默型外部性、波特型外部性及雅各布斯型外部性三种类型。（2）人力资本形成优势。Bertinelli 和 Duncan（2004）认为城市的受教育机会、教育基础设施要优于农村地区，城市拥有的动态其多样化的环境能使人们更好地发挥自身技能，进而促进人力资本的形成及积累，使得城市成为经济增长的发动机。城市所具有的优越的基础设施、较高的收入水平及比较多的工作机会会吸引优秀人才向城市转移。同时，城市中存在众多的厂商，这样就会使具有各种特殊技能及天赋的人才能够找到匹配的工作。

可见，在内生增长理论的分析框架下，城市化可以通过技术创新与扩散、人力资本形成与积累等中介推动经济增长，为经济增长提供持续的发展动力，这一问题已较好地得到实证检验。但是这一理论在分析促进经济内生性增长的因素时，却并没有直接考虑城市化因素，只把城市化作为一种间接效应，且内生增长的关注点范围较广，城市化可能只是其中的一种因素，怎么样把城市化效应直接纳入内生增长模型需要学界接着深入研究。

2. 非均衡增长理论

研究城市带动区域发展的机制形成了非均衡增长理论，它实际上是一系列理论的集合。佩鲁在 1955 年提出增长极理论，其观点是：增长极是由主导部门与有创新能力的企业在某些地区或者大城市聚集而形成的经济活动中心。城市在区域发展中恰似经济增长极，能够产生吸引或者辐射的作用，进而会促进城市自身及其周围地区的经济增长。缪尔达尔在 1957 年提出著名的循环累积因果理论。其观点是：在地理上二元经济产生的原因就在于各地区经济发展的差异性，而这种差距会引起"累积性因果循环"，使得经济速度快的地区发展得更快，经济发展速度慢的地区发展得更慢。赫希曼 1958 年在《经济发展战略》一书中说明了平衡增长战略的不可行性，提出了著名的"非均衡增长"理论。其观点是：经济发展过程中的城市地区的经济增长要快于农村，不平衡增长的最终目的是实现更高层次与更高水平的平衡增长，所以说平衡增长是目的，不平衡增长只是手段。弗里德曼 1960 年左右提出了中心—边缘理论，拓展了佩鲁的增长极理论。其观点是：经济活动的空间组织往往具有强烈的极化效应及扩散效应。随着中心区经济能量的不断强化，一方面，极化效应明显，形成了对边缘区的支配态势；另一方面，能量逐步溢出从而向周边地区扩散。城市作为区域中心及其边缘农村地区均会通过极化效应和扩散效应产生相互作用，这样就会带动区域整体发展。

所以，可以说非均衡理论本来是为了研究区域增长差异及其形成机制，但在研究过程中发现了城市是经济增长差异形成的一个重要变量，从而把城市化与经济增长问题联系起来。非均衡理论均把城市看作是区域的核心，这样对于政府促进区域协调发展具有现实意义，但是对于城市为什么是核心并造成了区域增长差异，非均衡理论没有能够做出令人信服的解释工作。

3. 新兴古典经济学

这一理论利用超边际分析工具方法建立了城市化的模型。杨小凯、张永生（2000）分析认为城市化导致了分工进一步深化，进而形成了专业化经济，降低了交易费用，从而促进了经济增长。新兴古典城市化理论假定每个人的居住地点不会发生改变，每一对贸易伙伴都到他们之间的中点进行交易活动，这时候当分工水平提高而要求交易网络扩大时，总的交易旅行距离及其相关费用就会成超比例地扩大。若所有人都将交易集中到一个中心地点，则会大大缩减总的交易旅行距离，从而大大地降低交易成本，提高了交易效率。正如赵红军（2005）分析的那样：超边际城市模型直接把生产的局部边际报酬递增构建于个人学习效应的基础之上，并且认为城市化的主要作用是为了降低单位交易成本，进而推动劳动分工结构的演进及经济发展。作为促进分工演化的空间组织形式，城市通过把人口与产业聚集起来，创造出大规模的市场，降低了协调交易活动的费用，提高了生产效率与交易效率，从而推动了经济增长。

新兴古典经济学不仅建构了城市内生于分工及其专业化的模型，而且还认为城市这一组织形式大大降低了交易成本，反过来还会促进分工深化与经济发展，完整地反映出了城市化和经济增长之间的互动机制。但这一理论对于城市化和经济增长之间的因果关系还没有完全加以区分，其理论的具体效应有待于进一步深入研究。

上面的理论说明了城市化水平上升可以促进经济增长。但是学界发现：城市化进程中也产生了环境污染与交通拥堵等一些负面问题。而且这些问题在发展中国家比较严重，所以有学者认为发展中国家的城市化水平可能有些偏高，发展中国家存在过度城市化、落后于城市化及城市等级体系不合理等现象，这些问题对经济增长会产生一定的负面影响。

第四节　城市化、能源消费与经济增长理论模型构建

设城市化、能源消费影响经济增长的函数关系式为：$gdp = f(ur, ec, m)$，gdp 代表经济增长，ur、ec 分别表示城市化与能源消费，m 表示除了城市化与能源消费以外其他可能影响到经济增长的因素。对该函数式求全

微分：

$$dgdp = \frac{\partial gdp}{\partial ur}dur + \frac{\partial gdp}{\partial ec}dec + \frac{\partial gdp}{\partial m}dm$$

为了表示相对变化率，对上式两端同除以 gdp，有：

$$\frac{dgdp}{gdp} = \frac{ur}{gdp}\frac{\partial gdp}{\partial ur}\frac{dur}{ur} + \frac{ec}{gdp}\frac{\partial gdp}{\partial ec}\frac{dec}{ec} + \frac{m}{gdp}\frac{\partial gdp}{\partial m}\frac{dm}{m}$$

令 $\beta_1 = \frac{ur}{gdp}\frac{\partial gdp}{\partial ur}$，它表示城市化对经济增长的影响系数；同理令 $\beta_2 = \frac{ec}{gdp}\frac{\partial gdp}{\partial ec}$，它表示能源消费对经济增长的影响系数。同时，令 $\beta_0 = \frac{m}{gdp}\frac{\partial gdp}{\partial m}\frac{dm}{m}$。

这时，就有 $\frac{dgdp}{gdp} = \beta_0 + \beta_1\frac{dur}{ur} + \beta_2\frac{dec}{ec}$，这个式子就可以变形成为一个能够测度城市化与能源消费对经济增长贡献大小的公式：

$$\ln gdp = \alpha_1 + \beta_1\ln ur + \beta_2\ln ec \tag{3.4}$$

第四章　我国城市化进程中的能源消费问题研究

第一节　城市化与能源消费现状统计描述分析

一　城市化概况

（一）我国的城市数量及其人口统计分析

城市化是伴随工业化发展，非农产业在城镇集聚、农村人口向城镇集中的自然历史过程，是人类社会发展的客观趋势，是国家现代化的重要标志。国家新型城镇化规划（2014—2020 年）显示：改革开放以来，伴随着工业化进程加速，我国城市化经历了一个起点低、速度快的发展过程。1978—2013 年，城镇常住人口从 1.7 亿人增加到 7.3 亿人，城市化率从 17.9% 提升到 53.7%，年均提高 1.02 个百分点。京津冀、长江三角洲、珠江三角洲三大城市群，以 2.8% 的国土面积集聚了 18% 的人口，创造了 36% 的国内生产总值，成为带动我国经济快速增长和参与国际经济合作与竞争的主要平台。但是，2013 年我国常住人口城市化率为 53.7%，户籍人口城市化率只有 36% 左右，不仅远低于发达国家 80% 的平均水平，也低于人均收入与我国相近的发展中国家 60% 的平均水平，还有较大的发展空间。

城市化水平的提高可以从城市数量的增加及城市规模的扩大等方面来体现。从城市数量来看，我国的城市数量由 1978 年的 192 个增加到 1995 年的 640 个，随后基本保持稳定并略有下降，2011 年为 658 个（见图 4 - 1）。这其中地级以上城市由 1949 年的 56 个逐步增加到了 2011 年的 269 个，而县级市则由 1949 年的 61 个增加到 1996 年的 445 个之后却呈现逐年下降趋势，到 2011 年则下降为 370 个，如图 4 - 2 所示。城市规模变化情况见表 4 - 1。

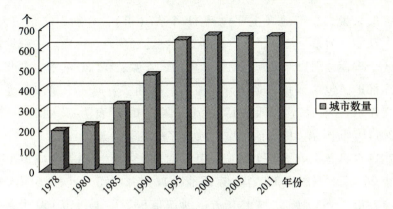

图 4 - 1　城市数量

资料来源：《中国城市统计年鉴（2012）》和《中国历年统计年鉴》。

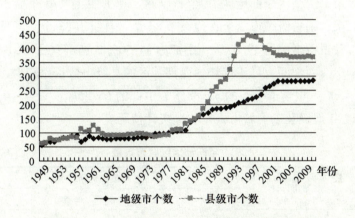

图 4 - 2　1949—2011 年我国地级市与县级市数量

资料来源：《中国城市统计年鉴（2012）》和《中国历年统计年鉴》。

表 4 - 1	城市规模变化情况		单位：个
		1978 年	2010 年
城市	1000 万以上人口城市	0	6
	500 万—1000 万人口城市	2	10
	300 万—500 万人口城市	2	21
	100 万—300 万人口城市	25	103
	50 万—100 万人口城市	35	138
	50 万以下人口城市	129	380
建制镇		2173	19410

注：根据第六次人口普查数据整理而得。

　　一般来说，东部地区主要包括 11 个省（市），分别为北京、天津、河北、辽宁、山东、江苏、上海、浙江、福建、广东、海南。中部地区则包括 8 个省，分别为吉林、黑龙江、山西、安徽、江西、河南、湖北、湖南。西部地区包括四川、重庆、内蒙古、陕西、青海、宁夏、新疆、甘肃、贵州、云南、广西、西藏 12 个省（区、市）。表 4 - 2 到表 4 - 5 显示：2011 年我国东、中、西部城市数量存在差距。

　　2011 年我国共有 658 个城市，其中直辖市 4 个，副省级城市 15 个，地级市 269 个，县级市 370 个。东部地区 11 个省（市）共有 261 个城市，其中直辖市 3 个，副省级城市 10 个，地级市 88 个，县级市 160 个。中部地区 8 省共有 227 个城市，其中直辖市 0 个，副省级城市 3 个，地级市 97 个，县级市 127 个。西部地区 12 个省（区、市）共有 170 个城市，其中直辖市 1 个，副省级城市 2 个，地级市 84 个，县级市 83 个。可见，东部地区城市数量占全国的 39.67%，中部占 34.50%，西部只占 25.84%。东部相对于中、西部而言处于优势，西部地区的县级市数量比较少，只有全国的 22.43%，相当于东部的 51.88%，中部的 65.35%。表 4 - 6 显示了我国 2011 年地级及以上城市人口状况统计情况。

表 4 - 2　　　　　　　　　　**2011 年东部地区城市数量**　　　　　　单位：个

东部地区	城市合计	按行政级别分组			
		直辖市	副省级市	地级市	县级市
北京	1	1			
天津	1	1			
河北	33			11	22
辽宁	31		2	12	17
上海	1	1			
江苏	38		1	12	25
浙江	33		2	9	22
福建	23		1	8	14
山东	48		2	15	31
广东	44		2	19	23
海南	8			2	6
合计	261	3	10	88	160

资料来源：《中国城市统计年鉴（2012）》。

表4-3　　　　　　　　　　**2011年中部地区城市数量**　　　　　单位：个

地区	城市合计	按行政级别分组			
		直辖市	副省级市	地级市	县级市
山西	22			11	11
吉林	28		1	7	20
黑龙江	30		1	11	18
安徽	22			16	6
江西	22			11	11
河南	38			17	21
湖北	36		1	11	24
湖南	29			13	16
合计	227		3	97	127

资料来源：《中国城市统计年鉴（2012）》。

表4-4　　　　　　　　　　**2011年西部地区城市数量**　　　　　单位：个

地区	城市合计	按行政级别分组			
		直辖市	副省级市	地级市	县级市
内蒙古	20			9	11
广西	21			14	7
重庆	1	1			
四川	32		1	17	14
贵州	15			6	9
云南	19			8	11
西藏	2			1	1
陕西	13		1	9	3
甘肃	16			12	4
青海	3			1	2
宁夏	7			5	2
新疆	21			2	19
合计	170	1	2	84	83

资料来源：《中国城市统计年鉴（2012）》。

表 4 – 5　　　　　　　　　2011 年地区城市数量比较　　　　　　单位：个

	城市合计	直辖市	副省级市	地级市	县级市
东部地区	261	3	10	88	160
中部地区	227		3	97	127
西部地区	170	1	2	84	83
全国合计	658	4	15	269	370

表 4 – 6　　　　　　　　2011 年地级及以上城市人口状况统计

城市	年末总人口（万人）		年平均人口（万人）		自然增长率（‰）	
	全市	市辖区	全市	市辖区	全市	市辖区
城市合计	126966.6	39815.0	125652.0	39379.6	6.0	5.1
北京市	1277.9	1207.1	1267.9	1197.1	5.6	5.8
天津市	996.4	816.3	990.7	811.7	5.1	4.2
河北省	7344.8	1303.6	7321.4	1299.4	6.4	5.2
山西省	3519.1	983.7	3488.9	987.7	6.1	6.6
内蒙古自治区	2192.3	660.5	2144.6	655.8	5.5	4.9
辽宁省	4255.0	1894.1	4253.4	1888.1	0.2	-0.7
吉林省	2507.9	870.4	2506.4	869.8	3.1	2.3
黑龙江省	3784.3	1363.9	3780.0	1363.2	2.3	0.6
上海市	1419.4	1350.6	1415.8	1347.0	-0.7	-0.5
江苏省	7514.2	2913.9	7490.4	2902.8	3.8	4.4
浙江省	4771.3	1503.4	4759.6	1502.1	4.2	4.4
安徽省	6876.3	1910.5	6853.1	1902.1	6.8	7.2
福建省	3551.8	923.6	3542.4	918.7	5.3	5.6
江西省	4752.6	911.5	4723.1	907.6	12.0	10.0
山东省	9591.0	2809.4	9565.0	2783.3	4.5	4.4
河南省	11098.4	2204.7	10709.1	1966.0	7.5	6.5
湖北省	5332.1	1537.9	5261.9	1534.8	4.8	4.3
湖南省	6861.4	1360.7	6797.9	1359.8	5.7	5.8
广东省	8625.7	3381.0	8488.0	3362.5	9.8	7.5
广西壮族自治区	5346.0	1384.4	5326.1	1386.7	8.1	7.4
海南省	220.5	220.5	219.0	219.0	10.3	10.3
重庆市	3329.8	1770.6	3316.6	1761.3	6.5	6.1

续表

城市	年末总人口（万人）		年平均人口（万人）		自然增长率（‰）	
	全市	市辖区	全市	市辖区	全市	市辖区
四川省	8371.6	2459.6	8348.6	2448	4.4	4.2
贵州省	3030.7	645.4	2769.8	594	9.4	10.0
云南省	2854.6	646	2849.2	643.4	6.3	5.3
西藏自治区	49.4	—	—	—	3.4	—
陕西省	3889.7	1289.1	3872.3	1283.5	6.2	7.2
甘肃省	2440.8	823.1	2438.9	825.4	7.2	5.2
青海省	222.8	121.2	221.8	117.8	5.5	4.7
宁夏回族自治区	651.6	266.9	647.2	265.0	8.9	8.4
新疆维吾尔自治区	287.2	281.4	283.9	276.2	5.6	5.4

资料来源：《中国城市统计年鉴（2012）》。

（二）我国城市化水平测度及其阶段划分

1. 我国城市化水平测度

在城市化水平指标的选取上，有学者用城市人口比重、城市用地比重或者是非农人口占总人口比重等单一指标法的测度，也有学者将城市住宅建筑面积、居民储蓄额度、城市地方财政支出、工业商业从业人数等指标纳入衡量城市化水平的多项指标综合度量法，但在应用中综合指标法难以实现。本部分基于数据的可获得性和一般文献通用的做法，以城镇人口占总人口的比重来反映我国城市化水平。Kuznets 认为：城市化就是城乡之间的人口分布方式的变化。所以，这样计算是有理论依据的。我国 2013 年东部地区的常住人口城市化率达到了 62.2%，而中部和西部地区分别只有 48.5% 与 44.8%。东部地区城市化水平明显高于中西部地区，也说明了我国内部城市化水平是不均衡的。

从图 4-3 可以看出：我国城市化水平在 1953 年只有 13.31%，1978年为 17.92%。但是改革开放以后，我国城市化水平不断提高，1996 年达到了 30.48%，2010 年为 49.95%，接近 50%，2013 年更是达到了 53.73%，与世界平均水平基本持平（见表 4-7）。但我国城市化水平和与我国国民收入水平差不多的马来西亚、菲律宾相比（其城市化率都在60% 以上），还是比较低，比日本和韩国（超过 70%）更低。若扣除居住在小城镇的 1.5 亿人和进城务工半年以上的约 1.5 亿农民工，我国的城市化水平大概只有36%。中国经济增长与宏观稳定课题组（2009）研究发现：各国的自主选择城市化的模式主要分为三种。

（1）人均GDP超过1万美元，城市化水平大于75%的欧美发达国家的一般模式。主要包括美国、加拿大、澳大利亚、法国、瑞典和英国等国家。

（2）人均GDP超过1万美元，城市化水平在58%—75%的日本和德国模式。主要包括日本、德国、意大利和希腊等国家。

（3）人均GDP不到6000美元，但是城市化水平却大于75%的拉美国家模式。主要包括巴西、智利、阿根廷和墨西哥等国家。根据包括世界银行在内的很多权威机构的预测，我国到2030年前后，城镇人口将达到10亿左右。因此，未来我国应该积极学习欧美和日德的典型发达国家城市化模式（其城市化水平高，工业与服务业都高度发达，服务业和工业互动发展或者独立发展，并且同时可以推动或者拉动其城市化水平），而不应该学习拉美的城市化模式（其陷入中等收入陷阱）。

表4-7　　　　　　　　　世界各国城市化率　　　　　　　　单位:%

国家和地区	2000 年	2005 年	2008 年	2009 年	2010 年
世界	46.7	48.7	50.0	50.4	50.9
中国	36.2	43.0	47.0	48.3	49.9
中国香港	100.0	100.0	100.0	100.0	100.0
中国澳门	100.0	100.0	100.0	100.0	100.0
孟加拉国	23.6	25.7	27.1	27.6	28.1
文莱	71.1	73.5	74.8	75.3	75.7
柬埔寨	16.9	19.7	21.6	22.2	22.8
印度	27.7	28.7	29.5	29.8	30.1
印度尼西亚	42.0	48.1	51.5	52.6	53.7
伊朗	64.2	66.9	68.5	69.0	69.5
以色列	91.4	91.6	91.7	91.7	91.7
日本	65.2	66.0	66.5	66.6	66.8
哈萨克斯坦	56.3	57.1	57.9	58.2	58.5
韩国	79.6	80.8	81.5	81.7	81.9
老挝	22.0	27.4	30.9	32.0	33.2

续表

国家和地区	2000 年	2005 年	2008 年	2009 年	2010 年
马来西亚	62.0	67.6	70.4	71.3	72.2
蒙古	56.6	56.7	57.2	57.3	57.5
缅甸	28.0	30.6	32.6	33.2	33.9
巴基斯坦	33.2	34.9	36.2	36.6	37.0
菲律宾	58.5	62.7	64.9	65.7	66.4
新加坡	100.0	100.0	100.0	100.0	100.0
斯里兰卡	15.7	15.1	15.1	15.1	15.1
泰国	31.1	32.3	33.3	33.7	34.0
越南	24.3	26.4	27.8	28.3	28.8
埃及	42.6	42.6	42.7	42.8	42.8
尼日利亚	42.5	46.2	48.4	49.1	49.8
南非	56.9	59.3	60.7	61.2	61.7
加拿大	79.5	80.1	80.4	80.5	80.6
墨西哥	74.7	76.3	77.2	77.5	77.8
美国	79.1	80.8	81.7	82.0	82.3
阿根廷	90.1	91.4	92.0	92.2	92.4
巴西	81.2	84.2	85.6	86.0	86.5
委内瑞拉	89.7	92.3	93.3	93.7	94.0
捷克	74.0	73.5	73.5	73.5	73.5
法国	75.8	76.7	77.4	77.6	77.8
德国	73.1	73.4	73.6	73.7	73.8
意大利	67.2	67.6	68.1	68.2	68.4
荷兰	76.8	80.2	81.8	82.4	82.9
波兰	61.7	61.5	61.3	61.3	61.2
俄罗斯联邦	73.4	72.9	72.8	72.8	72.8
西班牙	76.3	76.7	77.1	77.3	77.4
土耳其	64.7	67.3	68.7	69.1	69.6
乌克兰	67.1	67.8	68.0	68.0	68.1
英国	89.4	89.7	89.9	90.0	90.1
澳大利亚	87.2	88.2	88.7	88.9	89.1
新西兰	85.7	86.2	86.6	86.7	86.8

资料来源：世界银行 WDI 数据库。

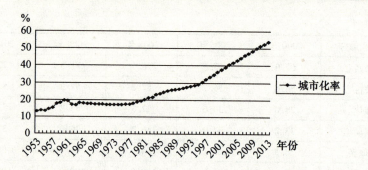

图 4 - 3　1953—2013 年我国城市化水平变动趋势

数据来源：根据《新中国六十年统计资料汇编》和国家统计局网站数据整理而得。

2. 我国城市化阶段划分

众所周知，各国城市化发展的规律由诺瑟姆 1975 年总结为城市化发展曲线，即 S 形曲线。世界城市化具有明显的阶段性，可以分为三个阶段。第一阶段城市化水平小于 30%，此时城市人口增长缓慢，当城市人口比重超过 10% 以后城市化水平才略微加快。第二阶段城市化水平在 30%—70%，当城市人口比重超过 30% 城市化进入加速阶段，城市化进程出现加快趋势，这种趋势一直持续到城市化水平达到 70% 才会稳定下来。第三阶段城市化水平大于 70%。此时社会经济发展渐趋成熟，城市人口保持平稳。我国的城市化率 1996 年达到了 30.48%，所以，本部分以 1978 年与 1995 年为阶段分界点，把中国城市化进程划分为城市化曲折发展阶段、城市化初期阶段及城市化中期阶段三个阶段。具体的城市化发展阶段性特征见表 4 - 8。

表 4 - 8　　　　　　　　　　　中国城市化进程阶段划分

阶　段	时　间	城市化发展特征
城市化曲折发展阶段	1949—1978 年	从极低的城市化水平开始起步，经历了启动、扩大、收缩到停滞的曲折发展
城市化初期阶段	1979—1995 年	以限制大城市、积极发展中小城市为方针，城市化水平大幅提高，中小城市人口的比重也有所提高
城市化中期阶段	1996 年至今	城市发展空前活跃，城市化水平超过 30% 并发展到接近 50% 的水平，人口向大城市、特大城市流动，各类城市问题开始显现和日益突出

资料来源：梁朝晖：《城市化不同阶段能源消费的影响因素研究》，《上海财经大学学报》2010 年第 5 期。

二　能源消费概况

(一) 能源消费的国际比较

通过表 4 - 9 以及图 4 - 4 可以发现：世界终端能源消费量从 2002 年的 6110.96 百万吨标准油已经上升为 2011 年的 8917.53 百万吨标准油。其中中国和非 OECD 国家的终端能源消费量与世界终端能源消费量的变化趋势一致，均呈现上升趋势。中国 2010 年的终端能源消费量为 1512.22 百万吨标准油（占世界比重 17.43%），超过了美国的 1500.18 百万吨标准油（占世界比重 17.29%），已经成为世界第一大能源消费国。中国 2011 年的终端能源消费量为 1634.71 百万吨标准油（占世界比重 18.33%），也超过了美国的 1503.71 百万吨标准油（占世界比重 16.86%）。作为发展中国家的印度其能源消费水平也在不断增加，在 2005 年就已经超过了日本。

表 4 - 9　　　　　　　　　　终端能源消费量　　　　　单位：百万吨标准油

国家和地区	2004 年	2005 年	2006 年	2007 年	2008 年	2009 年	2010 年	2011 年	2011 年比重（%）
世界	7731.12	7938.51	8074.24	8287.07	8411.73	8316.56	8676.63	8917.53	100.00
OECD 合计	3702.41	3783.65	3824.38	3759.89	3732.30	3568.70	3691.11	3651.43	40.95
美国	1599.74	1591.86	1572.16	1581.62	1542.25	1458.67	1500.18	1503.71	16.86
日本	350.65	353.75	351.79	342.27	318.81	314.41	324.58	314.47	3.53
德国	252.56	249.26	253.57	228.32	235.67	222.73	226.75	221.02	2.48
加拿大	202.46	204.16	201.51	205.33	202.26	190.95	195.98	203.98	2.29
法国	176.81	175.23	173.95	165.18	165.55	157.90	162.81	152.20	1.71
韩国	145.34	143.64	145.08	147.10	147.54	147.82	157.44	161.04	1.81
英国	162.53	161.30	158.73	142.21	142.85	131.46	137.91	126.30	1.42
意大利	146.31	145.22	144.57	138.52	133.40	125.58	129.77	126.75	1.42
墨西哥	105.33	108.64	113.43	113.79	115.40	110.10	113.45	116.07	1.30
西班牙	103.50	105.24	103.93	102.79	99.07	92.04	93.70	88.60	0.99
澳大利亚	73.95	77.90	77.73	75.07	76.71	74.66	75.28	77.85	0.87
荷兰	63.25	63.92	61.25	61.63	61.04	60.10	64.77	59.63	0.67
比利时	41.37	44.55	43.55	39.65	42.36	39.22	41.68	42.64	0.48
瑞典	35.59	35.17	34.99	34.40	33.77	31.88	35.02	32.73	0.37
瑞士	22.04	22.27	22.24	20.30	20.97	20.17	21.05	19.45	0.22
以色列	13.00	11.97	12.29	12.92	13.15	13.92	14.81	14.08	0.16

续表

国家和地区	2004 年	2005 年	2006 年	2007 年	2008 年	2009 年	2010 年	2011 年	2011 年比重（%）
非OECD 合计	3745.29	3839.32	4006.26	4191.60	4333.54	4415.43	4631.14	4905.42	55.01
中国	1025.16	1162.38	1171.91	1252.97	1369.86	1431.92	1512.22	1634.71	18.33
印度	349.78	360.23	375.39	394.20	415.24	441.33	457.49	492.51	5.52
俄罗斯	427.36	412.36	425.05	428.26	434.88	418.15	445.76	458.57	5.14
巴西	170.54	171.68	178.23	188.33	194.54	190.77	210.61	217.89	2.44
伊朗	119.07	124.45	140.23	150.28	152.45	159.91	157.18	162.90	1.83
印度尼西亚	128.54	134.24	134.99	138.12	140.74	146.52	156.45	158.30	1.78
沙特阿拉伯	80.70	74.80	85.75	90.29	94.04	99.56	105.36	118.19	1.33
泰国	68.75	69.78	67.33	69.57	73.61	77.82	84.58	88.37	0.99
台湾地区	63.38	60.44	60.36	64.74	63.29	62.88	67.71	65.34	0.73
南非	63.96	63.38	63.26	64.10	71.78	71.02	61.44	71.13	0.80
阿根廷	46.12	49.97	53.67	54.15	54.59	52.15	53.73	58.08	0.65
埃及	39.34	42.89	44.52	47.55	49.94	48.28	49.54	52.17	0.59
委内瑞拉	37.96	43.52	42.40	43.20	38.60	38.93	45.18	47.59	0.53
中国香港	11.41	7.54	7.76	7.99	8.07	8.91	8.32	8.64	0.10

资料来源：《中国能源统计年鉴（2013）》。

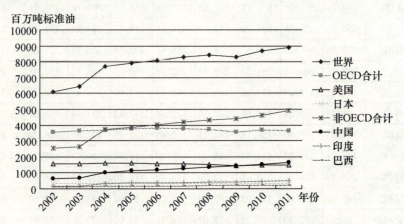

图 4 - 4　2002—2011 年世界及部分国家终端能源消费变化趋势

（二）能源生产与能源消费比较

中国能源生产量从 1978 年的 62270 万吨标准煤上升到 2013 年的 340000 万吨标准煤。而与此同时，中国能源消费量也从 1978 年的 57144 万吨标准煤上升到 2013 年的 375000 万吨标准煤。1978—1991 年，除了少数个别年份,大多时候国内的能源生产不仅可以满足能源消费的需求,并且还可以出口创汇。但是从 1992 年开始,这种情况发生了变化。1992 年能源生产量 107256 万吨标准煤,与能源消费量 109170 万吨标准煤的差额为 1914 万吨标准煤,能源供需形势发生了变化,到 2011 年缺口达到了 30015 万吨标准煤。图 4 - 5 显示了中国 1978—2013 年能源生产量与消费量具有相似的变动趋势。1980—2012 年中国能源消费与生产增长速度变化趋势见图 4 - 6。

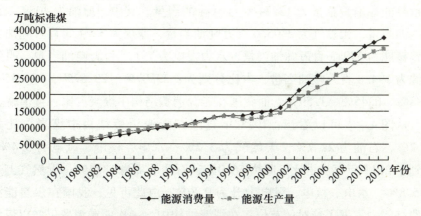

图 4 - 5　1978—2013 年中国能源消费与生产变化趋势

注:电力折算标准煤的系数根据当年平均发电煤耗计算。

资料来源:根据《中国能源统计年鉴(2013)》和国家统计局网站数据整理而得。

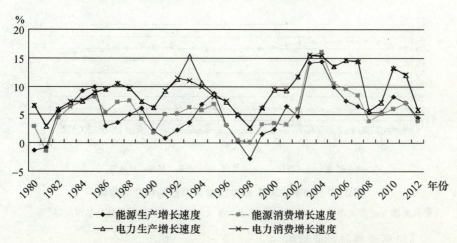

图 4 - 6　1980—2012 年中国能源消费与生产增长速度变化趋势

资料来源:《中国能源统计年鉴(2013)》。其中,能源生产增长速度和能源消费增长速度采用等价值总量计算。

（三）能源消费结构比较

1. 一次能源消费结构

世界各国的经济实践表明：在一定的生产技术条件下，一次能源消费结构的演进对消费总量的变化起着一定的决定性作用。一般来说，消费结构的演变过程主要表现为主导燃料及其矿种的更替变化。众所周知，世界能源结构的演变依次是煤炭、石油、天然气及核能的替代变化。在目前世界能源消费结构中，比例最大的是石油，不过也有逐步下降的趋势。2011年世界能源消费总量为12274.6百万吨油当量。其中，原油为4059.1百万吨油当量，天然气为2905.6百万吨油当量，原煤为3724.3百万吨油当量，核能为599.3百万吨油当量，水力发电为791.5百万吨油当量，再生能源为194.8百万吨油当量，占比分别为：33.07%、23.67%、30.34%、4.88%、6.45%、1.59%。而我国在能源消费结构中煤炭占比一直很高。

从图4-7可以看出：1978年我国在能源消费结构中煤炭占比为70.7%，石油22.7%，天然气为3.2%，水电、核电、风电为3.4%。而到了2013年煤炭占比下降为66.0%，石油下降为18.4%，天然气上升为5.8%，水电、核电、风电上升为9.8%。由此可见，我国在煤炭能源消费结构中占据了绝对的首位。在消费结构中，一次能源消费仍然以煤为主，虽然煤炭消费比例有下降的趋势，但是在能源结构中比重还是比较大。所以说，未来一段时期，我国仍然以煤炭消费为主。

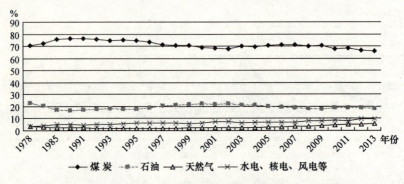

图4-7 1978—2013年中国能源消费结构变化趋势

资料来源：根据《中国能源统计年鉴（2013）》以及国家统计局网站数据整理而得。

2. 能源消费的行业结构

2000—2012年中国能源消费的分行业能源消费结构情况见表4-10。从表中可知，能源消费主要集中在工业与民用两大部门。

表4-10　　　　分行业能源消费总量

单位：万吨标准煤

行　业	2000年	2005年	2006年	2007年	2008年	2009年	2010年	2011年	2012年
消费总量	145530.86	235996.65	258676.30	280507.94	291448.29	306647.15	324939.15	348001.66	361732.01
农、林、牧、渔、水利业	3913.77	6071.06	6330.71	6228.40	6013.13	6251.18	6477.30	6758.56	6784.43
工业	103773.85	168723.53	184945.45	200531.38	209302.15	219197.16	232018.82	246440.96	252462.78
采掘业	10968.06	13914.67	14247.13	15240.74	17050.44	17585.17	18399.39	20024.66	21176.92
煤炭开采和洗选业	5286.08	7522.45	7672.90	8269.88	9356.17	10206.55	10574.43	11566.47	12339.12
石油和天然气开采业	3963.58	3710.92	3586.79	3651.26	4210.04	3945.90	4057.55	3934.36	3807.89
黑色金属矿采选业	374.66	971.13	1138.05	1330.32	1408.03	1250.90	1573.35	1920.70	1842.98
有色金属矿采选业	425.26	680.67	738.02	828.89	863.14	832.89	954.16	1146.53	1180.82
非金属矿采选业	690.46	927.84	978.21	1035.12	1028.27	1095.77	1026.38	1173.91	1217.00
开采辅助活动									483.92
其他采矿业	228.02	101.68	133.17	125.27	184.79	253.16	213.52	282.70	305.20
制造业	80771.97	137140.40	151274.67	164951.10	172106.52	180595.97	189414.85	200403.37	205667.69
农副食品加工业	1717.36	2207.28	2360.77	2537.65	2731.34	2795.37	2644.27	2663.79	2750.55
食品制造业	1055.55	1281.74	1389.67	1448.62	1544.66	1563.34	1508.52	1517.97	1621.32
酒、饮料和精制茶制造业	800.45	992.06	1081.60	1098.77	1161.85	1191.44	1130.42	1197.41	1180.09
烟草制品业	303.98	257.08	255.38	249.03	232.60	233.80	228.89	272.31	247.42
纺织业	3014.37	5281.32	6108.59	6528.30	6396.38	6251.01	6204.53	6269.05	6357.01

续表

行　业	2000年	2005年	2006年	2007年	2008年	2009年	2010年	2011年	2012年
纺织服装、服饰业	348.43	577.42	661.68	711.44	725.34	713.08	748.42	753.44	861.09
皮革、毛皮、羽毛及其制品和制鞋业	203.86	323.71	364.15	387.67	388.73	384.48	392.19	371.37	574.23
木材加工和木、竹、藤、棕、草制品业	360.66	754.77	843.10	893.67	981.91	1049.09	1035.62	1097.31	1152.64
家具制造业	101.14	133.12	149.32	152.86	181.80	183.81	209.66	201.99	199.41
造纸和纸制品业	2269.30	3574.91	3791.56	3643.36	3998.65	4101.00	3961.92	3983.51	3846.14
印刷和记录媒介复制业	204.55	280.70	303.62	327.08	349.81	357.48	390.97	389.60	400.03
文教、工美、体育和娱乐用品制造业	122.75	198.37	202.85	210.09	219.76	214.62	210.84	232.76	280.46
石油加工、炼焦和核燃料加工业	7220.12	11923.57	12498.72	13445.30	13747.01	15328.29	16044.66	17057.01	18115.44
化学原料和化学制品制造业	14326.13	23848.69	25995.36	28621.16	28961.13	28946.07	31353.93	34713.14	36995.54
医药制造业	941.62	1203.58	1255.98	1261.41	1360.49	1354.58	1427.68	1523.16	1608.63
化学纤维制造业	1883.87	1382.82	1465.05	1575.02	1448.58	1436.85	1440.91	1530.40	1558.00
橡胶和塑料制品业	1384.37	2623.40	2851.86	2957.65	3188.20	3239.68	3558.68	3537.89	3897.14
非金属矿物制品业	13768.08	21310.46	22637.64	23111.66	25460.52	26882.28	27473.24	30014.96	29400.92
黑色金属冶炼和压延加工业	18962.27	39544.25	44729.92	50186.53	51862.92	56404.37	57533.71	58896.58	59668.10
有色金属冶炼和压延加工业	4079.30	7403.80	8861.83	10867.61	11287.99	11401.37	12841.45	13991.13	14829.01
金属制品业	1210.42	2271.08	2632.41	2852.64	3023.79	3037.78	3627.75	3533.37	3854.34
通用设备制造业	1251.01	2149.71	2406.23	2649.23	2758.11	2985.24	3270.81	3823.13	3465.89
专用设备制造业	866.58	1314.71	1438.19	1579.44	1630.28	1671.52	1851.20	1887.05	1781.84

续表

行　业	2000 年	2005 年	2006 年	2007 年	2008 年	2009 年	2010 年	2011 年	2012 年
汽车制造业	1502.38	2043.13	2247.85	2467.64	2732.58	3031.90	3748.85	3995.63	2760.67
铁路、船舶、航空航天和其他运输设备制造业									1149.54
电气机械和器材制造业	648.35	1213.20	1353.04	1557.01	1791.10	1854.48	2121.53	2276.48	2329.07
计算机、通信和其他电子设备制造业	692.89	1482.64	1754.05	1994.99	2197.44	2216.28	2525.15	2623.39	2666.75
仪器仪表制造业	156.70	197.45	232.82	260.90	284.98	291.92	346.47	318.39	311.26
其他制造业	1375.45	1330.45	1349.93	1323.74	1401.72	1413.73	1505.08	1641.89	1616.47
废弃资源综合利用业		34.98	51.49	50.64	56.84	61.11	77.49	89.29	107.36
金属制品、机械和设备修理业									81.35
电力、煤气及水生产和供应业	12033.83	17668.45	19423.65	20339.53	20145.19	21016.02	24204.58	26012.93	25618.17
电力、热力生产和供应业	10812.32	16326.50	18004.12	18892.27	18676.48	19574.86	22584.11	24372.14	23809.24
燃气生产和供应业	605.09	643.19	663.11	650.79	634.60	566.25	650.11	604.71	693.64
水的生产和供应业	616.42	698.76	756.42	796.48	834.11	874.91	970.36	1036.08	1115.29
建筑业	2178.53	3403.31	3760.73	4127.52	3812.53	4562.02	5309.30	5872.16	6167.37
交通运输、仓储和邮政业	11241.59	18391.01	20284.23	21959.18	22917.25	23691.84	26068.47	28535.50	31524.71
批发、零售业和住宿、餐饮业	3047.63	4847.75	5314.05	5689.38	5733.58	6412.26	6826.82	7795.38	8545.86
其他行业	5761.58	9254.56	10275.98	11158.19	11771.34	12689.81	13680.50	15189.15	16580.77
生活消费	15613.91	25305.43	27765.16	30813.90	31898.32	33842.88	34557.94	37409.94	39666.09

资料来源：《中国能源统计年鉴（2013）》。

表 4-11　　　　　分地区能源消费总量　　　　　单位：万吨标准煤

地区	1990年	1995年	2000年	2005年	2006年	2007年	2008年	2009年	2010年	2011年	2012年
北京	2709	3518	4144	5522	5904	6285	6327	6570	6954	6995	7178
天津	2071	2569	2794	4085	4500	4943	5364	5874	6818	7598	8208
河北	6124	8990	11196	19836	21794	23585	24322	25419	27531	29498	30250
山西	4710	8413	6728	12750	14098	15601	15675	15576	16808	18315	19336
内蒙古	2424	2632	3549	9666	11221	12777	14100	15344	16820	18737	19786
辽宁	7856	9671	10656	13611	14987	16544	17801	19112	20947	22712	23526
吉林	3523	4109	3766	5315	5908	6557	7221	7698	8297	9103	9443
黑龙江	5285	5935	6166	8050	8731	9377	9979	10467	11234	12119	12758
上海	3175	4466	5499	8225	8876	9670	10207	10367	11201	11270	11362
江苏	5509	8047	8612	17167	19041	20948	22232	23709	25774	27589	28850
浙江	2580	4580	6560	12032	13219	14524	15107	15567	16865	17827	18076
安徽	2761	4194	4879	6506	7069	7739	8325	8896	9707	10570	11358
福建	1451	2280	3463	6142	6828	7587	8254	8916	9809	10653	11185
江西	1732	2392	2505	4286	4660	5053	5383	5813	6355	6928	7233
山东	6830	8780	11362	24162	26759	29177	30570	32420	34808	37132	38899

续表

地 区	1990 年	1995 年	2000 年	2005 年	2006 年	2007 年	2008 年	2009 年	2010 年	2011 年	2012 年
河 南	5206	6473	7919	14625	16232	17838	18976	19751	21438	23062	23647
湖 北	3997	5655	6269	10082	11049	12143	12845	13708	15138	16579	17675
湖 南	3821	5426	4071	9709	10581	11629	12355	13331	14880	16161	16744
广 东	4065	7345	9448	17921	19971	22217	23476	24654	26908	28480	29144
广 西	1309	2384	2669	4869	5390	5997	6497	7075	7919	8591	9155
海 南	121	303	480	822	920	1057	1135	1233	1359	1601	1688
重 庆	—	—	2428	4943	5368	5947	6472	7030	7856	8792	9278
四 川	6353	9525	6518	11816	12986	14214	15145	16322	17892	19696	20575
贵 州	2133	3183	4279	5641	6172	6800	7084	7566	8175	9068	9878
云 南	1954	2641	3468	6024	6621	7133	7511	8032	8674	9540	10434
陕 西	2239	3134	2731	5571	6129	6775	7417	8044	8882	9761	10626
甘 肃	2172	2738	3012	4368	4743	5109	5346	5482	5923	6496	7007
青 海	507	688	897	1670	1903	2095	2279	2348	2568	3189	3524
宁 夏	707	759	1179	2536	2830	3077	3229	3388	3681	4316	4562
新 疆	2063	2830	3328	5506	6047	6576	7069	7526	8290	9927	11831

注：1.1996 年以前重庆包括在四川省内；2. 由于折算系数的不同，故各地区相加数与全国数不等。

资料来源：《中国能源统计年鉴（2013）》。

3. 能源消费的地区结构

从表 4 – 11 中可以发现，能源消费的地区差异非常明显。而这一能源消费的状况与目前我国经济发展中存在的地区差异也是相符的。经济发达的东部省份如广东、浙江、江苏等能源消费量也比较多，而中部和西部地区经济落后地区，能源消费总量也比较少。说明我国的省域经济增长与能源驱动是密切相关的。它们之间具体的数量关系在下面的章节将进行精确的计量实证分析。

第二节　城市化与能源消费的动态均衡关系研究

通过第二章的文献梳理，可以发现：城市化水平与能源消费之间的关系一直是能源经济学研究的重要问题。众所周知，1978 年我国城市化率只有 17.92%，而到了 2010 年城市化率上升到 49.95%，农村人口和城市人口基本相当，城市化进程处于加速发展期。在城市化加速阶段，经济发展对工业特别是资源型工业的依赖要高于城市化初级阶段，这会增加能源消费量。所以城市化进程的推进所带来的生产和生活方式的改变将会导致总体能源消费水平的上升。本部分考虑到数据获得的便利性，主要采用城镇人口比重来衡量城市化水平。图 4 – 8 描述了中国 1978—2010 年城市化水平和能源消费的对数变动趋势，可以发现两变量之间具有趋同性的变化趋势。同

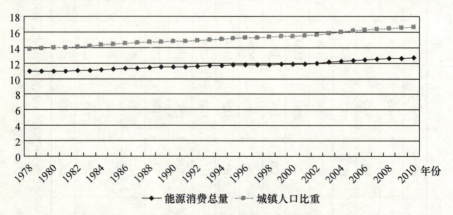

图 4 – 8　我国 1978—2010 年城市化水平和能源消费的对数趋势

注：横轴表示年份，纵轴表示城市化水平和能源消费的对数值。

资料来源：根据《中国统计年鉴（2011）》整理而得。

时经过计算，中国城市化水平和能源消费之间的相关系数高达 0. 969，说明城市化水平和能源消费之间是高度相关关系。本书将对中国 1978—2010 年城市化水平和能源消费的问题进行实证研究，分析两变量之间是否存在 Granger 因果关系，研究结论可以为建立节能型城市提供决策依据。

一　研究方法、变量与数据来源

（一）研究方法

1. 单位根检验

检验变量是否稳定的过程称为单位根检验。平稳序列将围绕一个均值波动，并有向其靠拢的趋势，而非平稳过程则不具有这个性质。比较常用的单位根检验方法是 DF 检验，由于不能保证方程中的残差项是白噪声（white noise），所以 Dickey 和 Fuller 对 DF 检验法进行了扩充，形成 ADF（Augented Dickey – Fuller Test）检验。

2. 协整理论与方法

为了验证城市化水平和能源消费变量之间的相关关系，一般的做法是根据现有的样本资料建立比较合适的回归方程。在进行传统的回归分析时，要求所有的时间序列必须是平稳的，否则会产生伪回归问题。为了使回归有意义，同时又不忽视水平序列所包含的有用信息，1987 年 Engle 和 Granger 提出的协整理论及其方法，为非平稳序列的建模提供了另一种途径。虽然一些经济变量的本身是非平稳序列，但是它们的线性组合却有可能是平稳序列。这种平稳的线性组合被称为协整方程，且可解释为变量之间的长期稳定的均衡关系，近年来应用广泛。因此，本书也采用这一方法进行研究。

协整的定义：

k 维向量 $Y = (y_1, y_2, y_3, \cdots, y_t)'$ 的分量间被称为 d，b 阶协整，记为 $Y \sim CI(d, b)$，如果满足：（1）$Y \sim I(d)$，要求 Y 的每个分量 $y_t \sim I(d)$；（2）存在非零向量 β，使得 $\beta'Y \sim I(d-b)$，$0 < b \leqslant d$。简称 Y 是协整的，向量 β 又称为协整向量。

E – G 两步法检验的主要步骤如下：

（1）若 k 个序列 y_1 和 y_2，y_3，$\cdots$，y_k 都是 1 阶单整序列，建立回归方程：

$$y_{1t} = \beta_2 y_{2t} + \beta_3 y_{3t} + \cdots + \beta_k y_{kt} + u_t \quad t = 1, 2, \cdots, T$$

模型估计的残差为：

$$\hat{u}_t = y_{1t} - \hat{\beta}_2 y_{2t} - \hat{\beta}_3 y_{3t} - \cdots - \hat{\beta}_k y_{kt}$$

（2）检验残差序列 $\hat{u}_t$ 是否平稳，也就是判断序列 $\hat{u}_t$ 是否含有单位根。通常用 ADF 检验来判断残差序列 $\hat{u}_t$ 是否是平稳的。

（3）如果残差序列 $\hat{u}_t$ 是平稳的，则可以确定回归方程中的 k 个变量（y_1，y_2，y_3，$\cdots$，y_k）之间存在协整关系，并且协整向量为（$\hat{\beta}_1 - \hat{\beta}_2$，$\hat{\beta}_3$，$\cdots$，$-\hat{\beta}_k$）$'$其中 $\hat{\beta}_1 = 1$；否则（y_1，y_2，y_3，$\cdots$，y_k）之间不存在协整关系。

（二）变量选取与数据来源

1. 城市化

城市化水平是测量一个国家或者地区城市化程度的重要指标，通过一定的量化方法计算其发展水平是学术界通行的做法。本书考虑到数据获得的便利性，主要采用市镇人口占总人口比重指标来衡量城镇化水平（即人口比重指标法）。即城市化率＝市镇人口/总人口。由于该指标具有简单明了的特点，已经被各学科所普遍接受，也是世界公认的度量城市化水平的指标。

2. 能源消费

采用能源消费总量（万吨标准煤）作为能源消费的测度指标。

为了消除时间序列数据中存在的异方差现象，本书对两个变量分别取自然对数，记为 $\ln UR$、$\ln EC$，其相应的一阶差分序列记为 $\Delta\ln UR$、$\Delta\ln EC$，二阶差分序列记为 $\Delta^2\ln UR$、$\Delta^2\ln EC$。本书采用的数据来源于《中国统计年鉴（2010）》，本书的研究时段为 1978—2010 年。

二　城市化水平与能源消费的实证分析

（一）单位根检验

首先使用 Eviews7.0 软件对我国城市化水平与能源消费变量进行平稳性检验，以确定其平稳性及单整阶数。检验结果见表 4 – 12。

表 4 – 12　　　　　　　$\ln UR$ 和 $\ln EC$ 单位根的 ADF 检验

变量	检验类型 （C，T，K）	ADF 检验值	各显著性水平下的临界值			检验结果
			1%	5%	10%	
$\ln UR$	（C，T，2）	-2.610	-4.297	-3.568	-3.218	不平稳
$\ln EC$	（C，T，1）	-2.820	-4.297	-3.659	-3.218	不平稳

续表

变量	检验类型	ADF	各显著性水平下的临界值			检验结果
	(C, T, K)	检验值	1%	5%	10%	
$\Delta\ln UR$	$(C, 0, 2)$	-2.589	-3.689	-2.972	-2.625	不平稳
$\Delta\ln EC$	$(C, T, 3)$	-2.833	-4.339	-3.588	-3.229	不平稳
$\Delta^2\ln UR$	$(C, 0, 2)$	-10.486	-3.670	-2.964	-2.621	平稳
$\Delta^2\ln EC$	$(C, 0, 1)$	-4.518	-3.689	-2.972	-2.625	平稳

注：表中 Δ 表示一阶差分；检验类型（C, T, K）中的 C、T、K 分别表示单位根检验方程包括常数项、时间趋势项和滞后阶数；0 指检验方程不包括常数项或时间趋势项。

通过表 4 - 12 可知，城市化水平与能源消费二阶差分序列的 ADF 统计值都小于临界值，表明城市化水平与能源消费在经过二阶差分后平稳，所以有：$\ln UR \sim I$（2），$\ln EC \sim I$（2）。

（二）协整检验和误差修正模型

1. 协整检验

在时间序列数据分析中，每一个序列单独来说可能是非平稳的，但序列的线性组合却可能有不随时间变化的性质，这种平稳的线性组合可以说明变量间是协整的，即这些非平稳变量之间存在长期稳定的均衡关系。协整检验要求变量是单整变量，且单整阶数相同，因为 $\ln UR \sim I$（2），$\ln EC \sim I$（2），满足协整检验的前提，所以可以用 Engle - Granger 两步法来检验这两个变量之间的协整关系。

协整回归方程为：$\ln EC = 5.812 + 1.734\ln UR$，$R^2 = 0.971$，$F = 1055.685$。其中，$R^2$ 是拟合优度检验，其数值越接近 1，表示样本方程对总体方程拟合程度越好。F 检验值越大，表示回归方程的整体显著性越好。

从协整回归方程可以发现：中国城市化水平每提高 1%，能源消费量将增加 1.734%，说明我国随着城市化水平的提高，能源消费量同时也增加了。回归方程的残差为：$\ln EC - 5.812 - 1.734\ln UR$。残差序列的 ADF 检验结果见表 4 - 13，可以发现：$\ln UR$ 和 $\ln EC$ 之间存在协整关系。图 4 - 9 分别显示了残差、观测值与拟合值的线性趋势，也说明了两个变量之间存在协整关系。协整回归方程表明两者之间存在长期的均衡关系。

表 4 - 13　　　　　　　残差序列的 ADF 检验结果

检验类型 (C, T, K)	ADF 检验值	各显著性水平下的临界值			检验结果
		1%	5%	10%	
(C, 0, 2)	-3.676	-3.670	-2.964	-2.621	平稳

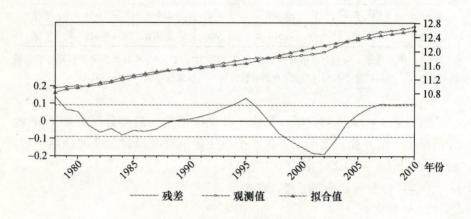

图 4 - 9　残差趋势

2. 误差修正模型

根据 Granger 定理，一组具有协整关系的变量一定具有误差修正模型（Error Correction Model，ECM）的表达式存在。描述样本期内城市化水平与能源消费的短期波动向长期均衡调整的误差修正模型为：

$$\Delta \ln EC_t = 0.070 - 0.513 \Delta \ln UR_t - 0.165 ECM_{t-1} + \varepsilon_t$$

其中，AIC = -3.936，$ECM = \ln EC - 5.812 - 1.734 \ln UR$。AIC 信息准则即 Akaike Information Criterion，是衡量统计模型拟合优良性的一种标准，又由于它为日本统计学家赤池弘次创立和发展的，因此又称赤池信息量准则。这里 AIC = -3.936，说明模型拟合较好。

从误差修正模型来看，两者的短期动态均衡关系是，城市化水平短期内每提高 1%，能源消费将反方向变动 0.513%。这一数值较长期协整回归方程的要小，且为反方向变动，这说明城市化对能源消费的长期影响更为显著。ECM_{t-1} 的系数为 -0.165，也说明能源消费变动受到多种其他因素的影响，城市化水平与能源消费之间的均衡关系对当期非均衡误差调整的自身修正能力并不是很强。

（三）Granger 因果关系检验

城市化水平与能源消费之间的因果关系检验见表 4 - 14。由表 4 - 14 可以观察到：滞后期数为 1、2、3、4 年的城市化均是引起能源消费的原因；而能源消费构成城市化的原因并不显著，即能源消费不是城市化进程的制约因素。

表 4 - 14　　城市化水平与能源消费之间的 Granger 因果关系检验

滞后期	零假设	F 值	P 值	决策	因果关系结论
1	$\ln UR \neq > \ln EC$	8.066	0.008	拒绝	$\ln UR \Rightarrow \ln EC$
	$\ln EC \neq > \ln UR$	0.195	0.662	接受	$\ln EC \neq > \ln UR$
2	$\ln UR \neq > \ln EC$	6.025	0.007	拒绝	$\ln UR \Rightarrow \ln EC$
	$\ln EC \neq > \ln UR$	0.683	0.514	接受	$\ln EC \neq > \ln UR$
3	$\ln UR \neq > \ln EC$	5.387	0.006	拒绝	$\ln UR \Rightarrow \ln EC$
	$\ln EC \neq > \ln UR$	0.737	0.541	接受	$\ln EC \neq > \ln UR$
4	$\ln UR \neq > \ln EC$	2.862	0.050	拒绝	$\ln UR \Rightarrow \ln EC$
	$\ln EC \neq > \ln UR$	1.901	0.150	接受	$\ln EC \neq > \ln UR$

（四）向量自回归模型

可以用序列 $\Delta^2 \ln UR$、$\Delta^2 \ln EC$ 的数据来建立向量自回归模型（$Vector Auto - Regression$，VAR），并利用脉冲响应函数和方差分解对其进行解释。根据 AIC 和 SC（SC 指的是施瓦茨准则，其数值越小，就代表模型拟合地越好）取值最小的准则，变量的滞后区间定为 1 阶到 2 阶。将 $\Delta^2 \ln UR$、$\Delta^2 \ln EC$ 滞后 1 - 2 期的值作为内生变量，采用最小二乘法来估计该模型。方程如下：

$$\Delta^2 \ln EC_t = 0.161\Delta^2 \ln EC_{t-1} - 0.295\Delta^2 \ln EC_{t-2} - 0.304\Delta^2 \ln UR_{t-1} - 0.783\Delta^2 \ln UR_{t-2} + 0.0016$$

$$AIC = -4.180, \; SC = -3.944$$

$$\Delta^2 \ln UR_t = -0.615\Delta^2 \ln UR_{t-1} - 0.187\Delta^2 \ln UR_{t-2} - 0.075\Delta^2 \ln EC_{t-1} + 0.034\Delta^2 \ln EC_{t-2} - 0.0003$$

$$AIC = -5.952, \; SC = -5.717$$

表 4 - 15 说明了方程的整体拟合度较好。第一个方程表明当前的 $\Delta^2 \ln EC$ 与其自身的滞后值和 $\Delta^2 \ln UR$ 的滞后值均有较大的关联度。第二个

方程表明当前的 $\Delta^2 \ln UR$ 与其自身的滞后值和 $\Delta^2 \ln EC$ 的滞后值均有较大的关联度。图 4 – 10 也说明所有的单位根倒数均在单位圆之内，可以证明 VAR 模型整体拟合情况较好，解释力强。

表 4 – 15   VAR 模型整体检验结果

滞后阶数	可决性残差协方差	对数似然值	赤池信息值	施瓦茨值
(1, 2)	6. 81E – 08	156. 9815	– 10. 1367	– 9. 6652
(1, 3)	5. 33E – 08	155. 0097	– 10. 0721	– 9. 4060
(1, 4)	4. 96E – 08	150. 4482	– 9. 8110	– 8. 9471
(1, 5)	2. 82E – 08	152. 1859	– 10. 0143	– 8. 9498

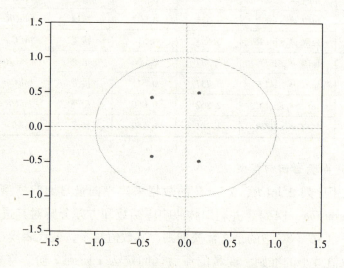

图 4 – 10   VAR 模型特征方程的根的倒数值

（五）脉冲响应函数

向量自回归（VAR）模型可以测定随机扰动对变量系统的动态影响，其数学表达式为：

$$y_t = A_1 y_{t-1} + \cdots + A_p y_{t-p} + B_1 X_t + \cdots + B_r X_{t-r} + \varepsilon_i$$

其中：y_t 是 M 维内生变量向量，X_t 是 d 维外生变量向量，$A_1 \cdots A_p$ 和 $B_1 \cdots B_r$ 是待估计的参数矩阵，内生变量和外生变量分别有 p 和 r 阶滞后期，ε_i 是随机扰动项。

根据向量自回归模型具有的特殊的动态结构性质，脉冲响应（Impulse Response）函数可以很好地识别一个变量的扰动是如何通过模型影响其他所有变量，而最终又反馈到变量自身上来的。图 4 - 11 是基于 VAR（2）和渐近解析法（Analtic）模拟的脉冲响应函数曲线。

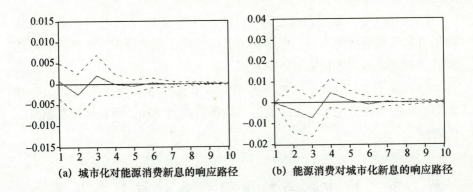

(a) 城市化对能源消费新息的响应路径　　(b) 能源消费对城市化新息的响应路径

图 4 - 11　脉冲响应函数曲线

注：横轴代表响应函数的追踪期数，纵轴代表因变量对解释变量的响应程度，实线为响应函数的计算值，虚线为响应函数值加或减两倍标准差的置信带。在模型中，将响应函数的追踪期数设定为 10 年。

从图 4 - 11 可以看出，城市化对能源消费新息的一个标准差扰动的响应呈现出比较稳定的响应并且持续时间也比较长。这说明了城市化与能源消费之间存在紧密的联系，并且这种联系也具有长期性。能源消费对城市化新息的一个标准差扰动的响应也呈现出较为稳定的持续性。这一研究结论又进一步支持了协整的实证结果，也说明了城市化与能源消费之间存在密切的长期关系。

三　基本结论

根据上述基于 1987—2010 年城市化水平与能源消费的统计数据资料的实证分析表明：

（1）非平稳序列 $\ln UR$、$\ln EC$ 在经过二阶差分后平稳，所以，$\ln UR$、$\ln EC$ 均为二阶单整，即 $\ln UR \sim I(2)$，$\ln EC \sim I(2)$。协整检验结果表明城市化水平与能源消费之间存在长期的均衡关系，中国城市化水平每提高 1%，能源消费量将增加 1.734%，说明我国随着城市化水平的提高，能源消费量同时也增加了。这是因为城市是我国能源消费的主体，再加之城市化使得现代城市交通运输体系的能耗不断增加，还有农村人口的快速城市化也会带来能源消费量的相应增长。

（2）从误差修正模型来看，误差修正系数为 - 0.165，符合相反修正机制，两者的短期动态均衡关系是，城市化水平短期内每提高1%，能源消费将反方向变动0.513%。

（3）格兰杰因果关系检验表明，滞后期数为1、2、3、4年的城市化均是引起能源消费的原因，而能源消费构成城市化的原因并不显著，即能源消费不是城市化进程的制约因素。

（4）基于 VAR（2）的模型表明，城市化水平与能源消费之间存在紧密的联系，城市化水平提高能带动能源消费的增加，而且这种联系具有长期性。

第三节　城市化与能源消费非线性动态关系分析：基于平滑转换回归模型

众所周知，1953年我国城市化率只有13.31%，而到了2011年城市化率上升到51.27%，同时期能源消费也从5411万吨标准煤增加到了348002万吨标准煤。

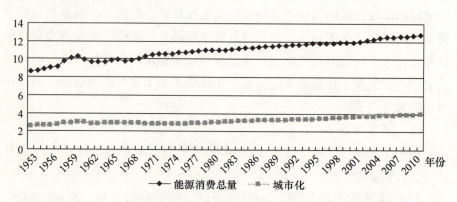

图 4 - 12　我国 1953—2011 年城市化水平和能源消费的对数趋势

资料来源：根据《中国统计年鉴（2012）》、《中国能源统计年鉴（2012）》和《新中国六十年统计资料汇编》整理而得。

图 4 - 12 描述了我国 1953—2011 年城市化和能源消费的对数变动趋势，可以发现两变量之间具有趋同性的变化趋势。同时经过计算，两者之

间的相关系数高达 0.9798，说明城市化和能源消费之间是高度相关关系。所以，城市化进程对能源消费到底具有何种影响效应呢？未来一段时期我国城市化仍将快速推进，而能源消费问题将比较突出，在这种背景下来分析城市化水平与能源消费的动态关系，建立以能源节约为主导的城市化发展模式，对于促进城市化进程与能源消费的协调发展具有重要的理论意义和现实意义。

通过第二章的文献梳理，可以发现学者们对城市化与能源消费这一问题的研究结论有差异。比较重要的一个原因在于以上大多数文献都是基于线性假设的前提，不能揭示两者之间存在的复杂而微妙的真正关系。与以往研究不同的是，本部分拟采用非线性的 STR 方法对我国 1953—2011 年城市化和能源消费的问题进行实证研究，以验证两者之间是否存在长期非线性关系和具有明显的区间转制动态特征。

一　模型、变量及数据来源

（一）模型的设定

非线性平滑转换回归模型（Smooth Transition Regression Model, STR），它是在匡特（Quandt）提出的转换回归模型的基础上进一步扩展而成的。其源于区间转换理论，认为对于属于不同范围的变量，会表现出不同的经济行为，所以要在不同的转换区间内对变量进行估计，才能更真实地揭示经济现象所蕴涵的经济规律。在时间序列文献中詹和童（Chan & Tong）推荐使用单变量 STAR 模型，关于该模型计量分析方面最早的文献是戈德菲尔德与匡特（Goldfeld & Quandt）、马达拉（Maddala），近期的文献还包括格兰杰与泰雷斯维尔塔（Granger & Teräsvirta）、弗兰西斯和范戴克（Franses & Van Dijk）和范戴克（Van Dijk）、泰雷斯维尔塔和弗兰西斯（Teräsvirta & Franses）。

标准的 STR 模型定义如下：

$$y_t = x_t' \varphi(x_t' \theta) G(\gamma, c, s_t) + u_t, t = 1, \cdots, T \tag{4.1}$$

其中，y_t 是表示目标变量，表示具体的经济成果。x_t 表示解释变量向量，其中包括目标变量的直到 k 阶的滞后变量和 m 个其他的解释变量，所以有：

$x_t = (1, x_{1t}, \cdots, x_{pt})' = (1, y_{t-1}, \cdots, y_{t-k}; z_{1t}, \cdots, z_{mt})'$，且有 $p = k + m$。$\varphi = (\varphi_0, \varphi_1, \cdots, \varphi_p)'$ 与 $\theta = (\theta_0, \theta_1, \cdots, \theta_m)'$ 分别表示线性和非线性部分的参数向量，$\{u_t\}$ 是独立同分布的误差序列。转换函数 $G(\gamma, c, s_t)$

为 [0, 1] 的有界、连续函数。s_t 是转换变量（也称开关变量）。γ 是平滑参数，表示从一个状态调整到另一个状态的转换速度或调整的平滑性。c 代表位置参数，也就是不同状态下的门限值，其决定了模型非线性变化发生的位置。

格兰杰与泰雷斯维尔塔（Granger & Teräsvirta）按转换函数 $G(\gamma, c, s_t)$ 的具体形式，将 STR 模型分成了两大类：LSTR 族模型和 ESTR 族模型。若转换函数 $G(\gamma, c, s_t)$ 具有如下形式：

$$G(\gamma, c, s_t) = \{1 + \exp[-\gamma(s_t - c)]\}^{-1}, \gamma > 0 \tag{4.2}$$

则称此类 STR 模型为 LSTR 模型，即 Logistic 型 STR 模型。在此类模型中，转换函数 $G(\gamma, c, s_t)$ 是转换变量 s_t 的单调上升函数，而约束 $\gamma > 0$ 是一个识别性约束条件。平滑参数 γ 反映了由"0"状态过渡到"1"状态的速度，位置参数 c 用来确定状态转变的时刻。式（4.2）所表达的 Logistic 型 STR 模型可以称为 LSTR1 型 STR 模型。又若转换函数 $G(\gamma, c, s_t)$ 具有如下形式：

$$G(\gamma, c, s_t) = 1 + \exp[-\gamma(s_t - c)^2], \gamma > 0 \tag{4.3}$$

称此类 STR 模型为 ESTR 族模型，即 Exponential 型（指数型）STR 模型。这两个模型均以 c 点为转换变量的转折点。

另一种非常重要的非单调类转换函数是：

$$G(\gamma, c, s_t) = \{1 + \exp[-\gamma(s_t - c_1)(s_t - c_2)]\}^{-1}, \gamma > 0, c_1 \leqslant c_2 \tag{4.4}$$

与 LSTR1 型 STR 模型不同的是，此转换函数 G 值关于 $(c_1 + c_2)/2$ 点对称，而非 LSTR1 型 STR 模型中的 c 点。并且，当 $s_t \to \pm\infty$ 时，有 $G(\gamma, c, s_t) \to 1$；又对一切 $c_1 \leqslant s_t < c_2$，当 $\gamma \to \infty$ 时，有 $G(\gamma, c, s_t) \to 0$，而在其他值处，有 $G(\gamma, c, s_t) \to 1$。把式（4.4）所表达的 Logistic 型 STR 模型称为 LSTR2 型 STR 模型。

更为一般地，如果转换函数具有如下形式：

$$G(\gamma, c, s_t) = \left\{1 + \exp\left[-\gamma \prod_{k=1}^{k}(s_t - c_t)\right]\right\}^{-1}, \gamma > 0 \tag{4.5}$$

则称其为有 k 个位置参数的 LSTRK 模型。事实上，LSTR1 和 LSTR2 模型都是 LSTRK 模型的特殊形式。

本部分主要研究城市化对能源消费的影响效应，根据标准的平滑转换模型，设置能源消费为被解释变量，城市化为解释变量。具体模型表达式为：

$$ec_t = \varphi_{00} + \sum_{i=1}^{8} \varphi_{oi}ec_{t-i} + \sum_{j=2}^{8} \delta_{0j}ur_{t-j} + G(\gamma,c,s_t)\left(\varphi_{10} + \sum_{i=1}^{8} \varphi_{1i}ec_{t-i} + \sum_{j=2}^{8} \delta_{1j}ur_{t-j}\right) + \varepsilon_t$$

$$(4.6)$$

在模型中 ur 代表的是城市化，ec 表示能源消费的变化。变量城市化与能源消费的最大滞后阶数都选择 8 阶滞后，这样的选择能够更好地解释动态性，在实证的过程中会利用 AIC 准则、SC 准则、t 值和 $D-W$ 值来逐一剔除不必要的滞后阶数。ε_t 是均值为零的白噪声序列，且为同方差的正态分布。

（二）变量及数据来源

本部分选取 ec_i（单位为万吨标准煤）表示第 i 年的能源消费总量的自然对数，dec_i 为其一阶差分序列；ur_i（单位为%）为第 i 年的城市化的自然对数，dur_i 为其一阶差分序列。考虑到数据获得的便利性，主要采用城镇人口比重来衡量城市化。采用的数据来源于《中国统计年鉴（2012）》、《中国能源统计年鉴（2012）》和《新中国六十年统计资料汇编》。为了更准确把握中国城市化与能源消费之间的非线性动态关系，本部分不同于线性部分的时段分析，把数据研究的时段设定为 1953—2011 年。

二　基于 STR 模型的城市化与能源消费非线性动态关系研究

（一）平稳性检验

表 4-16　　　　　　　　　　平稳性检验结果

变量	统计量	临界值	DW	AIC	SC	检验形式 (C, T, K)
ec_i	-1.357288	-3.550396	1.906921	-1.479392	-1.371863	$(C, 0, 0)$
dec_i	-4.023633	-2.606163	1.406477	-1.420407	-1.384564	$(C, 0, 2)$
ur_i	-1.216899	-4.127338	2.041953	-3.942946	-3.799574	$(C, T, 1)$
dur_i	-5.284261	-3.550396	2.018392	-3.968614	-3.896928	$(C, T, 0)$

对各变量进行平稳性检验是进行 STR 非线性检验及估计的基础，通过表 4-16 可知，ec_i 和 ur_i 经过一阶差分后已经没有单位根，是平稳时间序列。即 $ec_i \sim I(1)$，$ur_i \sim I(1)$。

在时间序列数据分析中，每一个序列单独来说可能是非平稳的，但序列的线性组合却可能有不随时间变化的性质，这种平稳的线性组合可以说明变量间是协整的，即这些非平稳变量之间存在长期稳定的均衡关系。协整检验要求变量是单整变量，且单整阶数相同，因为 $ec_i \sim I(1)$，$ur_i \sim I(1)$，满足协整检验的前提，所以可以对 ec_i 和 ur_i 进行 Johansen 检验，其主要结果见表 4-17。检验的结果显示城市化与能源消费之间存在两个协整关系，并且存在稳定的长期关系。由表 4-18 可以观察到：滞后阶数为3、4 和 5 阶的城市化与能源消费之间互为因果关系。

表 4-17　　　　　　　　　　Johansen 协整检验

不受限制的协整秩检验（迹）				
原假设	特征值	迹统计量	显著水平 5% 时的临界值	P 值
None	0.300404	34.02542	15.49471	0.0000
At most 1	0.221468	14.01931	3.841466	0.0002
不受限制的协整秩检验（最大特征根）				
原假设	特征值	Max-λ 统计量	显著水平 5% 时的临界值	P 值
None	0.300404	20.00611	14.26460	0.0055
At most 1	0.221468	14.01931	3.841466	0.0002

表 4-18　　　　　　　　　　格兰杰因果关系检验

原假设	滞后阶数	观测值	F 统计量	P 值
能源消费不是城市化的 Granger 原因	1	57	1.17052	0.2841
城市化不是能源消费的 Granger 原因			0.25957	0.6125
能源消费不是城市化的 Granger 原因	2	56	1.29920	0.2816
城市化不是能源消费的 Granger 原因			1.09899	0.3410
能源消费不是城市化的 Granger 原因	3	55	5.10560	0.0038
城市化不是能源消费的 Granger 原因			5.34178	0.0030
能源消费不是城市化的 Granger 原因	4	54	4.85418	0.0024
城市化不是能源消费的 Granger 原因			5.59738	0.0010
能源消费不是城市化的 Granger 原因	5	53	6.77667	0.0001
城市化不是能源消费的 Granger 原因			3.80698	0.0062

（二）滞后阶数的确定

泰雷斯维尔塔（Teräsvirta）提出 STR 模型中，线性 AR 部分具体结构的确定可以按照 VAR 框架来确定。可以根据 AIC 准则和 SC 准则，t 值和

DW 值来逐一剔除不必要的滞后项，确定模型解释变量的组合形式。经过逐一回归检验，能源消费 dec 滞后 1 阶，dur 无滞后阶时，不仅 DW 统计量均比较理想，各变量系数显著，而且 AIC 和 SC 值也达到了最小。

模型线性部分的估计结果如下（系数下方括号内数据为对应的 t 值）：

$$dec_t = 0.010907 + 0.269737 dec_{t-1} + 1.738700 dur_t$$
$$\qquad\qquad (2.417780) \qquad\quad (4.314084)$$

$$R^2 = 0.383912,\ \overline{R}^2 = 0.361094,\ \text{AIC} = -1.741982,\ \text{SC} = -1.634453$$

回归结果显示模型的拟合优度很不显著，AIC 和 SC 的统计量值也比较大，这说明线性模型很有可能不能反映城市化与能源消费之间的真实内在依存关系。

（三）非线性的检验及其模型的确定

非线性检验则主要基于转换函数的泰勒展开式进行。令转换函数在 $\gamma = 0$ 处进行三级泰勒级数展开，把展开后的三级泰勒级数代入式（4.1），根据不同的情况可以得到如下辅助方程：

若转换变量 s_t 是 z_t 的一部分，有辅助方程：

$$y_t = \beta'_0 z_t + \sum_{j=1}^{3} \beta'_j z_t s_t^j + u_t^* \qquad\qquad (4.7)$$

若转换变量 s_t 不是 z_t 的一部分，有辅助方程：

$$y_t = \beta'_0 z_t + \sum_{j=1}^{3} \beta'_j z_t s_t^j + u_t^* \qquad\qquad (4.8)$$

其中，$z_t = (1, z_t)$，$z_t = (dec_{t-1}, dur_t)$，$R_3(\gamma, c, s_t)$ 为泰勒展开式剩余项。对式（4.7）设定原假设 $H_0: \beta_0 = \beta_1 = \beta_2 = 0$，如果拒绝原假设则证明存在非线性关系。泰雷斯维尔塔（Teräsvirta）提出应用 LM 乘数检验来判断模型是否具有非线性性质，之后他更换检验统计量，使用 F 统计量增强检验的精确程度。非线性检验的重要一步是判断模型的具体形式：LSTR1 或者 LSTR2。泰雷斯维尔塔（Teräsvirta）认为备择假设中的 LSTR2 模型包含了 ESTR 模型。模型形式的选择依赖如下的序贯检验：

$$H_{04}: \beta_3 = 0 \quad H_{03}: \beta_2 = 0 \mid \beta_3 = 0 \quad H_{02}: \beta_1 = 0 \mid \beta_2 = \beta_3 = 0$$

若 H_{03} 的检验统计量 p 值最小，那么式（4.2）的转换函数 G 的形式应为 LSTR2 或者 ESTR 模型。反之，则表明式（4.2）的转换函数 G 的形式为LSTR1 模型。根据上述检验方法，对模型进行线性和非线性检验，具体的检验结果如表4 – 19 所示：

表4 –19　　　　　　　　　假设检验及转换函数形式选择

转换变量	F	F_4	F_3	F_2	模型形式
dec_{t-1}	2.6974e – 01	3.7994e – 01	3.4249e – 01	1.6731e – 01	Linear
dur_t^*	1.3121e – 07	4.7106e – 04	3.9370e – 05	3.1628e – 02	LSTR2
TREND	2.3486e – 02	7.4981e – 01	1.6117e – 01	3.4615e – 03	LSTR1

注：F、F_4、F_3 和 F_2 分别表示 H_0、H_{04}、H_{03} 和 H_{02} 假设下的 F 统计量，其对应的每一列数字为 F 统计量的 P 值。* 表示 STR 模型确定的最优转换变量与转换函数的形式。

根据表4 – 19 的检验结果来看：当转换变量为 dur_t 时，接受线性假设的概率为1. 3121e – 07，远远小于5%，因此，在5%的显著水平上，可以拒绝城市化与经济增长之间线性的假设，而接受两者之间存在非线性关系的备择假设。同时在 F_4、F_3 和 F_2 中，F_3 所对应的 p 值是最小的，所以转换函数 G 的形式为 LSTR2。

（四）平滑参数和位置参数初始值的确定

在确定了转换变量和转换函数的形式之后，就可以对 STR 模型进行参数估计。依据非线性的数值优化方法，要事先确定转移函数中的参数 γ 和 c，然后以估计的参数 γ 和 c 的初始值为基础，利用普通最小二乘法来估计模型的系数。可以采用二维格点搜索方法（two dimension grid search）来确定平滑速度和位置函数的初始估计值。具体方法是：在一定范围内，选取不同的平滑速度参数和位置参数，使得 STR 模型系统估计所得的残差平方和最小。本书对于平滑参数和位置参数的初始估计的结果见表4 –20。图4 –13 和图4 –14 为两个模型在二维格点搜索下位置参数和平滑参数的等高线图和平面图（平面图显示的是最大化残差的相反数）。

表4 – 20　　　　　　　　平滑参数 γ 与位置参数 c 的初始估计值

SSR	γ	区间	c_1	c_2	区间
0.1841	2.8950	(0.50, 10.00)	– 0.0294	0.1432	(– 0.11, 0.15)

从表4 –20 可以得到两个模型的平滑参数和位置参数的初始估计值，都落在了相应的区间内。因为泰雷斯维尔塔（Teräsvirta）说明平滑参数和位置参数的初始估计值必须落在其构造的区间内，才可以作进一步的优化。

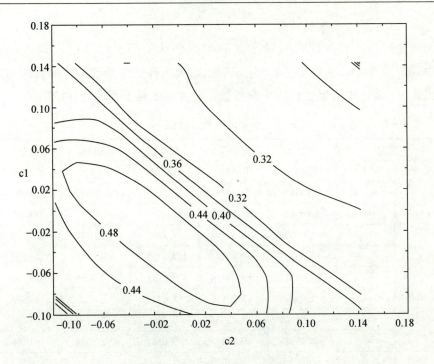

图 4 – 13　格点搜索的等高线

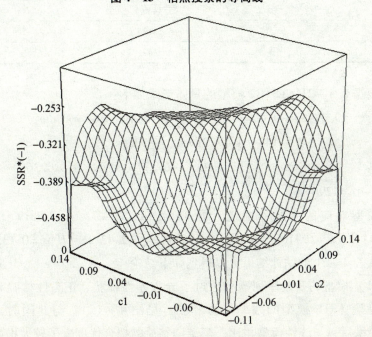

图 4 – 14　格点搜索的平面

（五）模型参数的估计

在得到平滑参数和位置参数的初始估计值后，将其代入式（4.6）中，运用 Newton – Raphson 方法求解出最大条件似然函数，这样就能估计出式（4.6）中所要估计的所有参数。表 4 – 21 是方程的估计结果：

表 4 – 21　　　　　　　　　　模型的参数估计值

变量		初始值	估计值	标准差	t 统计量	P 值
线性部分	$Const$	0.04414	0.03483	0.0126	2.7538	0.0083
	dec_{t-1}	0.43547	0.46646	0.0750	6.2196	0.0000
	dur_t	− 0.04280	0.14768	0.3195	0.4622	0.6460
非线性部分	$Const$	− 2.00009	− 0.57144	24.7330	− 0.0231	0.9817
	dec_{t-1}	− 13.03333	− 4.19271	173.7753	− 0.0241	0.9809
	dur_t	29.76572	10.44356	405.5721	0.0258	0.9796
	$Gamma$	2.89496	67.77538	4853.6739	0.0140	0.9889
	c_1	− 0.02944	− 0.02366	0.0080	− 2.9430	0.0050
	c_2	0.14323	0.14296	0.0551	2.5928	0.0126
AIC		− 5.6672				
SC		− 5.3446				
HQ		− 5.5418				
$\overline{R}^2$		0.8347				

根据表 4 – 21，LSTR2 模型的具体形式如下：

$$dec_t = 0.03483 + 0.46646 dec_{t-1} + 0.14768 dur_t + G(\gamma, c, dur_t)$$
$$\times (- 0.57144 - 4.19271 dec_{t-1} + 10.44356 dur_t)$$

其中，$G(\gamma, c, dur_t) = \{1 + \exp[- 67.77538 (dur_t + 0.02366)$ $(dur_t - 0.14296)]\}^{-1}$

模型对应的主要诊断统计量值为：$ARCH - LM = 13.8819$（P 值 = 0.1849），$J - B = 6.7166$　（P 值 = 0.6968），$F_{LM} = 2.4212$　（P 值 = 0.1310）

从表 4 – 21 的估计结果可以得到如下结论：

（1）模型的残差序列顺利通过了异方差性检验、正态性检验和序列相关检验（STR 模型的残差平方和图，见图 4 – 15）。与此同时，使用 STR 模型后，与线性模型相比，模型调整后的拟合优度有了较大提高，从 0.361094 提高到 0.8347。较高的 $\overline{R}^2$ 和较小的 AIC 和 SC 都表明模型拟合程度较高，也说明 STR 模型很好地证明了我国城市化与能源消费之间存在着非线性关系。即城市化与经济增长之间的关系较之于线性模型来说，用非线性模型来拟合更适合。

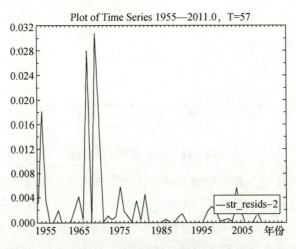

图 4 - 15　STR 模型的残差平方和

（2）在对城市化与能源消费线性部分的检验中，ec_i 和 ur_i 经过一阶差分后已经没有单位根，是平稳时间序列，即 $ec_i \sim I$（1），$ur_i \sim I$（1）。进一步的 Johansen 检验的结果显示城市化与能源消费之间存在两个协整关系，并且存在稳定的长期关系。Granger 检验发现：滞后阶数为 3、4 和 5 阶的城市化与能源消费之间互为因果关系。

（3）实证结果发现，平滑参数 $\gamma = 67.77538$（通常 γ 值在 10 以上，就认为转换速度是比较快的），说明城市化与能源消费的关系从一种状态转换到另一种状态的速度是较快的。大多数的观察值都会落在两种极端状态（$G = 0$ 或者 $G = 1$），只有比较少的观察值会落在中间状态（见图 4 - 16，其中 ur_ log_ d1（t）表示 dur_t）。

（4）从模型的估计结果来看，LSTR 模型的非线性部分包括转换函数和回归项两部分。转换函数中临界值 $c_1 = -0.02366$，$c_2 = 0.14296$，转换函数关于（$c_1 + c_2$）/2 = 0.05965 对称，当转换变量 $dur = 0.05965$，转换函数 $G = 0$，此时模型的非线性部分消失，模型完全表现为线性形式；当转换变量值等于临界值时，$G = 0.5$。平滑参数 $\gamma = 67.77538$，说明模型转化的速度非常快。当转换变量值小于 -0.02366 或者大于 0.14296 时，也就是当城市化出现绝对的负增长和超高速增长时，转换函数向 1 转换的速

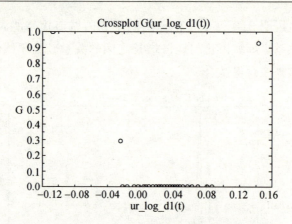

图4-16　STR模型转换函数

度很快，非线性部分对模型的影响也迅速表现出来，也体现出了城市化的
正增长和负增长对能源消费的影响是非对称的。当城市化出现负增长（小
于-0.02366）时，dur对能源消费的非线性影响便非常显著，城市化有1%
的下降将导致能源消费下降10.59124%（0.14768%+10.44356%）；只要城
市化的增长不超过14.296%，城市化同能源消费之间将保持一种稳定的
线性关系；而当城市化的增长超过14.296%，则线性关系迅速向非线性
关系转换。这时，城市化有1%的上升将导致能源消费上升10.59124%。
但此时的能源消费是以城市化的过度提升为基础的。图4-17表明，
LSTR2模型所产生的拟合数据与原始数据的动态特征基本相同，这意味着
本书所构建的非线性模型对城市化与能源消费关系的解释力良好，两者之
间确实存在长期动态关系。

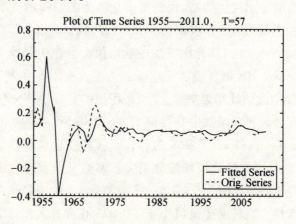

图4-17　模型原始及拟合数据时间序列

三　研究结论与建议

（一）研究结论

通过实证研究，可以得出以下研究结论：

（1）本书运用 STR 模型对我国 1953—2011 年的城市化与能源消费的关系进行了研究。实证检验发现：使用非线性模型的设定和参数的估计均具有很好的合意性。说明相对于线性模型而言两者的关系更适合使用非线性的 LSTR2 模型来拟合。

（2）从模型的估计结果来看：当转换变量 $dur_t < -0.02366$ 或者 $dur_t > 0.14296$ 时，也就是城市化的变动速度下降或者增长过快时，转换函数向 1 转换的速度很快。如果城市化下降较快（当期城市化下降的速度高于 2.388% [Exp（-0.02366）-1]）或者上升较快（当期城市化上升的速度高于 15.3684% [Exp（0.14296）-1]）时，当期城市化对于能源消费的非线性影响就会显现，此时城市化变动 1% 会引起当期能源消费变动 10.59124%。

本书基于 1953—2011 年的时间序列数据研究了城市化与能源消费之间的动态关系和非对称影响效应，未考虑到其他影响能源消费的因素。采用面板区间转换模型可作为下一步研究的方向。

（二）政策建议

根据实证分析结果以及我国城市化和能源消费的实际情况，本书特提出如下对策建议：

（1）降低城市能源消耗，提高能源利用效率，优化能源结构，应积极发展现代服务业，提倡资源节约型城市化发展模式，大力发展循环经济，推进低碳城市建设，以清洁、可再生替代能源的规模化利用进而不断促进能源强度的下降。

（2）制定科学的城市规划方案，延长基础设施的使用年限，直接和间接地降低城市能源消耗；优先发展城市公共交通体系，建立高效畅通的城市交通运输网络，降低城市交通能耗。

（3）大力发展节能型、高附加值的高新技术产业和环保产业，坚决淘汰能耗高、效益低的产业，适当降低产业对能源的依赖程度。积极推广和应用节能设备，培养和增强居民的节能意识。在财政和税收体制上，对生产商、销售商、居民给予财政补贴和税收优惠。利用各种媒介宣传节能知识，培养城市居民节能意识，鼓励城市居民节约利用资源，进行能源回收利用，提高生活能源利用效率。

第四节　城市化不同阶段能源消费
的影响因素分析

1978 年以来，我国正处于快速城市化与工业化进程中。目前工业化为城市化提供了良好的经济基础，但是工业能耗在城市能源消费中处于举足轻重的地位，工业能耗在城市能耗中占比平均超过 2/3（杨建龙等，2009）。在未来几十年，可以预见我国城市人口规模迅速增加，还有很多人从农村转移到城市，随之城市的住房、交通和相关公共设施的规模肯定会大幅度增加。因而研究城市化进程中能源消费的驱动因素具有现实意义。

本部分基于诺瑟姆城市化发展曲线的标准，以 1978 年与 1995 年为阶段分界点，把中国城市化进程划分为城市化曲折发展阶段、城市化初期阶段及城市化中期阶段三个阶段。为了能清晰分析相关问题，本部分在表 4 - 22 中列出了具体的与我国城市化发展阶段性特征相适应的能源生产及消费特征。

表 4 - 22　　　　中国城市化发展与能源消费及生产特征

阶　段	时　间	城市化发展特征	能源生产与消费的特征
城市化曲折发展阶段	1949—1978 年	从极低的城市化水平开始起步，经历了启动、扩大、收缩到停滞的曲折发展	从极低的水平开始初步建立了门类齐全的能源工业体系；能源生产和消费在总量较低水平上保持基本平衡
城市化初期阶段	1979—1995 年	以限制大城市、积极发展中小城市为方针，城市化水平大幅提高，中小城市人口的比重也有所提高	能源消费和生产迅猛增长，都增长了一倍左右，能源生产与能源消费基本平衡
城市化中期阶段	1996 年至今	城市发展空前活跃，城市化水平超过 30% 并发展到接近 50% 的水平，人口向大城市、特大城市流动，各类城市问题开始显现和日益突出	能源消费和生产都快速增长，能源消费增长更快于能源生产增长速度，能源缺口越来越大，能源对经济社会的制约越来越显现

资料来源：梁朝晖：《城市化不同阶段能源消费的影响因素研究》，《上海财经大学学报》2010 年第 5 期。

一　变量选取与数据来源

本部分考虑到数据获得的便利性，仍然采用市镇人口占总人口比重指标来衡量城镇化水平，记为 ur。采用能源消费总量（万吨标准煤）作为能源消费的测度指标，记为 ec。工业化水平用第二产业占 GDP 比重来度量，记为 in。

为了消除时间序列数据中存在的异方差现象，对 3 个变量分别取自然对数，记为 lnec、lnur、lnin，其相应的一阶差分序列分别记为 Δlnec、Δlnur 和 Δlnin。本书采用的数据来源于《中国统计年鉴（2012）》、《中国能源统计年鉴（2012）》和《新中国六十年统计资料汇编》。研究时段为 1953—2011 年。

二　研究方法与思路

本部分通过利用最小二乘法（OLS），把 1978 年、1995 年作为 2 个时间分割点，分别对 1953—1978 年、1979—1995 年、1996 年至今 3 组时间段内城市化、工业化与能源消费的关系问题进行比较研究。首先要对各个经济变量进行平稳性检验。其次，采用协整检验分析方法（E-G 两步法）来研究变量之间是否存在协整关系。最后，通过 Granger 因果检验确定变量之间的因果关系。本部分对实证研究的结果进行对比分析后，得到研究结论。

三　实证分析

（一）1953—1978 年中国城市化、工业化与能源消费的实证研究：城市化曲折发展阶段

1. 单位根检验

首先要对 1953—1978 年我国城市化、工业化与能源消费进行平稳性检验，以确定其平稳性及单整阶数，检验结果见表 4-23。

表 4-23　　　　　　　　　　ADF 检验

变量	检验类型 (C, T, K)	ADF 检验值	5% 显著性水平下的临界值	检验结果
lnec	$(C, T, 1)$	-3.0357	-3.6122	不平稳
Δlnec	$(C, 0, 1)$	-3.1193	2.9918	平稳
lnur	$(C, T, 1)$	-2.0346	-3.6032	不平稳
Δlnur	$(C, 0, 1)$	-3.5864	-2.9919	平稳
lnin	$(C, T, 1)$	-3.2756	-3.6122	不平稳
Δlnin	$(C, 0, 1)$	-3.8330	-2.9919	平稳

通过表 4 - 23 可知，城市化、工业化与能源消费一阶差分序列的 ADF 统计值都小于临界值，所以有：lnec ~ I（1），lnur ~ I（1），lnin ~ I（1），即 1953—1978 年我国城市化、工业化与能源消费均为一阶单整序列。

2. 协整检验

因 lnec ~ I（1），lnur ~ I（1），lnin ~ I（1），满足协整检验的前提，可以用 Engle - Granger 两步法来检验变量之间的协整关系。协整回归方程为：

lnec = - 1.0092 + 0.1280lnur + 2.9594lnin，R^2 = 0.9305，F = 153.8818。表示城市化水平每提高 1%，能源消费将增加 0.1280%，而工业化水平每提高 1%，能源消费将增加 2.9594%，说明 1953—1978 年，能源消费增长主要受工业化驱动，城市化的影响较小。

回归方程的残差为：lnec + 1.0092 - 0.1280lnur - 2.9594lnin。残差序列的 ADF 检验结果见表 4 - 24，可以发现：城市化、工业化与能源消费之间存在协整关系。协整回归方程表明 1953—1978 年中国城市化、工业化与能源消费之间存在长期的均衡关系。

表 4 - 24　　　　　　　　　　残差序列的 ADF 检验

检验类型 （C, T, K）	ADF 检验值	10% 显著性水平 下的临界值	检验结果
（C, 0, 1）	- 2.7289	- 2.6326	平稳

3. 格兰杰因果关系检验

通过以上检验发现，1953—1978 年我国城市化、工业化与能源消费之间存在长期动态均衡关系，为进一步了解变量之间的关系，可以选取格兰杰因果检验法，进行 Granger 检验。表 4 - 25 表明：滞后期为 3 年时，城市化构成能源消费的原因不显著，而工业化与能源消费互为因果关系。同时工业化也是城市化的原因。这与协整分析的结果相符合。1953—1978 年由于我国城市发展战略目标不清晰，引起我国能源消费从新中国成立初的极低水平迅速上升的主要驱动力来自工业化，而城市化对能源消费的影响比较小。

表 4 - 25　　　　　　　　　　　Granger 因果关系检验

滞后期	零假设	F 值	P 值	决策	因果关系结论
3	lnur does not Granger Cause lnec	2. 27767	0. 1187	接受	lnur ≠ > lnec
	lnec does not Granger Cause lnur	0. 42613	0. 7370	接受	lnec ≠ > lnur
	lnin does not Granger Cause lnec	3. 30344	0. 0473	拒绝	lnin ⇒ lnec
	lnec does not Granger Cause lnin	3. 27713	0. 0484	拒绝	lnec ≠ > lnin
	lnin does not Granger Cause lnur	2. 47577	0. 0987	拒绝	lnin ⇒ lnur
	lnur does not Granger Cause lnin	1. 48738	0. 2558	接受	lnur ≠ > lnin

（二）1979—1995 年中国城市化、工业化与能源消费的实证研究：城市化初期阶段

1. 单位根检验

首先要对 1979—1995 年我国城市化、工业化与能源消费进行平稳性检验，以确定其平稳性及单整阶数。检验结果见表 4 - 26。通过表 4 - 26 可知，城市化、工业化与能源消费一阶差分序列的 ADF 统计值都小于临界值，所以有：$lnec \sim I(1)$，$lnur \sim I(1)$，$lnin \sim I(1)$，即 1979—1995 年我国城市化、工业化与能源消费均为一阶单整序列。

表 4 - 26　　　　　　　　　　　ADF 检验

变量	检验类型 (C, T, K)	ADF 检验值	1% 显著性水平下的临界值	检验结果
lnec	($C, T, 1$)	- 4. 0734	- 4. 7283	不平稳
Δlnec	($C, 0, 1$)	- 5. 1660	- 4. 8001	平稳
lnur	($C, T, 1$)	- 0. 6791	- 4. 6679	不平稳
Δlnur	($C, 0, 1$)	- 7. 5991	- 4. 0044	平稳
lnin	($C, T, 1$)	0. 6898	- 4. 6679	不平稳
Δlnin	($C, 0, 1$)	- 4. 8451	- 4. 0044	平稳

2. 协整检验

因 $lnec \sim I(1)$，$lnur \sim I(1)$，$lnin \sim I(1)$，满足协整检验的前提，可以用 Engle - Granger 两步法来检验变量之间的协整关系。协整回归方程为：

$$lngdp(1979 - 1995) = 2.1678 + 2.4881lnur + 0.3147lnin + [AR(1) = 0.3667] + [AR(2) = 0.1705], R^2 = 0.9945, F = 453.2890, DW = 2.2062。$$

表示城市化水平每提高1%，能源消费将增加2.4881%，而工业化水平每提高1%，能源消费将增加0.3147%，说明1979—1995年，能源消费受城市化影响很大，但是受工业化的影响较小。这是因为改革开放初期，我国逐步推进市场化改革，国内消费水平快速增长，大部分消费品供不应求，当时我国技术低从而导致工业的能耗水平比国外高很多，但当时我国的重工业化特征并不是很强，家电等家庭消费品拉动了整体需求，所以说这一阶段我国工业化对能源消费的影响比较小，而城市人口增加对能源消费的影响变得比较大。

残差序列的ADF检验结果见表4-27，可以发现：城市化、工业化与能源消费之间存在协整关系。协整回归方程表明1979—1995年中国城市化、工业化与能源消费之间存在长期的均衡关系。

表4-27　　　　　　　　　　残差序列的 ADF 检验

检验类型 (C, T, K)	ADF 检验值	10% 显著性水平 下的临界值	检验结果
(C, 0, 1)	-3.8839	-2.6735	平稳

3. 格兰杰因果关系检验

通过以上检验发现，1979—1995年我国城市化、工业化与能源消费之间存在长期动态均衡关系，为进一步了解变量之间的关系，可以选取格兰杰因果检验法，进行 Granger 检验。表4-28表明：滞后期为1年时，城市化构成能源消费的原因很显著，这与协整分析的结果相符合。

表4-28　　　　　　　　　　Granger 因果关系检验

滞后期	零假设	F 值	P 值	决策	因果关系结论
1	lnur does not Granger Cause lnec	9.14840	0.0098	拒绝	lnur⇒lnec
	lnec does not Granger Cause lnur	0.98922	0.3381	接受	lnec≠>lnur
	lnin does not Granger Cause lnec	1.60246	0.2278	接受	lnin≠>lnec
	lnec does not Granger Cause lnin	2.30925	0.1525	接受	lnec≠>lnin
	lnin does not Granger Cause lnur	0.03708	0.8503	接受	lnin≠>lnur
	lnur does not Granger Cause lnin	1.62574	0.2246	接受	lnur≠>lnin

（三）1996—2011 年中国城市化、工业化与能源消费的实证研究：城市化中期阶段

1. 单位根检验

首先要对 1996—2011 年我国城市化、工业化与能源消费进行平稳性检验，以确定其平稳性及单整阶数。检验结果见表 4 – 29。

表 4 – 29　　　　　　　　　　　　　　ADF 检验

变量	检验类型 (C, T, K)	ADF 检验值	5% 显著性水平 下的临界值	检验结果
lnec	(C, T, 1)	– 3.2828	– 3.7912	不平稳
Δlnec	(C, 0, 1)	– 4.1832	– 3.1754	平稳
lnur	(C, T, 1)	– 2.3219	– 3.7597	不平稳
Δlnur	(C, 0, 1)	– 5.1386	– 3.1449	平稳
lnin	(C, T, 1)	– 1.8632	– 3.7597	不平稳
Δlnin	(C, 0, 1)	– 6.2944	– 3.1199	平稳

通过表 4 – 29 可知，城市化、工业化与能源消费一阶差分序列的 ADF 统计值都小于临界值，所以有：lnec ~ I（1），lnur ~ I（1），lnin ~ I（1），即 1996—2011 年我国城市化、工业化与能源消费均为一阶单整序列。

2. 协整检验

因 lnec ~ I（1），lnur ~ I（1），lnin ~ I（1），满足协整检验的前提，可以用 Engle – Granger 两步法来检验变量之间的协整关系。协整回归方程为：

lnec = – 7.0062 + 1.9561lnur + 3.1174lnin，R^2 = 0.9762，F = 266.4145。表示城市化水平每提高 1%，能源消费将增加 1.9561%，而工业化水平每提高 1%，能源消费将增加 3.1174%，说明 1996—2011 年，城市化与工业化共同驱动能源消费的增长。

回归方程的残差为：lnec + 7.0062 – 1.9561lnur – 3.1174lnin。残差序列的 ADF 检验结果见表 4 – 30，可以发现：城市化、工业化与能源消费之间存在协整关系。协整回归方程表明 1996—2011 年中国城市化、工业化与能源消费之间存在长期的均衡关系。

表4－30   残差序列的 *ADF* 检验

检验类型 (C, T, K)	ADF 检验值	10% 显著性水平 下的临界值	检验结果
(C, 0, 1)	-2.7244	-2.6813	平稳

3. 格兰杰因果关系检验

通过以上检验发现，1996—2011 年我国城市化、工业化与能源消费之间存在长期动态均衡关系，为进一步了解变量之间的关系，可以选取格兰杰因果检验法，进行 Granger 检验。表4－31 表明：滞后期为 3 年时，城市化构成能源消费的原因显著，同时工业化与能源消费互为因果关系。

表4－31   Granger 因果关系检验

滞后期	零假设	F 值	P 值	决策	因果关系结论
3	lnur does not Granger Cause lnec	4.15784	0.0526	拒绝	lnur⇒lnec
	lnec does not Granger Cause lnur	2.71387	0.1196	接受	lnec≠>lnur
	lnin does not Granger Cause lnec	3.20942	0.0887	拒绝	lnin⇒lnec
	lnec does not Granger Cause lnin	4.80797	0.0380	拒绝	lnec⇒lnin
	lnin does not Granger Cause lnur	1.18329	0.3497	接受	lnin≠>lnur
	lnur does not Granger Cause lnin	1.16266	0.3555	接受	lnur≠>lnin

四 研究结论

本部分通过利用最小二乘法（OLS），把 1978 年、1995 年作为 2 个时间分割点，分别对 1953—1978 年、1979—1995 年、1996—2011 年三组时间段内城市化、工业化与能源消费的关系问题进行比较研究。具体研究结果如下：

（1）1953—1978 年（城市化曲折发展阶段）我国城市化、工业化与能源消费均为一阶单整序列。即 lnec ~ I (1)、lnur ~ I (1)、lnin ~ I (1)。在此期间，城市化水平每提高 1%，能源消费将增加 0.1280%，而工业化水平每提高 1%，能源消费将增加 2.9594%，说明 1953—1978 年，能源消费增长主要受工业化驱动，城市化的影响较小。这是由于我国城市发展战略目标不清晰，引起我国能源消费从新中国成立初的极低水平迅速上升的主要驱动力来自工业化，而城市化对能源消费的影响比较小。

（2）1979—1995 年（城市化初期发展阶段）我国城市化、工业化与能源消费也均为一阶单整序列。即 lnec ~ I（1），lnur ~ I（1），lnin ~ I（1）。在此期间，城市化水平每提高 1%，能源消费将增加 2.4881%，而工业化水平每提高 1%，能源消费将增加 0.3147%，说明 1979—1995 年，能源消费受城市化影响较大，但是受工业化的影响较小。这是因为改革开放初期，我国逐步推进市场化改革，国内消费水平快速增长，大部分消费品供不应求，当时我国技术低从而导致工业的能耗水平比国外高很多，但当时我国的重工业化特征并不是很强，家电等家庭消费品拉动了整体需求，所以说这一阶段我国工业化对能源消费的影响比较小，而城市人口增加对能源消费的影响变得比较大。

（3）1996—2011 年（城市化中期发展阶段）我国城市化、工业化与能源消费也均为一阶单整序列。即 lnec ~ I（1），lnur ~ I（1），lnin ~ I（1）。在此期间，城市化水平每提高 1%，能源消费将增加 1.9561%，而工业化水平每提高 1%，能源消费将增加 3.1174%，说明在 1996—2011 年，城市化与工业化共同驱动能源消费的增长。在目前城市化与工业化共同推动能源消费的增长，所以，未来控制能源消费增长应在重视工业化的同时，也要关注城市人口生活方式转变造成的人均能耗大幅增加的问题。

第五节　本章小结

本章为了分析我国城市化进程中的能源消费问题，主要从城市化与能源消费概况、城市化进程对能源消费的作用过程、城市化与能源消费的动态均衡关系研究、城市化与能源消费非线性动态关系分析以及城市化不同阶段能源消费的影响因素分析五个方面来研究这一问题。其中采用了协整、误差修正模型、格兰杰因果检验、向量自回归模型、脉冲响应函数、方差分解以及状态空间模型等线性计量方法和非线性的 STR 方法，把城市化与能源消费之间的关系捕捉得更为准确。

第五章 我国能源消费与经济增长内在依从关系的研究

第一节 经济增长现状统计描述分析

一 经济总量的国际比较

通过图 5−1 可以发现：（1）经济总量及其比重。世界 GDP 总量从 2002 年的 465635.4 亿国际元已经上升为 2011 年的 811766.9 亿国际元。我国 1978 年以来，经济增长创造了中国奇迹，经济总量在世界中的地位不断地提高，特别是 2000 年以来，我国经济增长保持了稳定的发展态势。2011 年我国占世界 GDP 总量的比重为 14.0178%，美国为 18.594%，我国是世界第二大经济体。而美国与日本的经济总量占比是下降的（见图 5−2）。（2）国内生产总值增长率。图 5−3 显示中国国内生产总值增长率从 2002

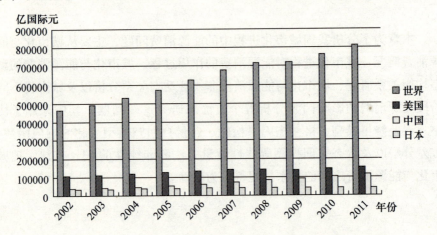

图 5−1 2002—2011 年美国、日本、中国 GDP 总量

资料来源：世界银行世界发展指标（WDI）。

年的 9.10%（世界为 1.99%）增加到了 2011 年的 9.30%（世界为
2.73%），国内生产总值增长率一直高于世界水平，也高于美国和日本。尤
其是在爆发次贷危机的 2008 年，美国的国内生产总值增长率为 -0.36%，
日本为 -1.04%，而中国为 9.60%。甚至日本在 2011 年国内生产总值增长
率还为负增长（-0.70%）。（3）人均国内生产总值。表 5-1 显示：从人
均国内生产总值来看，2002 年我国只有 1135.4 美元，还远远低于美国的
36819.4 美元和日本的 31235.6 美元。2011 年也才达到 5444.8 美元。

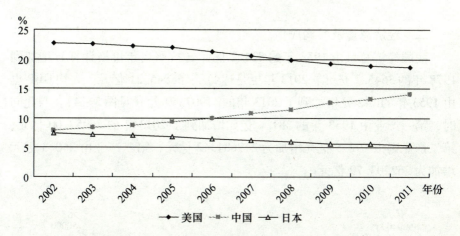

图 5-2　2002—2011 年美国、日本、中国 GDP 占比

资料来源：世界银行世界发展指标（WDI）。

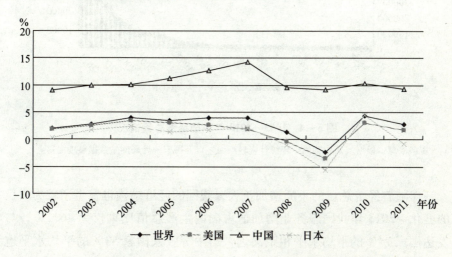

图 5-3　2002—2011 年美国、日本、中国国内生产总值增长率

资料来源：世界银行世界发展指标（WDI）。

表5 -1 人均国内生产总值 单位：美元

国家	2002 年	2003 年	2004 年	2005 年	2006 年	2007 年	2008 年	2009 年	2010 年	2011 年
世界	5324.1	5916.9	6577.9	7023.5	7520.2	8379.7	9086.1	8491.5	9157.6	10036.8
美国	36819.4	38224.7	40292.3	42516.4	44622.6	46349.1	46759.6	45191.9	46701.5	48441.6
中国	1135.4	1273.6	1490.4	1731.1	2069.3	2651.3	3413.6	3748.9	4433.0	5444.8
日本	31235.6	33690.9	36441.5	35781.2	34102.2	34094.9	37972.2	39473.4	43063.1	45902.7

资料来源：世界银行世界发展指标（WDI）。

二 经济总量及其构成

我国经济总量由 1953 年的 824.2 亿元（按照当年价格计算）增加到 1978 年的 3645.2 亿元，2013 年更是达到了 568845.21 亿元。人均 GDP 也由 1953 年的 142 元增加到了 2013 年的 41907.59 元（见图 5 - 4）。与此同时，第一产业由 1953 年的 381.4 亿元增加到了 2013 年的 56957.00 亿元，第二产业则由 192.5 亿元增加为 249684.42 亿元，第三产业由 250.3 亿元增加为 262203.79 亿元。

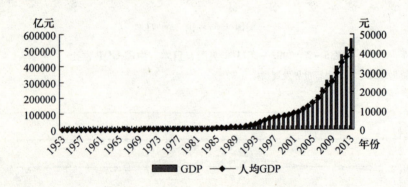

图 5 - 4 1953—2013 年中国经济总量情况

资料来源：根据《新中国六十年统计资料汇编》以及国家统计局网站数据整理而得。

伴随着经济总量的不断增加扩大，我国的经济结构也发生了较为明显的变化。2013 年我国服务业增加值占国内生产总值比重仅为 46.1%，与发达国家 74% 的平均水平相距甚远，与中等收入国家 53% 的平均水平也有较大差距。我国的三次产业结构比重由 1953 年的 46.3∶23.4∶30.4 调整为 1978 年的 28.2∶47.9∶23.9，2013 年其比重为 10.0∶43.9∶46.1，其中第一产业所占比重具有不断下降的趋势，而第二产业所占比重比较稳定，但是第三产业所占比重是不断上升的。我国自2002年以来，工业化进程不断加快，工业增加值在GDP中的比重出现了大幅上升趋势，这样导致了我国第三产业的占比有所下降，但2007年以来第三产业又有增加的趋势（见图5-5）。

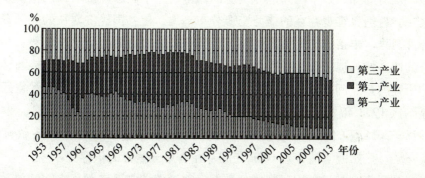

图5-5　1953—2013年中国三次产业比重

资料来源：根据《新中国六十年统计资料汇编》以及国家统计局网站数据整理而得。

三　地区经济差距比较

从省域来看：1978年经济总量最大的地区是上海市，接着依次是江苏省、辽宁省和山东省，而西藏自治区、宁夏回族自治区及青海省属于经济总量最小省区。而2011年经济规模最大的省份为广东省，其GDP达到了52673.59亿元，其后分别为江苏省（48604.26亿元）、山东省（45429.21亿元）、浙江省（32000.10亿元）以及河南省（27232.04亿元）。经济总量最小的是西藏自治区（605.83亿元）、青海省（1634.72亿元）、宁夏回族自治区（2060.79亿元）。其中经济总量最大的广东是经济总量最小的西藏自治区的86.94倍。

而2013年广东省GDP总量为62164.00亿元，处于全国第一，是GDP唯一突破6万亿元大关的省份。江苏排名第二（59161.8亿元），山东排名第三（54684.30亿元），目前和江苏同属"5万亿元俱乐部"。经济总量最小的仍是西藏自治区（807.7亿元）、青海省（2101.1亿元）、宁夏回族自治区（2565.1亿元）。其中经济总量最大的广东是经济总量最小的西藏自治区的76.96倍。

第二节　能源消费与经济增长：基于协整检验和状态空间模型的估计

众所周知，一个国家能源资源的储量是一个国家经济增长的重要条件之一。自然界客观存在的能源资源分布不均，使各国经济增长的能源资源条件迥异。丰富的能源资源能够为经济增长带来资源上的比较优势，为经济的快速增长提供可能。经济增长与能源消费之间的关系一直是能源经济学研究的热点问题。中国 2011 年能源消费总量达到了 348002 万吨标准煤，比 1978 年的 57144 万吨标准煤高出了 290858 万吨标准煤。根据 1978—2011 年的统计数据，可以计算出两个变量之间的相关系数高达 0.9856，显然能源消费与 GDP 之间存在着十分紧密的依存关系。

与现有文献只利用时间序列数据对能源消费与经济增长之间的关系进行静态实证研究不同，本部分采用协整检验和状态空间模型的 Kalman 滤波法来分析中国 1978—2011 年间能源消费与经济增长之间是否存在协整关系，并对能源消费的产出弹性系数呈现阶段波动性的成因和系数大小进行深入研究。并进一步探究在劳动力与资本要素投入水平不变时，能源消费对经济增长的偏弹性系数。研究结论对于制定可持续的能源发展规划，甚至为能源战略与政策的制定均能提供科学决策的依据。

一　研究方法

（一）协整理论

能源消费与经济增长数据属于时间序列数据，而对时间序列数据直接进行回归分析，可能会出现伪回归问题。为了克服伪回归现象，采用 1987 年 Engle 和 Granger 提出的协整理论及其方法对能源消费与经济增长问题进行研究。

（二）状态空间模型

20 世纪 60 年代初，由于工程控制领域的需要，产生了卡尔曼滤波（Kalman Filtering）。进入 20 世纪 70 年代初，人们明确提出了状态空间模型（State Space Model）的标准形式，并开始将其应用到经济领域。20 世纪 80 年代以后，状态空间模型已成为一种有力的建模工具。许多时间序列模型，包括典型的线性回归模型和 ARIMA 模型都能作为特例写成状态空间的形式，并估计参数值。Harvey（1989）和 Hamilton（1994）对状态空间模型在经济系统中的应用做出了较大的贡献。

设 y_t 为包含 k 个经济变量的 $k \times 1$ 维可观测向量。这些变量与 $m \times 1$ 维向量 α_t 有关，则 α_t 被称为状态向量。"量测方程"（measurement equation）或称"信号方程"（signal equation）如下：

$$y_t = Z_t\alpha_t + d_t + u_t \qquad t = 1, 2, \cdots, T$$

其中：T 表示样本长度，Z_t 表示 $k \times m$ 矩阵，称为量测矩阵，d_t 表示 $k \times 1$ 向量，u_t 表示 $k \times 1$ 向量，u_t 同时也为均值为 0，协方差矩阵为 H_t 的不相关扰动项，即：

$$E(u_t) = 0 \qquad var(u_t) = H_t$$

一般地，α_t 的元素是不可观测的，然而可表示成一阶马尔可夫（Markov）过程。转移方程（transition equation）或称状态方程（state equation）是：

$$\alpha_t = T_t\alpha_{t-1} + c_t + R_t\varepsilon_t \quad t = 1, 2, \cdots, T$$

其中，T_t 表示 $m \times m$ 矩阵，称为状态矩阵，C_t 表示 $m \times 1$ 向量，R_t 表示 $m \times g$ 矩阵，ε_t 表示 $g \times 1$ 向量，ε_t 同时也为均值为 0，协方差矩阵为 Q_t 的连续的不相关扰动项，即

$$E(\varepsilon_t) = 0, \quad var(\varepsilon_t) = Q_t$$

量测方程和状态方程的扰动项的协方差矩阵用 Ω 表示：

$$\Omega = var\begin{pmatrix} u_t \\ \varepsilon_t \end{pmatrix} = \begin{pmatrix} H_t & 0 \\ 0 & Q_t \end{pmatrix}$$

当 $k = 1$ 时，变为单变量模型，量测方程可以写为：

$$y_t = Z_t\alpha_t + d_t + u_t \qquad var(u_t) = h_t \qquad t = 1,2,\cdots,T$$

若使上述的状态空间模型成立，还需满足如下两个假定：

（1）初始状态向量 α_0 的均值为 a_0，协方差矩阵为 p_0，即

$$E(\alpha_0) = a_0, var(\alpha_0) = p_0$$

（2）在所有的时间区间上，扰动项 u_t 和 ε_t 相互独立，而且它们和初始状态 α_0 也不相关，即

$$E(u_t\varepsilon'_s) = 0 \qquad s, t = 1, 2, \cdots, T$$

且 $E(\varepsilon_t\alpha'_0) = 0 \qquad E(u_t\alpha'_0) = 0 \qquad t = 1, 2, \cdots, T$

矩阵 Z_t，d_t，H_t 与转移方程中的矩阵 T_t，C_t，R_t，Q_t 统称为系统矩阵。如不特别指出，它们都被假定为非随机的。因此，尽管它们能随时间

改变，但是都是可以预先确定的。对于任一时刻 t，y_t 能够被表示为当前的和过去的 u_t 和 ε_t 及初始向量 α_0 的线性组合，所以模型是线性的。当一个模型被表示成状态空间形式就可以对其应用一些重要的算法求解。这些算法的核心是卡尔曼滤波（Kalman Filtering）。

二 实证检验

（一）能源消费与经济增长的长期效应分析

1. 变量及数据来源

经济增长：本部分选取国内生产总值（GDP）来表示经济增长，记为 Y（单位为亿元）。为了保证 1978—2011 年历年国内生产总值（GDP）具有可比性，必须消除价格因素的影响，用物价指数（1978 年 = 100）对全国 1978—2011 年历年 GDP 的名义值进行了对应调整，得到其实际值。

能源消费：采用能源消费总量来表示能源消费，记为 EC，单位是万吨标准煤。

为了消除时间序列数据中存在的异方差现象，对 2 个变量分别取自然对数，记为 $\ln Y$、$\ln EC$，其相应的一阶差分序列和二阶差分序列分别记为 $\Delta \ln Y$、$\Delta \ln EC$ 和 $\Delta^2 \ln Y$、$\Delta^2 \ln EC$。

本部分采用的数据来源于《中国统计年鉴（2012）》、《中国能源统计年鉴（2012）》和《新中国六十年统计资料汇编》。数据研究的时段为1978—2011 年。

2. 平稳性与协整检验

对 $\ln Y$ 和 $\ln EC$ 的单位根进行 ADF 检验，检验结果见表 5 - 2。通过表5 - 2 可知，$\ln Y$ 和 $\ln EC$ 经过二阶差分已经没有单位根，是平稳时间序列，即 $\ln Y \sim I$（2），$\ln EC \sim I$（2），满足协整检验的前提，可以用 Engle - Granger 两步法估计两个序列的长期均衡关系。协整回归方程为：

$$\ln Y = -11.619 + 1.819 \ln EC + [AR(1) = 1.437] + [AR(2) = -0.618]$$

$R^2 = 0.998$，$F = 4809.628$，$DW = 1.946$。对协整方程的残差序列进行单位根检验，结果如表 5 - 3 所示。残差序列平稳，说明能源消费与经济增长之间存在长期均衡关系。图 5 - 6 分别显示了残差、观测值与拟合值的线性趋势，也说明了变量之间存在协整关系。表示能源消费每增加1%，国内生产总值将增加 1.819%，说明能源消费对经济增长具有明显的促进作用。

表 5 - 2　　　　　　　　　　　　　lnY 和 lnEC 的 ADF 检验

变量	检验类型 (C, T, K)	ADF 检验值	各显著性水平下的临界值			D - W 值	检验结果
			1%	5%	10%		
lnY	(C, T, 2)	-2.264	-4.273	-3.558	-3.212	1.679	不平稳
lnEC	(C, T, 1)	-2.507	-4.273	-3.558	-3.212	1.810	不平稳
ΔlnY	(C, T, 2)	-4.068	-4.285	-3.563	-3.215	2.092	不平稳
ΔlnEC	(C, T, 2)	-2.552	-4.273	-3.558	-3.212	1.620	不平稳
Δ^2lnY	(C, 0, 1)	-5.437	-2.642	-1.952	-1.610	1.989	平稳
Δ^2lnEC	(C, 02)	-6.957	-3.679	-2.968	-2.623	2.079	平稳

表 5 - 3　　　　　　　　　　　　　　　残差检验

检验类型 (C, T, K)	ADF 检验值	各显著性水平下的临界值			D - W 值	检验结果
		1%	5%	10%		
(C, 0, 0)	-5.367	2.637	-1.951	-1.611	2.112	平稳

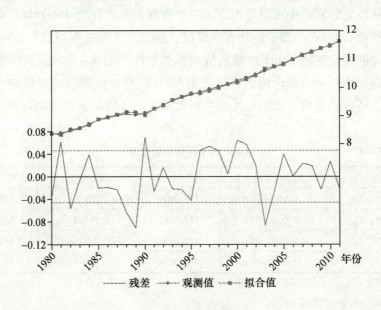

图 5 - 6　残差趋势

3. 向量自回归模型

向量自回归（VAR）模型可以测定随机扰动对变量系统的动态影响，其数学表达式为：

$$y_t = A_1 y_{t-1} + \cdots + A_p y_{t-p} + B_1 X_t + \cdots + B_r X_{t-r} + \varepsilon_i$$

其中，y_t 是 M 维内生变量向量，X_t 是 d 维外生变量向量，$A_1 \cdots A_p$ 和 $B_1 \cdots B_r$ 是待估计的参数矩阵，内生变量和外生变量分别有 p 和 r 阶滞后期，ε_i 是随机扰动项。

序列 $\Delta^2 \ln Y$、$\Delta^2 \ln EC$ 都不存在单位根，是平稳的。因此，可以用序列 $\Delta^2 \ln Y$、$\Delta^2 \ln EC$ 的数据来建立 VAR (P) 模型。根据 AIC 和 SC 取值最小的准则，经过多次试验将变量滞后区间确定为 1 阶到 2 阶（见表 5 - 4）。以下为方程：

$$\Delta^2 \ln Y = 0.0025 \times \Delta^2 \ln Y_{t-1} - 0.3095 \times \Delta^2 \ln Y_{t-2} + 0.0895 \times \Delta^2 \ln EC_{t-1} - 0.0524 \times \Delta^2 \ln EC_{t-2} + 0.0023$$

AIC = - 3.3969, SC = - 3.1634

$$\Delta^2 \ln EC = 0.1040 \times \Delta^2 \ln Y_{t-1} - 0.1086 \times \Delta^2 \ln Y_{t-2} + 0.0691 \times \Delta^2 \ln EC_{t-1} - 0.1925 \times \Delta^2 \ln EC_{t-2} + 0.0026$$

AIC = - 4.1398, SC = - 3.9062

从以上的模型中可以看出，第一个方程表明当前的 $\Delta^2 \ln Y$ 与其自身的滞后值和 $\Delta^2 \ln EC$ 的滞后值均有关联度。第二个方程表明当前的 $\Delta^2 \ln EC$ 与其自身的滞后值和 $\Delta^2 \ln Y$ 的滞后值均有关联度。图 5 - 7 也说明所有的单位根倒数均在单位圆之内，可以证明 VAR 模型整体拟合情况较好，解释力强。还可以运用下面的脉冲响应函数和方差分解给出合理的解释。

表 5 - 4　　　　　　　　　　VAR 模型整体检验结果

滞后阶数	可决性残差协方差	对数似然值	赤池信息值	施瓦茨值
(1, 2)	8.95E - 07	123.7634	- 7.584229	- 7.117163
(1, 3)	7.09E - 07	123.0181	- 7.518487	- 6.858413
(1, 4)	5.41E - 07	122.5557	- 7.468266	- 6.611849
(1, 5)	3.93E - 07	122.5074	- 7.444993	- 6.389126

4. 脉冲响应函数

根据 VAR 模型具有的特殊的动态结构性质，脉冲响应（Impulse Response）函数可以很好地识别一个变量的扰动是如何通过模型影响其他所有变量，而最终又反馈到变量自身上来的。图 5 - 8 是基于 VAR (2) 和渐近解析法（Analtic）模拟的脉冲响应函数曲线。从图 5 - 8 可以看出，能

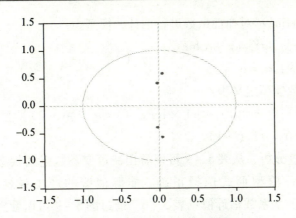

图 5-7　VAR 模型特征方程根的倒数值

源消费对经济增长新息的一个标准差扰动的响应在 5 年内出现波动性，但是从第 5 年开始呈现出比较稳定的响应并且持续时间也比较长。这说明了能源消费与经济增长之间存在着紧密的联系，并且这种联系也具有长期性。研究结论又进一步支持了协整的实证结果。图 5-8 中横轴代表响应函数的追踪期数，纵轴代表因变量对解释变量的响应程度，实线为响应函数的计算值，虚线为响应函数值加或减两倍标准差的置信带。在模型中，将响应函数的追踪期数设定为 10 年。

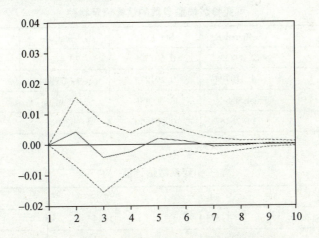

图 5-8　能源消费对经济增长脉冲响应函数曲线

5. 基于状态空间模型的变参数分析

建立能源消费对经济增长的可变参数空间状态模型，用卡尔曼滤波

（Kalman Filtering）对弹性系数进行估计，模型为：

测量方程：$\ln Y_t = \pi + \alpha_t \ln EC + \mu_t$

状态方程：$\alpha_t = \alpha_{t-1}$

可变参数模型定义为：

@ $signal\ \ln Y_t = c(1) + sv1 \times \ln EC + [var = \exp(2)]$

@ $state\ sv1 = sv1\ (-1)$

通过计量分析，从表 5 - 5 可以看出，可变参数空间状态模型的估计值通过检验，模型形式选择正确。能源消费的产出弹性在 1.8710—1.8780 之间。变系数估计值见表 5 - 6。通过图 5 - 9 可以看出，弹性系数呈现出明显的阶段性特征。1978—1985 年间，能源消费弹性一直在增加。当时我国刚刚改革开放，能源的高投入对经济增长的推动作用明显。但1986 年到 1992 年前后，能源消费弹性一直在减小。1995—2003 年间，能源消费弹性又增加了，说明这一期间投资增长过高、高耗能产业迅速扩张和高耗能产品产量大幅增长。但 2003 年后又有下降趋势。说明市场机制配置资源的基础性作用已经初步形成，粗放型的经济增长方式正在逐步改变。我国提高了能源生产和利用效率，加速了对高物耗、高能耗企业、产品和技术的淘汰。

表 5 - 5　　　　　　　　可变参数模型参数的估计值及检验

参数	Coefficient	Std. Error	z - Statistic	Prob
C（1）	- 12.29223	0.601308	- 20.44250	0.0000
C（2）	- 4.310704	0.291275	- 14.79944	0.0000
Parameter	Final State	Root MSE	z - Statistic	Prob
SV1	1.876467	0.001690	1110.594	0.0000

表 5 - 6　　　　　　　　　　变系数估计值

年份	$sv1$	年份	$sv1$
1978	1.8710	1983	1.8769
1979	1.8729	1984	1.8776
1980	1.8736	1985	1.8780
1981	1.8756	1986	1.8780
1982	1.8766	1987	1.8776

续表

年份	svl	年份	svl
1988	1.8767	2000	1.8756
1989	1.8749	2001	1.8767
1990	1.8738	2002	1.8776
1991	1.8730	2003	1.8780
1992	1.8727	2004	1.8779
1993	1.8726	2005	1.8776
1994	1.8726	2006	1.8772
1995	1.8725	2007	1.8769
1996	1.8726	2008	1.8768
1997	1.8730	2009	1.8766
1998	1.8738	2010	1.8766
1999	1.8746	2011	1.8765

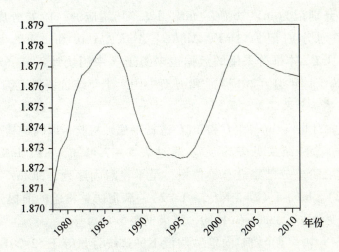

图 5 - 9 能源消费弹性的动态变化

（二）考虑其他要素投入下能源投入的经济增长效应研究

1. 基本模型建立与变量及数据来源

采用扩展的线性经济增长模型：$\ln Y_t = \ln A(t) + \alpha \ln K_t + \beta \ln L_t + \gamma \ln EC_t$，作为本部分研究能源消费和经济增长之间关系的基础。其中，α、β、γ 分别表示各要素的投入产出弹性系数，$0 < \alpha$，β、$\gamma < 1$。Y 为实际国

内生产总值。K、L 和 EC 作为投入要素。

K（单位为亿元）表示资本存量。一般采用永续盘存法对资本存量进行估算。某期物质资本的存量由上期的资本存量减去当期的折旧再加上当期物质资本投资计算出：$K_t = (1-\delta) K_{t-1} + I_t$，其中 K_t 是 t 期期末的物质资本存量，I_t 是 t 期的物质资本投资，δ 是资本折旧率。由于资本存量的估算很复杂，本部分 1978—2006 年的资本存量数据直接采用认可的单豪杰等（2008）按每年折旧率估算的结果，2007—2011 年的数据也采用该文方法估算得出。为了减少干扰因素，也用物价指数（1978 年 = 100）对资本存量的名义值进行对应调整，得到其实际值。

理论上的劳动投入量（L，单位为万人）是指实际投入的劳动量，其不仅取决于劳动的投入数量，还与劳动的利用效率、劳动者素质有关，但是现阶段还缺乏这方面的统计资料。目前，劳动投入量采用全社会从业人数较为合理。

为了消除时间序列数据中存在的异方差现象，对四个变量分别取自然对数，分别记为 $\ln Y$、$\ln EC$、$\ln K$、$\ln L$，其相应的一阶差分序列和二阶差分序列分别记为 $\Delta \ln Y$、$\Delta \ln EC$、$\Delta \ln K$、$\Delta \ln L$ 和 $\Delta^2 \ln Y$、$\Delta^2 \ln EC$、$\Delta^2 \ln K$、$\Delta^2 \ln L$。本部分采用的数据也来源于《中国统计年鉴（2012）》、《中国能源统计年鉴（2012）》和《新中国六十年统计资料汇编》。

2. 协整检验及测算结果

首先要对 $\ln Y$、$\ln K$、$\ln L$ 和 $\ln EC$ 进行平稳性检验，以确定其平稳性及单整阶数。检验结果见表 5 - 7。通过表 5 - 7 可知，$\ln Y$、$\ln K$、$\ln L$ 和 $\ln EC$ 经过二阶差分已经没有单位根，是平稳时间序列，即 $\ln Y \sim I(2)$，$\ln K \sim I(2)$，$\ln L \sim I(2)$，$\ln EC \sim I(2)$，满足协整检验的前提，所以可以对四个变量进行 Johansen 检验，结果见表 5 - 8。

表 5 - 8 中"零个协整向量"假设下的迹统计量等于 52.201，而 5% 的临界值等于 47.856，迹统计量大于临界值，因此拒绝原假设，从而表明最少存在一个协整关系。而"最多一个协整向量"假设下的迹统计量等于 28.742，小于 0.05 临界值 29.797，因此不能拒绝原假设，从而表明在 5% 的水平上存在 1 个协整关系。

表 5 - 7　　　　　　　　lnY、lnK、lnL 和 lnEC 的 ADF 检验

变量	检验类型 (C, T, K)	ADF 检验值	各显著性水平下的临界值			D - W 值	检验 结果
			1%	5%	10%		
lnY	(C, T, 2)	-2.264	-4.273	-3.558	-3.212	1.679	不平稳
lnK	(C, T, 1)	-1.600	-4.273	-3.558	-3.212	1.737	不平稳
lnL	(C, T, 3)	-0.651	-4.263	-3.553	-3.210	2.141	不平稳
lnEC	(C, T, 1)	-2.507	-4.273	-3.558	-3.212	1.810	不平稳
ΔlnY	(C, T, 2)	-4.068	-4.285	-3.563	-3.215	2.092	不平稳
ΔlnK	(C, T, 2)	-2.615	-4.273	-3.558	-3.212	1.623	不平稳
ΔlnL	(C, T, 1)	-2.179	-2.642	-1.952	-1.610	2.176	不平稳
ΔlnEC	(C, T, 2)	-2.552	-4.273	-3.558	-3.212	1.620	不平稳
Δ^2lnY	(C, 0, 1)	-5.437	-2.642	-1.952	-1.610	1.989	平稳
Δ^2lnK	(C, 0, 1)	-7.203	-3.679	-2.968	-2.623	2.158	平稳
Δ^2lnL	(C, 0, 1)	-8.279	-3.679	-2.968	-2.623	2.401	平稳
Δ^2lnEC	(C, 0, 2)	-6.957	-3.679	-2.968	-2.623	2.079	平稳

表 5 - 8　　　　　　　　　　　　Johansen 检验

协整数	特征根	迹统计量	0.05 临界值	P 值
零个协整向量	0.520	52.201	47.856	0.019
最多一个协整向量	0.450	28.742	29.797	0.066
最多两个协整向量	0.258	9.602	15.495	0.313
最多三个协整向量	0.001	0.044	3.841	0.834

协整回归方程为：

$\ln Y = -13.553 + 0.470\ln K + 0.446\ln L + 1.189\ln EC + [AR(1) = 1.514] + [AR(2) = -0.655]$

协整回归方程的回归结果表明（见表 5 - 9），资本、劳动力和能源消费与经济增长存在正向作用关系，能源投入产出弹性为 1.189，高于资本产出弹性 0.470 和劳动产出弹性 0.446。要素的产出弹性之和大于 1，规模报酬为递增。说明中国能源消费量的不断增加，有利于 GDP 的增加。在劳动和资本投入不变的情况下，能源消费每增加 1%，GDP 将提高 1.189%。残差序列的 ADF 检验结果见表 5 - 10，方程的残差通过 ADF 检验，说明四个变量之间存在长期均衡关系，也说明协整方程是可靠的。

表5-9　　　　　　　　　　　　　方程的回归结果

变量	回归系数	标准差	t 统计量	P 值
$\ln K$	0.470448	0.138650	3.393063	0.0022
$\ln L$	0.445648	0.205729	2.166192	0.0396
$\ln EC$	1.189239	0.152821	7.781922	0.0000
C	-13.55257	2.099444	-6.455312	0.0000
AR (1)	1.513549	0.152582	9.919559	0.0000
AR (2)	-0.654557	0.155312	-4.214463	0.0003
$R^2 = 0.999$		$\overline{R}^2 = 0.998807$		$DW = 1.883687$

表5-10　　　　　　　　　　　　残差序列的 ADF 检验

检验类型 (C, T, K)	ADF 检验值	各显著性水平下的临界值			$D-W$ 值	检验结果
		1%	5%	10%		
$(C, 0, 0)$	-5.199	2.637	-1.951	-1.611	2.045	平稳

三　研究结论

（1）在不考虑其他投入要素的情况下，本部分基于协整理论和状态空间模型实证分析了能源消费与经济增长的动态关系，协整检验研究发现：能源消费与经济增长之间具有很强的正向关联性，两者之间存在长期均衡关系。能源消费每增加1%，国内生产总值将增加1.819%，说明能源消费对经济增长具有明显的促进作用。基于状态空间模型的可变参数模型研究发现，能源消费的产出弹性在1.8710—1.8780，弹性系数呈现出明显的阶段性特征。1978—1985年，能源消费弹性一直在增加。当时我国刚刚改革开放，能源的高投入对经济增长的推动作用明显。但1986年到1992年前后，能源消费弹性一直在减小。1995—2003年，能源消费弹性又增加了，说明这一期间投资增长过高、高耗能产业迅速扩张和高耗能产品产量大幅增长。但2003年后又有下降趋势。说明市场机制配置资源的基础性作用已经初步形成，粗放型的经济增长方式正在逐步改变。我国提高了能源生产和利用效率，加速了对高物耗、高能耗企业、产品和技术的淘汰。

（2）若劳动力与资本要素投入水平不变，能源消费的经济增长偏弹性系数为1.189，即当劳动力和资本要素投入水平不变时，能源消费每增加1%，GDP将提高1.189%。资本、劳动力和能源消费与经济增长存在正向作用关系。能源投入产出弹性为 1.189，高于资本产出弹性 0.470 和劳动产出弹性 0.446。要素的产出弹性之和大于 1，表明规模报酬为递增。

第三节　能源消费结构与经济增长
的动态关联分析

众所周知，能源是一国家经济发展重要的资源，各类能源消费在经济增长中发挥着重要作用。我国目前的能源消费结构仍然是以煤炭为主，石油和天然气等为辅。我国 1978 年能源消费总量为 57144 万吨标准煤，其中，煤炭占能源消费总量的比重为 70.7%，石油为 22.7%，天然气只有 3.2%，而水电、核电、风电仅有 3.4%。到了 2011 年，这一现状也没有得到根本扭转。我国 2011 年能源消费总量为 348002 万吨标准煤，其中煤炭占比仍高达 68.4%，石油为 18.6%，天然气为 5%，而水电、核电、风电也只有 8%。2013 年能源消费总量为 375000 万吨标准煤，其中煤炭消费总量为 247500 万吨标准煤，占能源消费总量 66%；石油消费总量为 69000 万吨标准煤，占能源消费总量 18.4%；天然气消费总量为 21750 万吨标准煤，占能源消费总量 5.8%；水电、核电、风电消费总量为 36750 万吨标准煤，占能源消费总量 9.8%（见图 5－10）。

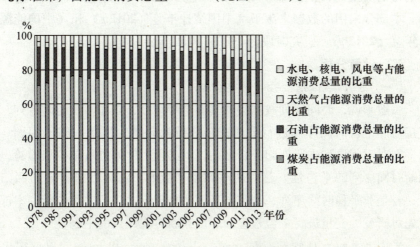

图 5－10　1978—2013 年中国能源消费结构

资料来源：根据《中国统计年鉴（1979—2013）》、《中国能源统计年鉴（2013）》以及国家统计局网站数据整理而得。

　　根据相关研究分析，今后相当长的一段时间里煤炭仍然是中国主要的能源，2050 年左右中国一次能源消费中煤炭的占比仍然高达 50% 左右。本部分拟对煤炭、石油、天然气、电力消费与经济增长的关系进行计量研究。由于不同的能源在经济增长过程中发挥的作用有所差异，深入分析能源消费结构对经济增长的影响，对厘清各种能源对经济增长的作用情况有着现实意义。国内外研究由于研究角度、计量方法、研究对象、研究时段、数据选择、解释变量多少、控制变量选取等的不同，加之有些研究直接采用原始数据，未能对数据进行指数调整，这些因素均会导致研究结论的差异，甚至互相矛盾。与已有研究不同的是，为了减少干扰因素，本书用商品零售价格指数对人均 GDP 的名义值进行对应调整，得到其实际值，再对变量之间的关系采用协整分析方法进行实证检验。

一　变量及数据来源

　　本部分选取 $\ln gdp_i$（单位为元/人）表示第 i 年的人均国内生产总值（用商品零售价格指数进行调整）的自然对数，用来测度经济增长，$\Delta \ln gdp_i$ 为其一阶差分序列；$\ln coa_i$（单位为千克）为第 i 年的人均煤炭消费量的自然对数，用来表示煤炭消费，$\Delta \ln coa_i$ 为其一阶差分序列；$\ln pet_i$（单位为千克）为第 i 年的人均石油消费量的自然对数，用来表示石油消费，$\Delta \ln pet_i$ 为其一阶差分序列；$\ln ele_i$（单位为千瓦小时）为第 i 年的人均电力消费量的自然对数，用来表示电力消费，$\Delta \ln ele_i$ 为其一阶差分序列。本部分采用的数据来源于《中国统计年鉴（2012）》和《中国能源统计年鉴（2012）》。研究时段为 1980—2011 年。

二　计量分析

（一）ADF 单位根检验与协整检验

　　一般来说，时间序列数据多数具有趋势特征，是非平稳时间序列，若直接对非平稳时间序列进行普通回归分析就会产生"伪回归"问题。所以，在对时间序列进行回归分析之前，就必须对序列进行单位根检验，以判断时间序列的平稳性。若时间序列是平稳的，就可以进行普通回归分析；若是非平稳时间序列，则需要运用协整理论，进行协整分析。本部分首先对研究的变量进行单位根检验，以判断时间序列的平稳性。

　　采用 Eviews 6.0 软件，对 $\ln gdp$、$\ln coa$、$\ln pet$ 和 $\ln ele$ 的单位根进行 ADF 检验，检验方程的选取要根据相应的数据图形来确定，可以采用 AIC 准则确定最佳滞后阶数，差分序列的检验类型按相应的原则确定，相应的检验结果见表 5-11。

通过表 5-11 可知，lngdp、lncoa、lnpet 和 lnele 经过一阶差分后已经没有单位根，是平稳时间序列。

表 5-11 ADF 检验

变量	统计量	临界值	DW	AIC	SC	检验形式 (C, T, K)
lngdp	-1.598731	-4.296729	1.66999	-3.761609	-3.574782	(C, T, 1)
Δlngdp	-5.099964	-3.679322	1.979460	-3.446360	-3.352064	(C, T, 0)
lncoa	-1.883934	-4.296729	1.643330	-3.955949	-3.769123	(C, T, 2)
Δlncoa	-2.631852	-2.621007	1.528728	-3.954903	-3.861490	(C, T, 2)
lnpet	-3.158581	-4.284580	2.253586	-3.428614	-3.289841	(C, T, 2)
Δlnpet	-5.855440	-4.296729	1.392663	-3.127796	-2.987676	(C, T, 1)
lnele	-1.271483	-4.296729	1.547542	-4.622112	-4.435286	(C, T, 1)
Δlnele	-3.266865	-3.221728	1.819103	-4.665303	-4.606239	(C, T, 2)

在时间序列数据分析中，每一个序列单独来说可能是非平稳的，但序列的线性组合却可能有不随时间变化的性质，这种平稳的线性组合可以说明变量间是协整的，即这些非平稳变量之间存在长期稳定的均衡关系。协整检验要求变量是单整变量，且单整阶数相同，因为 lncoa~I(1)，lnpet~I(1)，lnele~I(1)，lngdp~I(1) 满足协整检验的前提，所以可以对 lncoa、lnpet 和 lnele 分别进行 Johansen 检验，其主要结果见表 5-12 到表 5-14。检验的结果显示煤炭消费与经济增长、石油消费与经济增长、电力消费与经济增长之间均存在协整关系，并且存在稳定的长期关系。

表 5-12 煤炭消费的 Johansen 协整检验

不受限制的协整秩检验（迹）			
原假设	特征值	迹统计量	显著水平5%时的临界值	P值
None	0.335162	18.52928	15.49471	0.0169
At most 1	0.206045	6.691115	3.841466	0.0097
不受限制的协整秩检验（最大特征根）			
原假设	特征值	Max-λ 统计量	显著水平5%时的临界值	P值
None	0.335162	11.83816	14.26460	0.1169
At most 1	0.206045	6.691115	3.841466	0.0097

表 5 – 13　　　　　　　　　石油消费的 Johansen 协整检验

不受限制的协整秩检验（迹）				
原假设	特征值	迹统计量	显著水平 5% 时的临界值	P 值
None	0. 469139	27. 15503	15. 49471	0. 0006
At most 1	0. 261493	8. 790608	3. 841466	0. 0030
不受限制的协整秩检验（最大特征根）				
原假设	特征值	Max – λ 统计量	显著水平 5% 时的临界值	P 值
None	0. 469139	18. 36442	14. 26460	0. 0106
At most 1	0. 261493	8. 790608	3. 841466	0. 0030

表 5 – 14　　　　　　　　　电力消费的 Johansen 协整检验

不受限制的协整秩检验（迹）				
原假设	特征值	迹统计量	显著水平 5% 时的临界值	P 值
None	0. 335950	19. 13656	15. 49471	0. 0135
At most 1	0. 221575	7. 264015	3. 841466	0. 0070
不受限制的协整秩检验（最大特征根）				
原假设	特征值	Max – λ 统计量	显著水平 5% 时的临界值	P 值
None	0. 335950	11. 87254	14. 26460	0. 0155
At most 1	0. 221575	7. 264015	3. 841466	0. 0070

协整回归方程为：

$\ln gdp = 0.8723 - 0.50471\ln coa - 0.0091\ln pet + 1.4887\ln ele$，$R^2 = 0.9960$，$F = 2362.203$，$DW = 0.4229$。由于方程的 DW 值为 0. 4229 与 2 还有较大的差距，说明了方程存在着自相关问题。同时煤炭消费与石油消费的系数为负值，与实际不符，说明方程也存在多重共线性问题，可能的原因是我国电力（火电）是由煤炭作为主要原料的。因此，采用逐步回归法来剔除电力消费变量。同时采用广义差分法来消除方程的自相关性。经过检验，可以发现方程存在二阶序列相关，所以采用广义差分法对回归方程的估计结果进行调整。

调整以后的协整回归方程为：

$\ln gdp (1980—2011) = -3.4757 + 0.5443\ln coa + 1.4083\ln pet + [AR(1) = 0.6802] + [AR(2) = -0.2682]$，$R^2 = 0.9961$，$F = 1594.617$，$DW = 1.9593$。

表示煤炭消费与石油消费每增加 1%，分别引起 GDP 增加 0. 5443% 和

1.4083%。残差序列的 ADF 检验结果见表 5 - 15，方程的残差通过 ADF 检验，也说明变量之间存在协整关系。图 5 - 11 分别显示了残差、观测值与拟合值的线性趋势，也明显地说明了三个变量之间存在协整关系。

表 5 - 15　　　　　　　　　　残差序列的 ADF 检验

检验类型 (C, T, K)	ADF 检验值	各显著性水平下的临界值			$D - W$ 值	检验结果
		1%	5%	10%		
(C, 0, 0)	-4.9681	-3.6617	-2.9604	-2.6192	2.4531	平稳

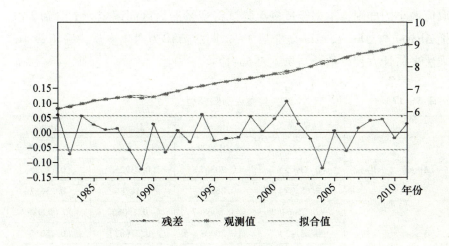

图 5 - 11　残差趋势

（二）格兰杰因果关系检验

可以采用 Granger 因果关系检验来进一步研究变量之间的关系，深入分析变量之间是否存在因果关系与因果关系的方向。

表 5 - 16　　　　　　　　　Granger 因果关系检验

滞后期	零假设	F 值	P 值	决策	因果关系结论
2	lncoa does not Granger Cause lngdp	10.07357	0.0293	拒绝	lncoa⇒lngdp
	lngdp does not Granger Cause lncoa	0.52281	0.4449	接受	lngdp ≠ > lncoa
	lnpet does not Granger Cause lngdp	12.34846	0.0779	拒绝	lnpet⇒lngdp
	lngdp does not Granger Cause lnpet	0.7619	0.3002	接受	lngdp ≠ > lnpet
	lnele does not Granger Cause lngdp	9.47627	0.0477	拒绝	lnele⇒lngdp
	lngdp does not Granger Cause lnele	0.94948	0.4005	接受	lngdp ≠ > lnele

由表 5 – 16 可以发现：煤炭消费、石油消费和电力消费均是经济增长的原因。这一结果可以为经济增长理论提供依据。经济增长理论发现能源在一国的工业化过程中具有不可替代性，它与资本、劳动等生产要素一样，已经成为一国经济增长中必不可少的因素。

（三）向量自回归模型

序列 $\Delta \ln gdp$、$\Delta \ln coa$ 与 $\Delta \ln pet$、$\Delta \ln ele$ 均不存在单位根，是平稳的序列。所以，可以用 $\Delta \ln gdp$、$\Delta \ln coa$ 与 $\Delta \ln pet$、$\Delta \ln ele$ 的数据建立 VAR（P）模型，同时采用脉冲响应函数与方差分解对方程进行解释。根据 AIC、SC 取值最小的准则，本书经过多次尝试将变量滞后区间确定为 1 阶到 2 阶。把 $\Delta \ln coa$ 与 $\Delta \ln pet$、$\Delta \ln ele$ 滞后 1—2 期的值作为内生变量，采用最小二乘法来估计方程。估计结果见表 5 – 17：

表 5 –17　　　　　　　　　　　向量自回归模型

	$\Delta \ln gdp$	$\Delta \ln coa$	$\Delta \ln pet$	$\Delta \ln ele$
$\Delta \ln gdp$ （ –1）	0. 623223	0. 013929	0. 258063	0. 035190
	(0. 23465)	(0. 20367)	(0. 21725)	(0. 14856)
	[2. 65597]	[0. 06839]	[1. 18786]	[0. 23687]
$\Delta \ln gdp$ （ –2）	– 0. 256645	– 0. 006867	– 0. 150522	0. 003986
	(0. 23743)	(0. 20608)	(0. 21982)	(0. 15032)
	[– 1. 08094]	[– 0. 03332]	[– 0. 68474]	[0. 02652]
$\Delta \ln coa$ （ –1）	0. 007079	0. 531035	0. 571079	0. 249254
	(0. 31222)	(0. 27100)	(0. 28906)	(0. 19767)
	[0. 02267]	[1. 95955]	[1. 97561]	[1. 26096]
$\Delta \ln coa$ （ –2）	– 0. 048313	– 0. 333845	– 0. 518019	– 0. 204078
	(0. 31431)	(0. 27282)	(0. 29100)	(0. 19900)
	[– 0. 15371]	[– 1. 22370]	[– 1. 78012]	[– 1. 02554]
$\Delta \ln pet$ （ –1）	– 0. 088635	– 0. 134490	0. 156212	– 0. 010866
	(0. 17851)	(0. 15494)	(0. 16527)	(0. 11302)
	[– 0. 49654]	[– 0. 86800]	[0. 94519]	[– 0. 09615]
$\Delta \ln pet$ （ –2）	– 0. 166830	– 0. 120472	0. 124185	0. 005107
	(0. 17186)	(0. 14917)	(0. 15912)	(0. 10881)
	[– 0. 97074]	[– 0. 80761]	[0. 78047]	[0. 04694]
$\Delta \ln ele$ （ –1）	0. 211587	0. 574666	– 0. 186685	0. 681053

续表

	$\Delta \ln gdp$	$\Delta \ln coa$	$\Delta \ln pet$	$\Delta \ln ele$
	(0. 49864)	(0. 43281)	(0. 46166)	(0. 31570)
	[0. 42433]	[1. 32776]	[- 0. 40438]	[2. 15730]
	0. 096946	0. 187895	0. 068579	- 0. 114642
$\Delta \ln ele$ (- 2)	(0. 47417)	(0. 41157)	(0. 43901)	(0. 30021)
	[0. 20446]	[0. 45653]	[0. 15621]	[- 0. 38188]
	0. 050708	- 0. 012208	0. 032660	0. 030286
C	(0. 02600)	(0. 02257)	(0. 02408)	(0. 01646)
	[1. 95007]	[- 0. 54090]	[1. 35658]	[1. 83960]
R - squared	0. 401306	0. 547478	0. 315838	0. 570732
Adj. R - squared	0. 161829	0. 366469	0. 042173	0. 399025
Sum sq. resids	0. 030131	0. 022701	0. 025828	0. 012078
S. E. equation	0. 038814	0. 033690	0. 035936	0. 024574
F - statistic	1. 675758	3. 024594	1. 154104	3. 323866
Log likelihood	58. 45851	62. 56430	60. 69279	71. 71425
Akaike AIC	- 3. 410932	- 3. 694090	- 3. 565020	- 4. 325121
Schwarz SC	- 2. 986598	- 3. 269757	- 3. 140687	- 3. 900787
Mean dependent	0. 098961	0. 047898	0. 049262	0. 081925
S. D. dependent	0. 042396	0. 042327	0. 036719	0. 031699
Determinant resid covariance (dof adj.)	5. 35E - 13			
Determinant resid covariance	1. 21E - 13			
Log likelihood	266. 6815			
Akaike information criterion	- 15. 90907			
Schwarz criterion	- 14. 21173			

表 5 - 17 中四个方程各系数下边括号内的数据分别为系数的伴随概率与 t 统计量检验值。方程中所估计的系数大部分比较显著，但是有个别的不甚显著，这是由于一个方程拥有同样变量的多个滞后值产生了多重共线性，但整体上来说，系数是显著的。表 5 - 17 中第一个方程显示：当前的 $\Delta \ln gdp$ 与其自身的滞后值和 $\Delta \ln coa$ 与 $\Delta \ln pet$、$\Delta \ln ele$ 的滞后值有较大的关联度。第二个方程表明当前的 $\Delta \ln coa$ 与其自身的滞后值和 $\Delta \ln gdp$、$\Delta \ln pet$、$\Delta \ln ele$ 的滞后值均有较大的关联度。第三个方程表明当前的 $\Delta \ln pet$

与其自身的滞后值和 Δln*gdp*、Δln*coa*、Δln*ele* 的滞后值均有较大的关联度。第四个方程表明当前的 Δln*ele* 与其自身的滞后值和 Δln*gdp*、Δln*coa*、Δln*pet* 的滞后值均有较大的关联度。

　　对此，可以运用下述脉冲响应函数与方差分解给出合理的解释。图 5 – 12 也说明所有的单位根倒数均在单位圆之内，可以证明 VAR 模型整体拟合情况较好，解释力强。

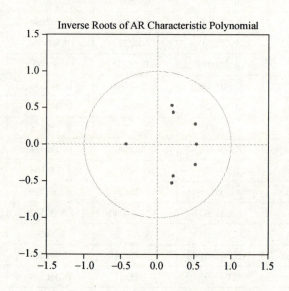

图 5 – 12　VAR 模型特征方程的根的倒数值

（四）脉冲响应函数及预测方差分解

1. 脉冲响应函数

　　本部分可以依据 VAR 模型具有的特殊的动态结构性质，脉冲响应函数可以很好地识别一个变量的扰动是如何通过模型影响其他所有变量，而最终又反馈到变量自身上来的。图 5 – 13 是基于 VAR（2）和渐近解析法（Analtic）模拟的脉冲响应函数曲线。从图 5 – 13 可以发现：煤炭消费、石油消费与电力消费对经济增长新息的一个标准差扰动的响应呈现出比较稳定的响应并且持续时间也比较长。说明煤炭消费、石油消费与电力消费分别与经济增长之间存在着紧密的联系，并且这种联系也具有长期性。

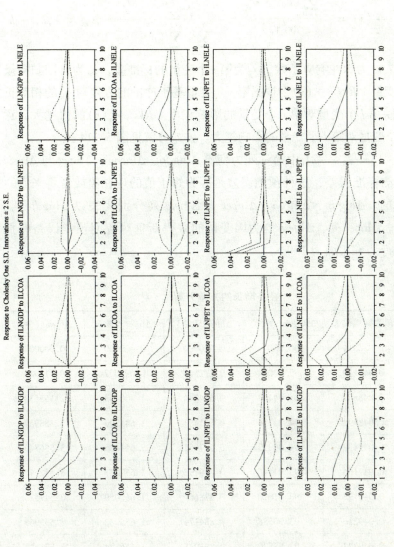

图 5 – 13　脉冲响应函数曲线

注：图中横轴表示响应函数的追踪期期数，纵轴表示因变量对解释变量的响应程度，实线为响应函数的计算值，虚线为响应函数值加或减两倍标准差的置信带。在模型中把响应函数的追踪期期数设定为 10 年。ILNGDP、ILNCOA、ILNPET、ILNELE 分别表示 $\Delta lngdp$、$\Delta lncoa$、$\Delta lnpet$ 与 $\Delta lnele$。

2. 预测方差分解

与脉冲响应分析不同，方差分解分析方法提供了另一种描述系统动态的方法。方差分解模型采用近似的相对方差贡献率（RVC）：

$$RVC_j \rightarrow_i(s) = -\frac{\sum\limits_{q=0}^{s-1} [c_{ij}^{(q)}]^2 \sigma_{jj}}{\mathrm{var}(y_{it})} = -\frac{\sum\limits_{q=0}^{s-1} [c_{ij}^{(q)}]^2 \sigma_{jj}}{\sum\limits_{j=1}^{k} \{\sum\limits_{q=0}^{s-1} [c_{ij}^{(q)}]^2 \sigma_{jj}\}}, i,j=1,2,\cdots,k$$

其中：c_{ij}^q 为脉冲响应函数，σ_{jj} 为第 j 个变量的标准差，y_{it} 为自回归向量的第 i 个变量。$RVC_j \rightarrow_i(s)$ 为根据第 j 个变量基于冲击的方差对 y_{it} 的相对贡献度来反映第 j 个变量对第 i 个变量的影响程度。$RVC_j \rightarrow_i(s)$ 的值越大，意味着第 j 个变量对第 i 个变量的影响越大。方差分解见图 5 - 14。

表 5 - 18—表 5 - 21 中第一列为变量 $\Delta \ln gdp$、$\Delta \ln coa$、$\Delta \ln pet$ 与 $\Delta \ln ele$ 的各期预测标准误差，这种预测误差是因为修正值的现在值或者将来值的变化造成的。$\Delta \ln gdp$、$\Delta \ln coa$、$\Delta \ln pet$ 与 $\Delta \ln ele$ 列分别代表以 $\Delta \ln gdp$ 列、$\Delta \ln coa$ 列、$\Delta \ln pet$ 列、$\Delta \ln ele$ 列为因变量的方程新息对各期预测误差的贡献度，每行结果相加为 100。

表 5 - 18　　　　　　　　　　　经济增长的方差分解

时期	预测标准误差	$\Delta \ln gdp$（%）	$\Delta \ln coa$（%）	$\Delta \ln pet$（%）	$\Delta \ln ele$（%）
1	0.038814	100.0000	0.000000	0.000000	0.000000
2	0.047110	99.10044	0.291568	0.095007	0.512983
3	0.048553	95.94167	0.604344	1.300453	2.153530
4	0.048998	94.34776	0.621483	1.641796	3.388957
5	0.049132	94.09372	0.697852	1.651685	3.556740
6	0.049164	93.97145	0.819196	1.657237	3.552116
7	0.049198	93.91670	0.878667	1.657059	3.547572
8	0.049216	93.90388	0.884174	1.655982	3.555965
9	0.049223	93.88829	0.883945	1.656144	3.571622
10	0.049224	93.88424	0.883918	1.656115	3.575731

注：变量顺序为经济增长的一阶差分，煤炭消费的一阶差分，石油消费的一阶差分，电力消费的一阶差分。

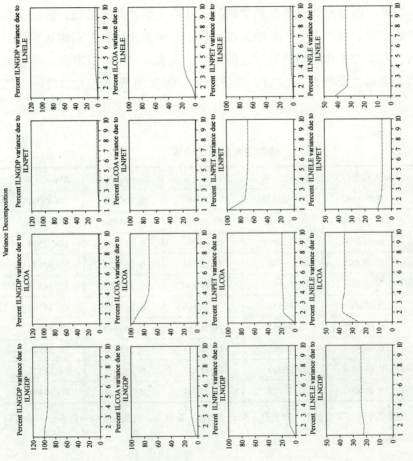

图 5 - 14　方差分解图

注: ILNGDP、ILNCOA、ILNPET、ILNELE 分别表示 Δlngdp、Δlncoa、Δlnpet 与 Δlnele。

从表 5 - 18 中可以发现：经济增长在第 1 期就受自身波动影响，而煤炭消费、石油消费与电力消费对经济增长的波动的冲击，即对预测误差的贡献度，在第 2 期才开始显现，以后呈现逐步增强态势，但从第 4 期开始，冲击影响趋于稳定，分别稳定在 0.8%、1.6% 和 3.5% 左右。而从表 5 - 19 中可以发现：煤炭消费从第 1 期起就受到自身波动和经济增长冲击的影响，经济增长的影响在第 1 期就达到 2.7%，此后稳定在 10% 左右，而石油消费与电力消费对煤炭消费的冲击从第 2 期才开始显现，以后呈现逐步增强态势。而从表 5 - 20 中可以发现：石油消费从第 1 期起就受到自身波动、经济增长和煤炭消费冲击的影响。从表 5 - 21 可以发现：电力消费从第 1 期起就受到自身波动、经济增长、煤炭消费和电力消费冲击的影响。

表 5 - 19　　　　　　　　　　　煤炭消费的方差分解

时期	预测标准误差	$\Delta lngdp$（%）	$\Delta lncoa$（%）	$\Delta lnpet$（%）	$\Delta lnele$（%）
1	0.033690	2.740172	97.25983	0.000000	0.000000
2	0.043590	6.504695	89.07396	0.001454	4.419887
3	0.048206	9.250991	78.01092	0.012238	12.72585
4	0.050077	10.21704	73.01792	0.060721	16.70432
5	0.050561	10.66592	71.86490	0.123899	17.34528
6	0.050665	10.88534	71.62040	0.140571	17.35369
7	0.050685	10.94832	71.56381	0.140465	17.34740
8	0.050691	10.94895	71.56363	0.142170	17.34526
9	0.050694	10.95049	71.56357	0.142991	17.34295
10	0.050697	10.95392	71.55894	0.143097	17.34404

注：变量顺序为经济增长的一阶差分，煤炭消费的一阶差分，石油消费的一阶差分，电力消费的一阶差分。

表 5 - 20　　　　　　　　　　　石油消费的方差分解

时期	预测标准误差	$\Delta lngdp$（%）	$\Delta lncoa$（%）	$\Delta lnpet$（%）	$\Delta lnele$（%）
1	0.035936	1.282575	0.820549	97.89688	0.000000
2	0.041815	8.739863	17.50871	73.24456	0.506875
3	0.042587	9.642296	17.07215	71.57623	1.709332

续表

时期	预测标准误差	Δlngdp（%）	Δlncoa（%）	Δlnpet（%）	Δlnele（%）
4	0.043059	9.432207	17.88114	70.02182	2.664842
5	0.043378	9.703636	18.56538	69.10493	2.626051
6	0.043544	9.815445	18.54924	68.59513	3.040184
7	0.043633	9.815082	18.53164	68.31762	3.335665
8	0.043659	9.817725	18.54901	68.23908	3.394188
9	0.043669	9.831302	18.55989	68.20953	3.399281
10	0.043672	9.841656	18.55865	68.19841	3.401286

注：变量顺序为经济增长的一阶差分，煤炭消费的一阶差分，石油消费的一阶差分，电力消费的一阶差分。

表5-21　　　　　　　　　　电力消费的方差分解

时期	预测标准误差	Δlngdp（%）	Δlncoa（%）	Δlnpet（%）	Δlnele（%）
1	0.024574	22.25762	24.94860	10.68289	42.11088
2	0.033704	21.73775	37.53765	7.954349	32.77025
3	0.036815	23.09425	37.55406	7.160231	32.19146
4	0.037753	23.80937	36.07889	6.861931	33.24980
5	0.037965	23.88049	35.69925	6.808244	33.61201
6	0.037985	23.87695	35.71139	6.808938	33.60272
7	0.037995	23.86419	35.72253	6.805627	33.60765
8	0.038006	23.85560	35.72432	6.802771	33.61731
9	0.038012	23.85548	35.72536	6.801886	33.61727
10	0.038014	23.85834	35.72389	6.801382	33.61639

注：变量顺序为经济增长的一阶差分，煤炭消费的一阶差分，石油消费的一阶差分，电力消费的一阶差分。

三　研究结论

根据上述的实证分析发现：

（1）非平稳序列 lngdp、lncoa、lnpet 和 lnele 经过一阶差分后平稳，

所以有 $\ln gdp \sim I（1）$，$\ln coa \sim I（1）$，$\ln pet \sim I（1）$，$\ln ele \sim I（1）$。协整检验结果发现：变量之间存在长期的均衡关系。

（2）格兰杰因果关系检验表明：煤炭消费和石油消费、电力消费均是经济增长的原因，说明各类能源消费的增长直接导致国内生产总值的增加。该结论表明中国经济发展具有较强的"能源依赖"、"能源高耗"等特征，能源供应紧张将成为制约中国经济增长的"瓶颈"。即各类能源均是中国经济增长过程中不可缺少的要素。

（3）基于 VAR 的模型表明，变量之间存在着紧密的联系，而且这种联系具有长期性。本部分的研究证明了各类能源消费与经济增长之间均存在着单向因果关系，这就为经济增长理论提供了依据，也就反驳了能源消费与经济增长之间无因果关系、存在双向因果关系及只存在着从经济增长到能源消费的格兰杰原因的观点，丰富了能源消费与经济增长的关系方面的研究文献。

第四节　能源效率与经济增长的计量分析

前面主要研究了能源消费数量和经济增长之间的关系，本部分拟选择能源效率作为度量能源消费质量的指标，对能源消费质量与经济增长的关系进行分析。

一　变量及数据来源

可以把能源效率记为 ef，由 GDP/EC 计算而得（基于因计算方法简便易操作和学术界的普遍做法），其中 EC 为能源消费总量，GDP 为国内生产总值。而把人均 GDP 作为经济增长的测度指标（用商品零售价格指数进行调整）。为了消除数据中存在的异方差，对两个变量取自然对数，分别记为 lnef、lngdp，其相应的一阶差分序列和二阶差分序列分别记为 $\Delta\ln ef$、$\Delta\ln gdp$。本部分采用的数据来源于《中国统计年鉴（2012）》，研究时段为 1978—2011 年。

二　实证分析

（一）单位根检验

首先要对能源效率与经济增长进行平稳性检验，以确定其平稳性与单整阶数。检验结果见表 5 - 22。

表 5 - 22   ln*ef* 和 ln*gdp* 的 *ADF* 检验

变量	检验类型 (C, T, K)	ADF 检验值	10% 显著性水平 下的临界值	检验结果
ln*ef*	$(C, T, 1)$	-1.9387	-3.2123	不平稳
ln*gdp*	$(C, T, 2)$	-3.2219	-3.5578	不平稳
Δln*ef*	$(C, 0, 0)$	-2.7851	-2.6174	平稳
Δln*gdp*	$(C, 0, 1)$	-3.3241	-2.6192	平稳

通过表 5 - 22 可知，能源效率与经济增长一阶差分序列的 ADF 统计值都小于临界值，所以有：ln*ef* ~ I（1），ln*gdp* ~ I（1），说明能源效率与经济增长均为一阶单整序列。

（二）协整检验

在时间序列数据分析中，每一个序列单独来说可能是非平稳的序列，但序列的线性组合却可能有不随时间变化的性质，这种平稳的线性组合可以说明变量间是协整的。协整检验需要变量是单整变量，而且单整阶数相同，由于 ln*ef* ~ I（1），ln*gdp* ~ I（1），满足协整检验的前提，可以用 En-gle - Granger 两步法来检验这两个变量之间的协整关系。

第一步：估计 ln*ef* 对 ln*gdp* 的回归方程，协整回归模型为：$\ln gdp = \alpha + \beta \ln ef + \varepsilon$，根据 1987—2011 年的数据进行 OLS 估计，有协整回归方程：

$\ln gdp = 4.1323 + 1.4988 \ln ef$，$R^2 = 0.9744$，$F = 1217.552$。$DW = 0.0843$。$DW$ 统计值为 0.0843 与 2 还有差距。说明回归方程存在着自相关问题。为了消除序列自相关问题，可以采用广义差分法来消除自相关性。经过检验，发现方程存在三阶序列相关，故可以采用广义差分法对回归方程估计结果进行调整（见表 5 - 23）。调整后的协整回归方程为：

$\ln gdp(1978—2011) = 10.1627 + 0.6823 \ln ef + [AR(1) = 1.8589] + [AR(2) = -1.2132] + [AR(3) = 0.3450]$，$R^2 = 0.9991$，$F = 7396.098$，$DW = 1.7944$。

表 5 - 23   回归结果

Variable	Coefficient	Std. Error	t - Statistic	Prob.
ln*ef*	0.682328	0.261404	2.610243	0.0148
C	10.16269	5.951010	1.707724	0.0996
AR（1）	1.858928	0.204119	9.107089	0.0000

续表

Variable	Coefficient	Std. Error	t – Statistic	Prob.
AR (2)	– 1. 213241	0. 364808	– 3. 325694	0. 0026
AR (3)	0. 344965	0. 190832	1. 807688	0. 0822
R – squared	0. 999122	Mean dependent var		8. 364040
Adjusted R – squared	0. 998987	S. D. dependent var		1. 311884
S. E. of regression	0. 041757	Akaike info criterion		– 3. 367188
Sum squared resid	0. 045336	Schwarz criterion		– 3. 135900
Log likelihood	57. 19142	Hannan – Quinn criter.		– 3. 291794
F – statistic	7396. 098	Durbin – Watson stat		1. 794384
Prob（F – statistic）	0. 000000			

说明随着能源效率提高 1% ，经济增长将提高 0.6823% 。回归方程的残差为：$\ln gdp - 10.1627 - 0.6823\ln ef$。

第二步：检验上述模型的残差项是否为平稳序列，即检验 ε 是否为平稳序列。

表 5 – 24   残差序列的 ADF 检验

检验类型 (C, T, K)	ADF 检验值	10% 显著性水平 下的临界值	检验结果
$(C, 0, 1)$	– 3. 8057	– 2. 6158	平稳

表 5 – 24 为残差序列的 ADF 检验结果，可以看出能源效率与经济增长之间存在协整关系。协整回归方程不仅揭示了能源效率对经济增长的影响程度，并且表明能源效率与经济增长之间存在长期的均衡关系。

（三）格兰杰因果关系检验

通过以上检验发现，能源效率与经济增长之间存在长期动态均衡关系，为进一步了解两者间的关系，选取格兰杰因果检验法，对能源效率与经济增长作 Granger 检验。表 5 – 25 表明：滞后期为 2 时，能源效率与经济增长互为因果关系。说明在 1978—2011 年中国经济发展过程中，能源效率提高能够促进经济增长，同时经济增长也能带动中国能源效率提高，能源效率与经济增长两者之间是一种互相促进的关系。

表 5 -25   Granger 因果关系检验表

滞后期	零假设	F 值	P 值	决策	因果关系结论
2	lnef does not Granger Cause lngdp	3. 74425	0. 0367	拒绝	lnef⇒lngdp
	lngdp does not Granger Cause lnef	3. 24848	0. 0544	拒绝	lngdp⇒lnef

（四）向量自回归模型

序列 $\Delta \ln gdp$、$\Delta \ln ef$ 均不存在单位根，为平稳的序列。所以，可以用其数据建立 VAR（P）模型，同时采用脉冲响应函数与方差分解对方程进行解释。根据 AIC、SC 取值最小的准则，经过多次尝试将变量滞后区间确定为 1 阶到 2 阶。把 $\Delta \ln gdp$、$\Delta \ln ef$ 滞后 1—2 期的值作为内生变量，采用最小二乘法来估计方程。结果见表 5 - 26。表 5 - 26 中 2 个方程各系数下边括号内的数据分别为系数的伴随概率与 t 统计量检验值。方程中所估计的系数大部分比较显著，但是有个别的不甚显著，这是由于一个方程拥有同样变量的多个滞后值产生了多重共线性，但整体上来说，系数是显著的。表 5 - 26 中第一个方程显示：当前的 $\Delta \ln gdp$ 与其自身的滞后值和 $\Delta \ln ef$ 的滞后值有较大的关联度。第二个方程表明当前的 $\Delta \ln ef$ 与其自身的滞后值和 $\Delta \ln gdp$ 的滞后值均有较大的关联度。对此，本部分可以运用下述脉冲响应函数与方差分解给出合理的解释。图 5 - 15 也说明所有的单位根倒数均在单位圆之内，可以证明 VAR 模型整体拟合情况较好，解释力强。

表 5 -26   向量自回归模型

	$\Delta \ln gdp$	$\Delta \ln ef$
$\Delta \ln gdp$ （ -1）	0. 648061	- 0. 447555
	（0. 20584）	（0. 14615）
	[3. 14834]	[- 3. 06232]
$\Delta \ln gdp$ （ -2）	- 0. 031255	0. 293543
	（0. 20818）	（0. 14781）
	[- 0. 15014]	[1. 98598]
$\Delta \ln ef$ （ -1）	0. 675371	1. 051891
	（0. 28038）	（0. 19907）
	[2. 40877]	[5. 28398]

续表

	Δln*gdp*	Δln*ef*
Δln*ef* (-2)	-0.538234	-0.318011
	(0.26967)	(0.19147)
	[-1.99590]	[-1.66091]
C	0.040944	0.048317
	(0.02625)	(0.01864)
	[1.55993]	[2.59272]
R - squared	0.573103	0.566799
Adj. R - squared	0.507426	0.500152
Sum sq. resids	0.048186	0.024291
S. E. equation	0.043050	0.030566
F - statistic	8.726143	8.504576
Log likelihood	56.24621	66.86313
Akaike AIC	-3.306207	-3.991169
Schwarz SC	-3.074919	-3.759881
Mean dependent	0.139677	0.095429
S. D. dependent	0.061339	0.043233
Determinant resid covariance (dof adj.)		1.23E-06
Determinant resid covariance		8.63E-07
Log likelihood		128.4497
Akaike information criterion		-7.641918
Schwarz criterion		-7.179341

（五）脉冲响应函数及预测方差分解

1. 脉冲响应函数

本部分可以依据 VAR 模型具有的特殊的动态结构性质，脉冲响应函数可以很好地识别一个变量的扰动是如何通过模型影响其他所有变量，而最终又反馈到变量自身上来的。图 5-16 是基于 VAR（2）和渐近解析法（Analtic）模拟的脉冲响应函数曲线。从图 5-16 可以发现：能源效率对经济增长新息的一个标准差扰动的响应呈现出比较稳定的响应并且持续时间也比较长。说明能源效率与经济增长之间存在着紧密的联系，并且这种联系也具有长期性。图 5-16 中横轴表示响应函数的追踪期数，纵轴表示

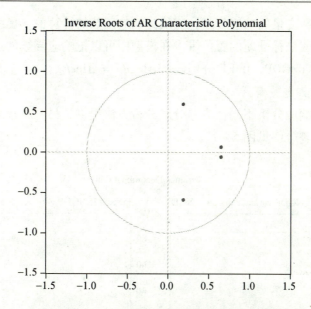

图 5 - 15　VAR 模型特征方程的根的倒数值

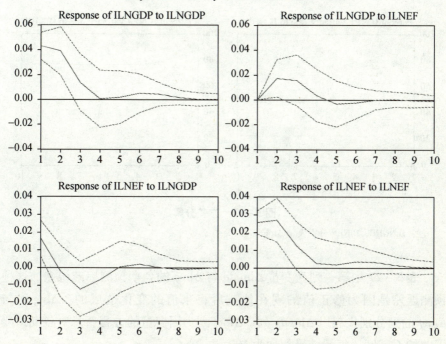

图 5 - 16　脉冲响应函数曲线

因变量对解释变量的响应程度，实线为响应函数的计算值，虚线为响应函数值加或减两倍标准差的置信带。在模型中可以把响应函数的追踪期数设定为 10 年。IlnGDP、IlnEF 分别表示 $\Delta \ln gdp$ 与 $\Delta \ln ef$。

2. 预测方差分解

与脉冲响应分析不同，方差分解分析方法提供了另一种描述系统动态的方法。方差分解见图 5 - 17。

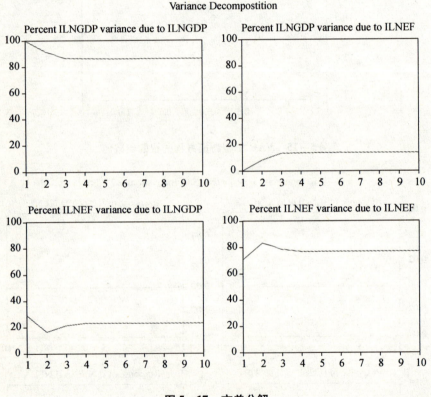

图 5 - 17 方差分解

注：ILNGDP、ILNEF 分别表示 $\Delta \ln gdp$ 与 $\Delta \ln ef$。

表 5 - 27 中第一列为变量 $\Delta \ln gdp$ 与 $\Delta \ln ef$ 的各期预测标准误差，这种预测误差是因为修正值的现在值或者将来值的变化造成的。$\Delta \ln gdp$ 与 $\Delta \ln ef$ 的列分别代表以 $\Delta \ln gdp$ 列、$\Delta \ln ef$ 列为因变量的方程新息对各期预测误差的贡献度，每行结果相加为 100。

从表 5 - 27 中可以发现：经济增长在第 1 期只受自身波动影响，而能源效率对经济增长的波动的冲击，即对预测误差的贡献度，在第 2 期才开始显现，以后呈现逐步增强态势，但从第 3 期开始，冲击影响趋于稳定，稳定在 13% 左右。而经济增长对能源效率第 1 期的波动影响就达到了 29%，此后稳定在 22% 左右。这就进一步验证了能源效率与经济增长之间存在紧密的联系。

表 5 − 27 　　　　　　　　　 $\Delta \ln gdp$、$\Delta \ln ef$ 方差分解

时期	经济增长的方差分解			能源效率的方差分解		
	预测标准误差	$\Delta \ln gdp$（%）	$\Delta \ln ef$（%）	预测标准误差	$\Delta \ln gdp$（%）	$\Delta \ln ef$（%）
1	0.043050	100.0000	0.000000	0.030566	29.14545	70.85455
2	0.060660	91.79426	8.205740	0.040870	16.51988	83.48012
3	0.064156	86.68210	13.31790	0.044420	21.39746	78.60254
4	0.064254	86.42487	13.57513	0.045018	23.12987	76.87013
5	0.064359	86.22577	13.77423	0.045057	23.09992	76.90008
6	0.064608	86.19950	13.80050	0.045239	23.10879	76.89121
7	0.064757	86.26281	13.73719	0.045357	22.99098	77.00902
8	0.064781	86.27000	13.73000	0.045394	22.99115	77.00885
9	0.064783	86.26655	13.73345	0.045400	22.99698	77.00302
10	0.064789	86.25302	13.74698	0.045401	22.99683	77.00317

注：变量顺序为经济增长的一阶差分，能源效率的一阶差分。

三　研究结论

根据上述的实证分析发现：

（1）非平稳序列 $\ln gdp$ 和 $\ln ef$ 经过一阶差分后平稳，所以有 $\ln gdp \sim I$（1），$\ln ef \sim I$（1）。协整检验结果发现：变量之间存在长期的均衡关系。能源效率每提高 1%，我国经济增长将提高 0.6823%。

（2）格兰杰因果关系检验表明：滞后期为 2 时，能源效率与经济增长互为因果关系。说明在 1978—2011 年中国经济发展过程中，能源效率提高能够促进经济增长，同时经济增长也能带动中国能源效率提高，能源效率与经济增长两者之间是一种互相促进的关系。

（3）基于 VAR 的模型表明，变量之间存在着紧密的联系，而且这种联系具有长期性。

第五节　能源消费与经济增长：存在门限的非线性关系

2010 年中国终端能源消费量为 1512.22 百万吨标准油，占世界比重的 17.43%，而美国为 1500.18 百万吨标准油，占世界比重的 17.29%。但是按照国内生产总值汇率算法（2005 年价格）计算的 GDP 美国 2010年高达 130170 亿美元，其占世界 GDP 的 25.56%，而同时期中国 GDP 只有 38300 亿美元，只占世界 GDP 的 7.54%。可见，中国消耗了大量能源，但是 GDP 总量还不令人满意，目前的能源消耗方式仍是粗放型的，能源利用效率还不是很高。图 5-18 反映了 1980—2012 年中国 GDP 增长速度与能源消费增长速度情况，可以看出两者的变化趋势具有趋同性。

能源的生产和消费对我国经济、社会实现持续、健康、协调、快速发展，起着至关重要的作用，因而，能源消费与经济增长之间的内在依从关系便成为值得研究并应引起足够重视的问题（赵进文、范继涛，2007）。本部分拟采用非线性时间序列的平滑转换模型（STR）对能源消费与经济增长之间的关系进行研究，以期揭示两者的变化规律，供政府相关决策部门参考。

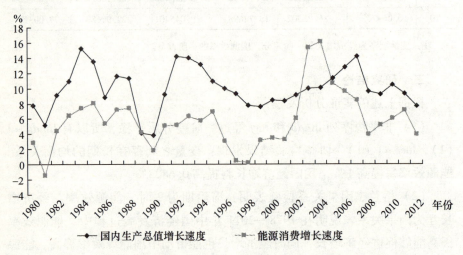

图 5-18　1980—2012 年 GDP 增长速度和能源消费增长速度情况

数据来源：《中国能源统计年鉴（2013）》，其中国内生产总值增长速度按可比价格计算，能源消费增长速度采用等价值总量计算。

通过第二章的文献梳理，可以发现：不同国家或地区的能源消费与经济增长之间的内在依从关系有差异。即使是同一个国家的不同发展时期，由于使用的样本期选取不同，研究结论也是迥异的。比较重要的一个原因在于以上大多数文献都是基于线性假设的前提，不能揭示两者之间存在的复杂而微妙的真正关系。虽然也有一些非线性的文献，但非线性的研究也只是研究了能源消费总量与经济增长之间的关系。有别于以往研究，本部分拟采用 STR 方法对两者之间的关系进行了研究，这样不仅能够找到促进经济增长的最优能源消费的阈值，且可以检验最优能源消费在阈值两侧对经济增长的影响是否存在非对称性与在不同状态间的转换速度。与此同时，与以往研究的单一性相比，本书定义了四种不同的能源消费。从政策意义的角度，研究结论所得到的最优能源消费将会对以后的能源政策制定提供一定的理论支持和政策参考。同时，由于本书得到最优能源消费阈值两侧存在非对称性影响和不同状态间的转换速度，这也将会对我国以什么样的速度合理有序地进行消费能源，从而促进经济增长提供理论帮助。

一　模型、变量及数据来源

（一）模型的设定

一般的平滑转换回归（STR）模型如式（5.1）所示：

$$y_t = x'_t \varphi + (x'_t \theta) G(\gamma, c, s_t) + u_t, t = 1, \cdots, T \tag{5.1}$$

y_t 一般是目标变量，而 x_t 是解释变量向量，它包括目标变量的直到 k 阶的滞后变量与 m 个其他的解释变量，进而有：$x_t = (1, x_{1t}, \cdots, x_{pt})' = (1, y_{t-1}, \cdots, y_{t-k}; z_{1t}, \cdots, z_{mt})'$，同时 $p = k + m$。$\varphi = (\varphi_0, \varphi_1, \cdots, \varphi_p)'$ 和 $\theta = (\theta_0, \theta_1, \cdots, \theta_m)'$ 代表线性和非线性部分的参数向量，$\{u_t\}$ 代表独立同分布的误差序列。$G(\gamma, c, s_t)$ 是 $[0, 1]$ 的连续转换函数。s_t 是转换变量。γ 是平滑参数。c 是位置参数，为不同状态下的门限值，其决定了模型非线性变化发生的位置。

Granger 与 Teräsvirta（1993）根据转换函数 $G(\gamma, c, s_t)$ 的形式，把 STR 模型分为：LSTR 族模型与 ESTR 族模型。一般地，转换函数 $G(\gamma, c, s_t)$ 如式（5.2）表示：

$$G(\gamma, c, s_t) = \{1 + \exp[-\gamma(s_t - c)]\}^{-1}, \gamma > 0 \tag{5.2}$$

就可以把这类 STR 模型定义为 LSTR 模型，即 Logistic 型 STR 模型。在 Logistic 型 STR 模型中，转换函数 $G(\gamma, c, s_t)$ 为转换变量 s_t 的单调

上升函数，而约束 $\gamma > 0$ 为一个约束条件。γ 代表从 "0" 状态到 "1" 状态的速度，而 c 可以用来确定状态转变的时刻。可以把式 (5.2) 所刻画的 Logistic 型 STR 模型称为 LSTR1 型 STR 模型。若 $G(\gamma, c, s_t)$ 如式 (5.3) 表示：

$$G(\gamma, c, s_t) = 1 + \exp[-\gamma(s_t - c)^2], \gamma > 0 \qquad (5.3)$$

把称此类 STR 模型定义为 ESTR 族模型。以上两个模型都以 c 点为转换变量的转折点。另一类的转换函数是：

$$G(\gamma, c, s_t) = \{1 + \exp[-\gamma(s_t - c_1)(s_t - c_2)]\}^{-1}, \gamma > 0, c_1 \leq c_2 \qquad (5.4)$$

与 LSTR1 型 STR 模型不同，式 (5.4) 的转换函数 G 值是关于 $(c_1 + c_2)/2$ 点对称的，而不是 LSTR1 型 STR 模型中的 c 点。若 $s_t \to \pm\infty$，$G(\gamma, c, s_t) \to 1$；对所有的 $c_1 \leq s_t < c_2$，若 $\gamma \to \infty$，$G(\gamma, c, s_t) \to 0$，但是在其他值处，$G(\gamma, c, s_t) \to 1$。可以把式 (5.4) 所描述的 Logistic 型 STR 模型定义为 LSTR2 型 STR 模型。

若转换函数如式 (5.5) 表示：

$$G(\gamma, c, s_t) = \left\{1 + \exp\left[-\gamma \prod_{k=1}^{k}(s_t - c_t)\right]\right\}^{-1}, \gamma > 0 \qquad (5.5)$$

可以把式 (5.5) 定义为有 k 个位置参数的 LSTRK 模型。可以发现：LSTR1 与 LSTR2 模型均为 LSTRK 模型的特例。

近年来平滑转换回归（STR）模型已经成功地应用到经济金融与宏观政策等领域，是非线性关系模型分析的典型工具之一。这个模型考虑了我国能源消费对于经济增长影响的非线性效应，可以更为全面地了解我国能源消费与经济增长之间的内在关系。由于平滑转换回归（STR）模型具有以上优点，因此，可以把此模型应用到我国能源消费与经济增长关系方面的研究。根据标准的平滑转换回归（STR）模型，设经济增长为被解释变量，能源消费为解释变量。具体模型表达式为：

$$gdp_t = \varphi_{00} + \sum_{i=1}^{8} \varphi_{oi}gdp_{t-i} + \sum_{j=2}^{8} \delta_{oj}z_{t-j} + G(\gamma, c_k, s_t)\left(\varphi_{10} + \sum_{i=1}^{8} \varphi_{1i}gdp_{t-i} + \sum_{j=2}^{8} \delta_{1j}z_{t-j}\right)$$
$$+ \varepsilon_t \qquad (5.6)$$

在模型中 z_t 代表的是能源消费，在具体的细分模型中它表示能源消费的四个细分变量 ene_i、coa_i、pet_i、ele_i，gdp_i 表示经济增长的变化。变量的最大滞后阶数需要选择 8 阶滞后。在分析的过程中要依据 AIC 准则和 SC 准则以及 t 值与 $D-W$ 值来排除不需要的滞后阶数。

（二）变量及数据来源

本部分选取 gdp_i（单位为元/人）表示第 i 年的人均国内生产总值（用商品零售价格指数进行调整）的自然对数，用来测度经济增长，$dgdp_i$ 为其一阶差分序列；ene_i（单位为千克标准煤）为第 i 年的人均能源消费量的自然对数，用来表示能源消费 1，$dene_i$ 为其一阶差分序列；coa_i（单位为千克）为第 i 年的人均煤炭消费量的自然对数，用来表示能源消费 2，$dcoa_i$ 为其一阶差分序列；pet_i（单位为千克）为第 i 年的人均石油消费量的自然对数，用来表示能源消费 3，$dpet_i$ 为其一阶差分序列；ele_i（单位为千瓦小时）为第 i 年的人均电力消费量的自然对数，用来表示能源消费 4，$dele_i$ 为其一阶差分序列。本部分采用的数据来源于《中国统计年鉴（2012）》和《中国能源统计年鉴（2012）》。研究时段为 1980—2011 年。

二 基于 STR 模型的能源消费与经济增长非线性动态关系研究

（一）平稳性检验

表 5 - 28   ADF 检验

变量	统计量	临界值	DW	AIC	SC	检验形式 (C, T, K)
gdp_i	- 1. 598731	- 4. 296729	1. 66999	- 3. 761609	- 3. 574782	$(C, T, 1)$
$dgdp_i$	- 5. 099964	- 3. 679322	1. 979460	- 3. 446360	- 3. 352064	$(C, T, 0)$
ene_i	- 1. 795175	- 4. 296729	1. 426190	- 4. 456493	4. 269667	$(C, T, 3)$
$dene_i$	- 2. 789265	- 2. 622989	1. 909647	- 4. 542248	- 4. 400804	$(C, T, 0)$
coa_i	- 1. 883934	- 4. 296729	1. 643330	- 3. 955949	- 3. 769123	$(C, T, 2)$
$dcoa_i$	- 2. 631852	- 2. 621007	1. 528728	- 3. 954903	- 3. 861490	$(C, T, 2)$
pet_i	- 3. 158581	- 4. 284580	2. 253586	- 3. 428614	- 3. 289841	$(C, T, 2)$
$dpet_i$	- 5. 855440	- 4. 296729	1. 392663	- 3. 127796	- 2. 987676	$(C, T, 1)$
ele_i	- 1. 271483	- 4. 296729	1. 547542	- 4. 622112	- 4. 435286	$(C, T, 1)$
$dele_i$	- 3. 266865	- 3. 221728	1. 819103	- 4. 665303	- 4. 606239	$(C, T, 2)$

对各变量进行平稳性检验是进行 STR 非线性检验及估计的基础，通过表 5 - 28 可知，ene_i、coa_i、pet_i、ele_i 和 gdp_i 经过一阶差分后已经没有单位根，是平稳时间序列。

在时间序列数据分析中，每一个序列单独来说可能是非平稳的，但序列的线性组合却可能有不随时间变化的性质，这种平稳的线性组合可以说明变量间是协整的，即这些非平稳变量之间存在长期稳定的均衡关系。协整检验要求变量是单整变量，且单整阶数相同，因为 $ene_i \sim I(1)$，$coa_i \sim I(1)$，$pet_i \sim I(1)$，$ele_i \sim I(1)$，$gdp_i \sim I(1)$，满足协整检验的前提，所以可以对 ene_i、pet_i 和 gdp_i 分别进行 Johansen 检验，由于前文已经计算了煤炭消费与经济增长、石油消费与经济增长、电力消费与经济增长之间的 Johansen 协整检验结果，本部分只给出能源消费与经济增长之间的 Johansen 协整检验结果，见表 5-29。检验的结果显示：能源消费与经济增长、煤炭消费与经济增长、石油消费与经济增长、电力消费与经济增长之间均存在协整关系，并且存在稳定的长期关系。

表 5-29　　　　　　　　　能源消费 1 的 Johansen 协整检验

不受限制的协整秩检验（迹）				
原假设	特征值	迹统计量	显著水平 5% 时的临界值	P 值
None	0.337873	19.61816	15.49471	0.0113
At most 1	0.232173	7.661522	3.841466	0.0056
不受限制的协整秩检验（最大特征根）				
原假设	特征值	max $-\lambda$ 统计量	显著水平 5% 时的临界值	P 值
None	0.337873	11.95663	14.26460	0.1123
At most 1	0.232173	7.661522	3.841466	0.0056

（二）滞后阶数的确定

Teräsvirta（1998）认为在平滑转换回归（STR）模型中，线性 AR 部分的具体结构要根据 VAR 模型来判定。可以根据 AIC 准则和 SC 准则，t 值和 DW 值来逐一剔除不必要的滞后项，确定模型解释变量的组合形式。经过逐一回归检验，能源消费 1 在 $dgdp$ 滞后 2 阶，$dene$ 滞后 1 阶时；能源消费 2 在 $dgdp$ 滞后 1 阶，$dcoa$ 滞后 0 阶时；能源消费 3 在 $dgdp$ 滞后 1 阶，$dpet$ 滞后 2 阶时；能源消费 4 在 $dgdp$ 滞后 2 阶，$dele$ 滞后 1 阶时，不仅 DW 统计量均比较理想，各变量系数显著，而且 AIC 和 SC 准则值均达到了最小。

能源消费 1 线性部分的估计结果如下：

$$dgdp_t = 0.052499 + 0.616536dgdp_{t-1} - 0.270323dgdp_{t-2}$$
$$+ 0.393655dene_t - 0.154268dene_{t-1}$$

$R^2 = 0.415333$，$AIC = -3.710501$，$SC = -3.474760$

回归结果显示模型的拟合优度很不显著，AIC 和 SC 的统计量值也比较大，这说明线性模型很有可能不能真实反映能源消费与经济增长之间的内在依存关系。

能源消费 2 线性部分的估计结果如下：

$$dgdp_t = 0.041816 + 0.490345dgdp_{t-1} + 0.189315dcoa_t$$

$R^2 = 0.348189$，$AIC = -3.738729$，$SC = -3.738729$

回归结果显示模型的拟合优度也很不显著，AIC 和 SC 的统计量值也比较大，这说明线性模型很有可能不能真实反映煤炭消费与经济增长之间的内在依存关系。

能源消费 3 线性部分的系数估计很不理想，说明线性模型不能真实反映石油消费与经济增长之间的内在依存关系。

能源消费 4 线性部分的估计结果如下：

$$dgdp_t = 0.035818 + 0.616833dgdp_{t-1} - 0.266075dgdp_{t-2}$$
$$+ 0.670580dele_t - 0.334204dele_{t-1}$$

$R^2 = 0.493757$，$AIC = -3.854528$，$SC = -3.618787$

回归结果显示模型的拟合优度不显著，AIC 和 SC 的统计量值也比较大，这说明线性模型很有可能不能真实反映电力消费与经济增长之间的内在依存关系。

（三）非线性的检验及其模型的确定

因为非线性检验必须以平滑转换回归（STR）模型的转换函数的泰勒展开式为基础进行分析，所以，可以令转换函数在 $\gamma = 0$ 处进行三级泰勒级数展开，然后可以把展开后的三级泰勒级数代入式（5.1），根据不一样的情形有如下的辅助方程：

若转换变量 s_t 是 z_t 的一部分，有辅助方程：

$$y_t = \beta'_0 z_t + \sum_{j=1}^{3} \beta'_j z_t s_t^j + u_t^* \tag{5.7}$$

若转换变量 s_t 不是 z_t 的一部分，有辅助方程：

$$y_t = \beta'_0 z_t + \sum_{j=1}^{3} \beta'_j z_t s_t^j + u_t^* \tag{5.8}$$

其中，$z_t = (1, z_t)$，四个模型中 z_t 分别为 $z = (dgdp_{t-1}, dgdp_{t-2}, dene_t, dene_{t-1})$、$z = (dgdp_{t-1}, dcoa_t)$、$z = (dgdp_{t-1}, dpet_t, dpet_{t-1}, dpet_{t-2})$、$z = (dgdp_{t-1}, dgdp_{t-2}, dele_t, dele_{t-1})$，$u_t^* = u_t + R_3 (\gamma, c, s_t) \theta' z_t$，$R_3 (\gamma, c, s_t)$ 为泰勒展开式剩余项。对式（5.7）设定原假设 $H_0: \beta_0 = \beta_1 = \beta_2 = 0$，如果拒绝原假设则证明存在非线性关系。泰雷斯维尔塔（Teräsvirta）提出应用 LM 乘数检验来判断模型是否具有非线性性质，之后他更换检验统计量，使用 F 统计量增强检验的精确程度。非线性检验的重要一步是判断模型的具体形式：LSTR1 或者 LSTR2，Teräsvirta（2004）认为备择假设中的 LSTR2 模型包含了 ESTR 模型。模型形式的选择依赖如下的序贯检验：

$$H_{04}: \beta_3 = 0 \quad H_{03}: \beta_2 = 0 \mid \beta_3 = 0 \quad H_{02}: \beta_1 = 0 \mid \beta_2 = \beta_3 = 0$$

若 H_{03} 的检验统计量（F 统计量）p 值最小，那么式（5.2）的转换函数 G 的形式应为 LSTR2 或者 ESTR 模型。反之，则表明式（5.2）的转换函数 G 的形式为 LSTR1 模型。根据上述检验方法，对能源消费四个模型进行线性和非线性检验，具体的检验结果如表 5-30 所示：

表 5-30　　　　　　　假设检验及转换函数形式选择

	转换变量	F	F_4	F_3	F_2	模型形式
模型 1	$dgdp_{t-1}^*$	2.4253e−02	7.7932e−02	8.6023e−02	1.4397e−01	$LSTR1$
	$dgdp_{t-2}$	9.1706e−02	6.3041e−02	3.6206e−01	3.3081e−01	$Linear$
	$dene_t$	1.7016e−01	3.6399e−01	1.2760e−01	2.4743e−01	$Linear$
	$dene_{t-1}$	1.4494e−01	1.8949e−01	3.6027e−01	1.4658e−01	$Linear$
	$TREND$	8.5384e−01	8.4781e−01	8.6912e−01	2.3124e−01	$Linear$
模型 2	$dgdp_{t-1}^*$	4.5284e−02	3.9170e−02	8.9642e−02	5.7245e−01	$LSTR1$
	$dcoa_t$	4.8823e−01	2.5292e−01	4.9528e−01	5.6488e−01	$Linear$
	$TREND$	5.7172e−01	3.8663e−01	4.4505e−01	6.2972e−01	$Linear$
模型 3	$dgdp_{t-1}^*$	4.9518e−02	1.4417e−01	1.4362e−01	9.9612e−02	$LSTR1$
	$dpet_t$	4.1547e−01	2.6441e−01	8.0856e−01	2.4610e−01	$Linear$
	$dpet_{t-1}$	1.7427e−01	9.7790e−02	8.4014e−01	1.5418e−01	$Linear$
	$dpet_{t-2}$	2.6504e−01	1.1596e−01	9.4582e−01	2.1163e−01	$Linear$
	$TREND^*$	8.7892e−01	9.2748e−01	6.9070e−01	3.2029e−01	$Linear$

续表

转换变量	F	F_4	F_3	F_2	模型形式
$dgdp_{t-1}^{*}$	3.1429e−02	3.1208e−01	4.2577e−02	5.0108e−02	$LSTR2$
$dgdp_{t-2}$	1.0927e−01	2.2468e−01	8.8338e−02	3.5835e−01	$Linear$
$dele_{t}$	8.0524e−01	6.3038e−01	7.7894e−01	4.7773e−01	$Linear$
$dele_{t-1}$	1.4563e−01	5.2873e−01	3.3868e−01	2.2927e−02	$Linear$
$TREND$	4.8118e−01	2.8372e−01	6.9405e−01	4.8569e−01	$Linear$

模型 4 （左侧合并单元格）

注：F、F_4、F_3 和 F_2 分别表示 H_0、H_{04}、H_{03} 和 H_{02} 假设下的 F 统计量，其对应的每一列数字为 F 统计量的 P 值。 ∗ 表示 STR 模型确定的最优转换变量与转换函数的形式。

根据表 5 − 30 的检验结果来看：对能源消费 1 来说，当转换变量为经济增长率的一阶滞后时，接受线性假设的概率为 2.4253e − 02，远远小于 5%，因此，在 5% 的显著水平上，可以拒绝经济增长与能源消费之间线性的假设，而接受两者之间存在非线性关系的备择假设。同时在 F_4、F_3 和 F_2 中，F_3 所对应的 P 值不是最小的，所以转换函数 G 的形式为 LSTR1。同理能源消费 2 和能源消费 3 转换函数 G 的形式为 LSTR1。而模型 4 中 F_3 所对应的 P 值是最小的，所以转换函数 G 的形式为 LSTR2。

（四）平滑参数和位置参数初始值的确定

在判断了转换变量 s_t 以及转换函数 G 的具体形式之后，就可以采用 JMuLTi 软件对 STR 模型进行系数估计分析。一般地，可以利用二维格点搜索方法来明确平滑参数 γ 与位置参数 c 的初始值。具体来说：可以在一定的范围内，根据研究需要，选择不一样的平滑参数 γ 与位置参数 c，从而达到平滑转换回归（STR）模型所估计的 SSR（残差平方和）最小。本部分对于平滑参数和位置参数的初始估计的结果见表 5 − 31。图 5 − 19 至图 5 − 26 为四个模型在二维格点搜索下位置参数和平滑参数的等高线图和平面图（平面图显示的是最大化残差的相反数）。

表 5 − 31　　　　　　　平滑参数 γ 与位置参数 c 的初始估计值

	SSR	γ	区间	c_1	c_2	区间
模型 1	0.0086	10	(0.50，10)	0.0721		(−0.06，0.16)
模型 2	0.0166	10	(0.50，10)	−0.0117		(−0.06，0.16)

续表

	SSR	γ	区间	c_1	c_2	区间
模型 3	0.0119	2.8950	(0.50，10)	− 0.0498		(− 0.06，0.16)
模型 4	0.0034	8.1334	(0.50，10)	− 0.0194	0.0416	− 0.06，0.16)

从表 5 − 31 可以得到四个模型的平滑参数和位置参数的初始估计值，都落在了相应的区间内。Teräsvirta（2004）明确指出只有平滑参数 γ 与位置参数 c 的初始估计值落在了模型所要求的区间之中，才可以对平滑转换回归（STR）模型作进一步的优化处理分析研究。

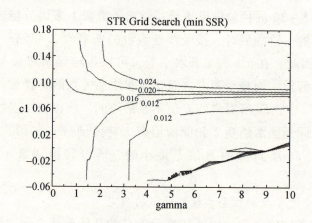

图 5 − 19　能源消费 1 格点搜索的等高线

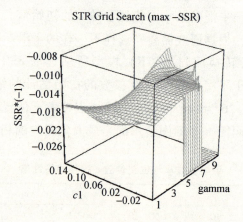

图 5 − 20　能源消费 1 格点搜索的平面

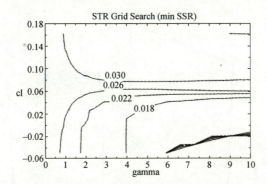

图 5 - 21　能源消费 2 格点搜索的等高线

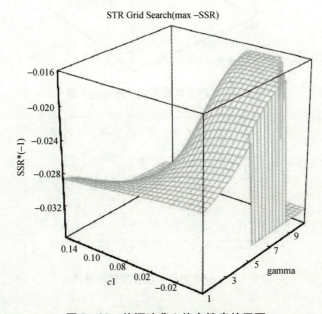

图 5 - 22　能源消费 2 格点搜索的平面

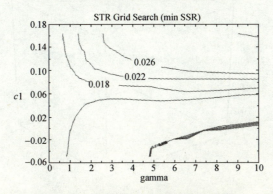

图 5 - 23　能源消费 3 格点搜索的等高线

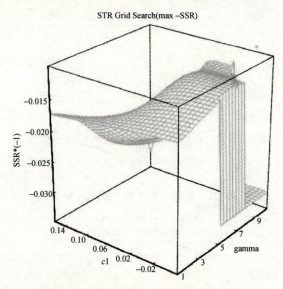

图 5 – 24　能源消费 3 格点搜索的平面

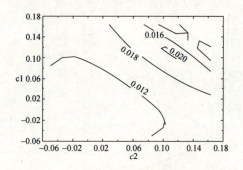

图 5 – 25　能源消费 4 格点搜索的等高线

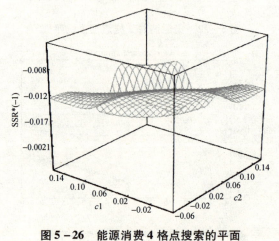

图 5 – 26　能源消费 4 格点搜索的平面

（五）模型参数的估计

估算出了平滑转换回归（STR）模型中的平滑参数 γ 与位置参数 c 的初始值之后，把其代入式（5.6）中，进一步采用 JMuLTi 软件，应用 Newton - Raphson 方法就能求解出最大条件似然函数，这样就能估计出式（5.6）中所要估计的所有参数。表 5 - 32 至表 5 - 35 是四个方程的估计结果。

表 5 - 32 　　　　　　　　　　　能源消费 1 的参数估计值

		能源消费 1				
	变量	初始值	估计值	标准差	t 统计量	P 值
线性 部分	$Const$	0. 10894	0. 06078	0. 0909	0. 6684	0. 5128
	$dgdp_{t-1}$	- 0. 80387	- 1. 28368	1. 0682	- 1. 2017	0. 2460
	$dgdp_{t-2}$	0. 42454	0. 09901	0. 5917	0. 1673	0. 8691
	$dene_t$	2. 29180	3. 74850	2. 8942	1. 2952	0. 2126
	$dene_{t-1}$	- 4. 28143	- 3. 29313	1. 7629	- 1. 8680	0. 0791
非线性 部分		- 0. 00842	0. 03725	0. 0939	0. 3966	0. 6966
	$dgdp_{t-1}$	1. 19541	1. 70521	1. 0921	1. 5614	0. 1368
	$dgdp_{t-2}$	- 0. 91050	- 0. 60134	0. 6159	- 0. 9763	0. 3426
	$dene_t$	- 2. 08439	- 3. 49653	2. 8995	- 1. 2059	0. 2444
	$dene_{t-1}$	4. 43529	3. 40925	1. 7738	1. 9220	0. 0715
	$Gamma$	10. 00000	111. 95097	0. 0000	0. 0000	0. 9998
	c_1	0. 07205	0. 07387	0. 0000	0. 0000	0. 9685
AIC		- 7. 4676				
SC		- 6. 9018				
HQ		- 7. 2904				
R^2		0. 85611				

注：能源消费 1 对应的主要诊断统计量值为：$ARCH - LM = 4.2352$（P - 值：0. 8353），$J - B = 1.5189$（P - 值：0. 4679），$F_{LM} = 0.6631$（P - 值：0. 7145）。

表 5 - 33 　　　　　　　　　　　能源消费 2 的参数估计值

		能源消费 2				
	变量	初始值	估计值	标准差	t 统计量	P 值
线性 部分	$Const$	- 9408. 28645	- 2987. 29009	150547. 1202	- 0. 0198	0. 9843
	$dgdp_{t-1}$	- 135446. 12354	- 44052. 82198	2227113. 4243	- 0. 0198	0. 9844
	$dcoa_t$	301723. 90869	84657. 92007	4162579. 5774	0. 0203	0. 9840

续表

	能源消费2				
	变量	初始值	估计值	标准差	t 统计量	P 值
非线性部分	$Const$	9408. 34332	2987. 34665	150547. 1202	0. 0198	0. 9843
	$dgdp_{t-1}$	135446. 50903	44053. 20947	2227113. 4244	0. 0198	0. 9844
	$dcoa_t$	− 301723. 72900	− 84657. 74017	4162579. 5775	− 0. 0203	0. 9840
	$Gamma$	10. 00000	27. 67011	0. 0000	0. 0000	0. 9527
	c_1	− 0. 01175	0. 02016	0. 0000	0. 0000	0. 9371
AIC		− 6. 9608				
SC		− 6. 5871				
HQ		− 6. 8412				
R^2		0. 68193				

注：能源消费2对应的主要诊断统计量值为：$ARCH - LM = 7.8011$（P - 值：0. 4531），$J - B = 0.8897$（P - 值：0. 6409），$F_{LM} = 1.5109$（P - 值：0. 2441）。

表5 – 34　　　　　　　　　　　　能源消费3的参数估计值

	能源消费3				
	变量	初始值	估计值	标准差	t 统计量	P 值
线性部分	$Const$	146. 34054	179. 94931	− 0. 05315	0. 1728	0. 8648
	$dgdp_{t-1}$	− 826. 32022	− 1019. 39532	5911. 4851	− 0. 1724	0. 8651
	$dpet_t$	64. 18194	81. 22097	2293. 0241	0. 0354	0. 9722
	$dpet_{t-1}$	− 567. 11128	− 699. 15723	3973. 6238	− 0. 1759	0. 8624
	$dpet_{t-2}$	− 2861. 62011	− 3520. 17319	20243. 8584	− 0. 1739	0. 8640
非线性部分		− 146. 29543	− 179. 90414	1041. 3407	− 0. 1728	0. 8649
	$dgdp_{t-1}$	826. 73484	1019. 80949	5911. 4395	0. 1725	0. 8651
	$dpet_t$	− 63. 96298	− 81. 00206	2293. 1086	− 0. 0353	0. 9722
	$dpet_{t-1}$	567. 23595	699. 28193	3973. 6311	0. 1760	0. 8624
	$dpet_{t-2}$	2861. 64598	3520. 19932	20243. 8516	0. 1739	0. 8640
	$Gamma$	2. 89496	2. 89042	2. 2141	1. 3055	0. 2091
	c_1	− 0. 04984	− 0. 05315	0. 1206	− 0. 4406	0. 6650
AIC		− 6. 9715				
SC		− 6. 4057				

续表

能源消费 3					
变量	初始值	估计值	标准差	t 统计量	P 值
HQ			-6.7943		
R^2			0.76368		

注：能源消费 3 对应的主要诊断统计量值为：$ARCH - LM = 6.1313$（P - 值：0.6325），$J - B = 2.6554$（P - 值：0.2651），$F_{LM} = 1.0825$（P - 值：0.4350）。

表 5 - 35　　　　　　　　　能源消费 4 的参数估计值

	能源消费 4					
	变量	初始值	估计值	标准差	t 统计量	P 值
线性部分	$Const$	38305.50293	39355.85180	122442.1923	0.3214	0.7520
	$dgdp_{t-1}$	-991066.8945	-1018287.157	3168531.6793	-0.3214	0.7521
	$dgdp_{t-2}$	27865.45264	28614.81985	88878.4453	0.3220	0.7517
	$dele_t$	603424.36328	620027.04795	1929594.2030	0.3213	0.7521
	$dele_{t-1}$	-505510.1543	-519376.85625	1615919.5677	-0.3214	0.7521
非线性部分		-38305.42810	-39355.77671	122442.1928	-0.3214	0.7521
	$dgdp_{t-1}^*$	991067.35156	1018287.6129	3168531.6810	0.3214	0.7521
	$dgdp_{t-2}$	-27865.93616	-28615.30345	88878.4440	-0.3220	0.7517
	$dele_t$	-603423.9297	-620026.6173	929594.2024	-0.3213	0.7521
	$dele_{t-1}$	505510.15625	519376.85909	1615919.5682	0.3214	0.7521
	$Gamma$	8.13343	8.32256	3.6171	2.3009	0.0352
	c_1	-0.01936	-0.02032	0.0214	-0.9494	0.3565
	c_2	0.04158	0.04259	0.0167	2.5547	0.0212
AIC			-7.5666			
SC			-6.9537			
HQ			-7.3746			
R^2			0.87836			

注：能源消费 4 对应的主要诊断统计量值为：$ARCH - LM = 7.6242$（P - 值：0.4710），$J - B = 1.4751$（P - 值：0.4783），$F_{LM} = 1.4963$（P - 值：0.2551）。

从估计结果可以得到如下结论：

（1）四个模型的残差序列顺利通过了异方差性检验、正态性检验和序列相关检验（STR 模型的残差平方和图，分别见图 5 - 27 至图 5 - 30）。

与此同时，较高的 R^2 和较小的 AIC 和 SC 都表明模型拟合程度较高，也说明四个模型均很好地证明了能源消费与经济增长之间存在着非线性关系。

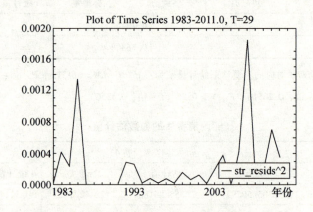

图 5 – 27　能源消费 1 的残差平方和

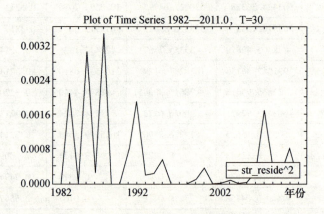

图 5 – 28　能源消费 2 的残差平方和

（2）在对能源消费与经济增长线性部分的检验中有：$ene_i \sim I(1)$，$coa_i \sim I(1)$，$pet_i \sim I(1)$，$ele_i \sim I(1)$，$gdp_i \sim I(1)$。Johansen 检验的结果显示能源消费与经济增长、煤炭消费与经济增长、石油消费与经济增长、电力消费与经济增长之间均存在协整关系，并且存在稳定的长期关系。

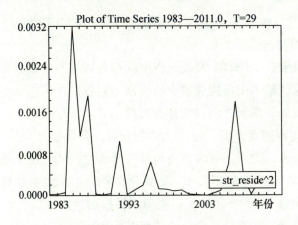

图 5 – 29　能源消费 3 的残差平方和

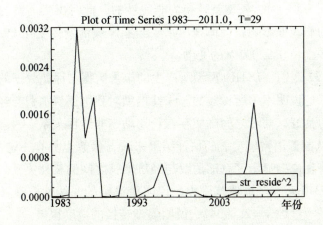

图 5 – 30　能源消费 4 的残差平方和

（3）从能源消费模型 1 的估计结果来看，参数具有一定的合意性，也符合经济理论，显示了能源消费与经济增长之间的长期关系。位置参数 $c_1 = 0.07387$ 落在了取值范围内，说明所设定的非线性模型具有一定的合意性。平滑参数 $\gamma = 111.95097$，说明模型转换的速度非常快。

LSTR1 模型的非线性部分包括转换函数和回归项两部分。当转换变量值 $dgdp_{t-1} > 0.07387$ 时，也就是经济增长的上升速度超过 7.6667% ［Exp（0.07387）－1］时，模型就转换为非线性的，此时能源消费的变动对于经济增长的非线性影响就会体现出来。当期能源消费每变化 1%，将会引起当期经济增长 0.24197%（3.74850% － 3.49653%）的变动。前一期能

源消费每变化 1%，将会引起当期经济增长 0.11612%（3.40925% －
3.29313%）的变动。

图 5 - 31 表明：LSTR1 模型所产生的拟合数据与原始数据的动态特征
基本相同，这说明本书所构建的非线性模型对我国能源消费与经济增长关
系的解释力良好，两者之间确实存在长期动态非线性关系。

（4）从能源消费模型 2 的估计结果来看，参数也具有一定的合意性，
也符合经济理论，显示了煤炭消费与经济增长之间的长期关系。位置参数
c_1 = 0.02016 落在了取值范围内，说明所设定的非线性模型具有一定的合
意性。平滑参数 γ = 27.67011，说明模型转换的速度比较快。

LSTR1 模型的非线性部分包括转换函数和回归项两部分。当转换变量
值 $dgdp_{t-1}$ > 0.02016 时，也就是经济增长的上升速度超过 2.0365%［Exp
（0.02016）－1］时，模型就转换为非线性的，此时煤炭消费的变动对于
经济增长的非线性影响就会体现出来。当期煤炭消费每变化 1%，将会引
起当期经济增长 0.92007% 的变动。

图 5 - 32 表明：LSTR1 模型所产生的拟合数据与原始数据的动态特征
基本相同，这说明本书所构建的非线性模型对我国煤炭消费与经济增长关
系的解释力良好，两者之间确实存在长期动态非线性关系。

（5）从能源消费模型 3 的估计结果来看，参数也具有一定的合意性，
也符合经济理论，显示了石油消费与经济增长之间的长期关系。位置参数
c_1 = - 0.05315 落在了取值范围内，说明所设定的非线性模型具有一定的
合意性。平滑参数 γ = 2.89042，说明模型转换的速度很慢。

LSTR1 模型的非线性部分包括转换函数和回归项两部分。当转换变量
值 $dgdp_{t-1}$ > - 0.05315 时，也就是经济增长的上升速度超过 - 5.176%
［Exp（- 0.05315）－1］时，模型就转换为非线性的，此时石油消费的
变动对于经济增长的非线性影响就会体现出来。当期石油消费每变化
1%，将会引起当期经济增长 0.21891% 的变动。当一期石油消费每变化
1%，将会引起当期经济增长 0.12470% 的变动。当两期石油消费每变化
1%，将会引起当期经济增长 0.02613% 的变动。

图 5 - 33 表明：LSTR1 模型所产生的拟合数据与原始数据的动态特征
基本相同，这说明本书所构建的非线性模型对我国石油消费与经济增长关
系的解释力良好，两者之间确实存在长期动态非线性关系。

（6）从能源消费模型 4 的估计结果来看，参数也具有一定的合意性，

也符合经济理论，显示了电力消费与经济增长之间的长期关系。平滑参数 $\gamma = 8.32256$，说明模型转换的速度比较慢。

LSTR2 模型的非线性部分包括转换函数和回归项两部分。转换函数中临界值 $c_1 = -0.02032$，$c_2 = 0.04259$，转换函数关于 $(c_1 + c_2) / 2 = 0.011135$ 对称，当转换变量 $dgdp_{t-1} = 0.011135$，转换函数 $G = 0$，此时模型的非线性部分消失，模型完全表现为线性形式；当转换变量值等于临界值时，$G = 0.5$。

当转换变量值 $dgdp_{t-1} < -0.02032$ 或者 $dgdp_{t-1} > 0.04259$ 时，也就是前一期的经济增长率出现较快回落或者出现过快增长时，电力消费对于经济增长的非线性影响就会体现出来。若前一期的经济增长率出现较快回落，其增长率下降速度如果超过 2.011% ［Exp（-0.02032）-1］或者前一期的经济增长率出现较快增长，其增长率上升速度如果超过 4.351% ［Exp（0.04259）-1］，我国电力消费与经济增长的关系为非线性关系。当期电力消费每变化 1%，将会引起当期经济增长 0.43065% 的变动。前一期电力消费每变化 1%，将会引起当期经济增长 0.00284% 的变动。

图 5-34 表明：LSTR2 模型所产生的拟合数据与原始数据的动态特征基本相同，这说明本书所构建的非线性模型对我国电力消费与经济增长关系的解释力良好，两者之间确实存在长期动态非线性关系。

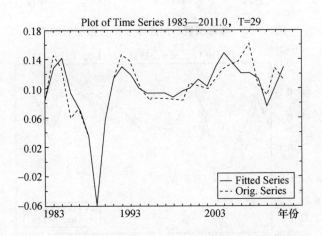

图 5-31 能源消费 1 的原始及拟合数据时间序列

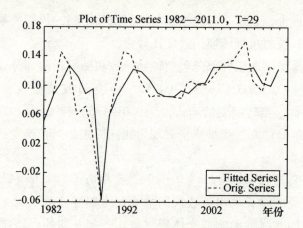

图 5 - 32　能源消费 2 的原始及拟合数据时间序列

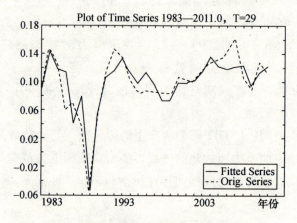

图 5 - 33　能源消费 3 的原始及拟合数据时间序列

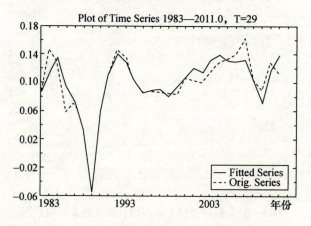

图 5 - 34　能源消费 4 的原始及拟合数据时间序列

三 研究结论及政策建议

（一）研究结论

本部分运用 STR 模型对 1980—2011 年的能源消费与经济增长的关系进行了研究。构造了四个不同的 STR 模型分别来研究能源消费与经济增长的长期动态非线性关系。这种方法可以实证得出在不同区制状态下的转换速度（平滑参数）。实证检验发现：使用非线性模型的设定和参数的估计均具有很好的合意性。

在能源消费 1（人均能源消费总量表示能源消费的指标）和能源消费 2（人均煤炭消费表示能源消费的指标）中，转换函数都是属于 LSTR1 类型。在能源消费 1 中，其转换变量为 $dgdp_{t-1}$。当转换变量值 $dgdp_{t-1} >$ 0.07387 时，也就是经济增长的上升速度超过 7.6667% 时，模型就转换为非线性的，此时能源消费的变动对于经济增长的非线性影响就会体现出来。模型的平滑参数 $\gamma = 111.95097$，反映不同状态间的转换速度非常快。在现实意义上，这一结论有助于了解我国能源政策的出台背景，有助于政府部门与经济学家了解这些政策的有效性，并进一步为相关能源政策的制定、预测提供良好的理论基础和实践支持。

在能源消费 2 中，其转换变量也为 $dgdp_{t-1}$。当转换变量值 $dgdp_{t-1} >$ 0.02016 时，也就是经济增长的上升速度超过 2.0365% 时，模型就转换为非线性的，此时煤炭消费的变动对于经济增长的非线性影响就会体现出来。平滑参数 $\gamma = 27.67011$，说明模型转换的速度比较快。

从能源消费模型 3 的估计结果来看，平滑参数 $\gamma = 2.89042$，说明模型转换的速度很慢。当转换变量值 $dgdp_{t-1} > -0.05315$ 时，也就是经济增长的上升速度超过 -5.176% [Exp（-0.05315）-1] 时，模型就转换为非线性的，此时石油消费的变动对于经济增长的非线性影响就会体现出来。

从能源消费模型 4 的估计结果来看，平滑参数 $\gamma = 8.32256$，说明模型转换的速度比较慢。转换函数中临界值 $c_1 = -0.02032$，$c_2 = 0.04259$，转换函数关于 $(c_1 + c_2)/2 = 0.011135$ 对称，当转换变量 $dgdp_{t-1} = 0.011135$，转换函数 $G = 0$，此时模型的非线性部分消失，模型完全表现为线性形式；当转换变量值等于临界值时，$G = 0.5$。

当转换变量值 $dgdp_{t-1} < -0.02032$ 或者 $dgdp_{t-1} > 0.04259$ 时，也就是前一期的经济增长率出现较快回落或者出现过快增长时，电力消费对于经济增长的非线性影响就会体现出来。若前一期的经济增长率出现较快回落，其增长率下降速度如果超过 2.011% 或者前一期的经济增长率出现较快增长，其增长率上升速度如果超过 4.351%，我国电力消费与经济增长的关系为非线性关系。

本部分的四个模型均说明能源消费对经济增长具有一定的促进作用。在现实意义上，这一结论有助于认识到目前中国的经济发展具有较强的"能源依赖"、"能源高耗"等特征，能源供应紧张已经成为制约中国经济增长的"瓶颈"，即能源短缺将阻碍经济增长。2010 年中国煤净进口量为 74.83 百万吨标准油，石油净进口量 252.86 百万吨标准油。同时 2010 年世界国内生产总值电耗平均水平为 0.39 千瓦时/美元（2005 年价），OECD 国家平均为 0.27，而中国高达 1.03，甚至高于非 OECD 国家的平均值 0.71。2010 年日本火电厂发电煤耗为 308 克标准煤/千瓦时、水泥综合能耗为 119 千克标准煤/吨，中国则高于日本，分别为 294 克标准煤/千瓦时、143 千克标准煤/吨。所以要提高能源效率、积极应对不利的能源形势。

无论是使用哪一个指标所表示的能源消费都对经济增长都存在阈值效应，并且状态间的转化效应不尽相同，所以要重视能源的消费，进而促进经济增长。

本部分基于 1980—2011 年的时间序列数据研究了能源消费与经济增长之间的动态关系和非对称影响效应，未考虑到其他影响经济增长的因素。采用面板区间转换模型可作为下一步研究的方向。

（二）政策建议

根据实证分析结果和目前我国"富煤、贫油、少气"的能源资源结构特点以及存在能源利用率低、能源消费结构不合理以及能源供需矛盾加剧等问题，特提出如下政策建议：

（1）通过调整和优化产业结构和能源结构，进而实现能源消费与经济增长的协调发展。首先，为了实现经济增长与能源消费的减少，要积极促进产业升级和转型。要按照产业结构的变动规律，积极发展第二产业的同时，更要大力发展第三产业和现代服务业，以实现产业结构的优化，这样就可以建立节能减排的基础。其次，要积极发展新能源，主要包括风能、水电、核能等可再生能源以实现对碳基能源的替代，这样也可以达到经济增长和碳排放的脱钩发展。

（2）引进、消化和吸收国外先进的相关技术与自主研发并进，努力提高能源利用效率。目前，我国处于工业化中期和重新重工业化阶段，高能耗产业快速增长，能源消耗很大，我国可以通过引进技术与自主创新并进，以实现技术进步推动节能减排的目标。这需要各产业和部门通过推广新技术和新工艺，同时淘汰落后产能与耗能设备，大力开发以及应用节能技术，通过终端消费技术的进步来提高能源的利用效率。同时，政府相关部门对高效产能技术与各种能源科学技术探索活动要积极给予政策支持以及倾斜。

（3）积极进行能源体制改革，可以通过放宽能源市场准入和管制，逐步推进能源价格市场化改革。我国能源的价格主要由政府主导定价，政府定价与市场价格的偏离严重扭曲了能源使用者对能源消费的真实成本，因此，扭曲的能源价格给能源利用、经济和环境发展带来了诸多的挑战。要放宽能源市场准入，就必须减少政府的行政干预行为，打破能源行业垄断，放宽市场准入，引入有效的市场竞争机制，鼓励民营资本投资能源产业。同时，我国要完善能源价格形成机制，首先就要改革目前与市场经济不相适应的能源价格形成机制以及价格管制方式。凡能够进行市场竞争的能源产品，都应该由市场中的供求关系变化来确定价格。而对具有一定垄断特性的能源产品，可以实施较为合理的价格管制，但要以市场的可接受程度作为价格管制的依据。能源体制改革的重点是积极改进煤电价格形成机制，进一步完善成品油价格形成机制，就是要通过能源价格形成机制的逐步完善为能源产品的稳定供应提供保障。总之，我国目前能源价格的改革，首先从放松管制与扩大市场成分开始，完善能源产品价格的形成机制，逐步与国际能源市场互接，稳步推进能源价格的市场化改革，是我国能源价格改革的关键。

第六节　本章小结

为了研究我国能源消费与经济增长之间的内在依从关系，本章主要从经济增长的概况、能源消费与经济增长之间的线性分析、能源消费结构与经济增长的动态关联分析、能源效率与经济增长的计量分析以及基于 STR 模型的能源消费与经济增长非线性动态关系五个方面对这一问题进行研究。上述研究与一般研究能源消费和经济增长问题的不同之处在于，本部分既研究了能源消费数量和经济增长之间的关系，还研究了能源消费质量与经济增长之间的关系。同时，把线性计量方法和非线性方法相结合，构造了四个不同的 STR 模型分别来细化研究能源消费与经济增长之间的长期动态非线性关系，这对于我国政府部门推行节能减排政策具有一定的参考价值。

第六章 我国城市化对经济增长的影响研究

第一节 城市化与经济增长：基于协整检验与格兰杰因果分析

一 变量、数据与研究方法

本部分选择 lngdp$_i$（单位为元/人）代表第 i 年的人均国内生产总值（用商品零售价格指数进行调整）的自然对数，用来测度经济增长，Δlngdp$_i$ 为其一阶差分序列。与前面几章一样，基于数据的可获得性和一般文献通用的做法，仍然以城镇人口占总人口的比重来反映我国城市化水平，用 lnur$_i$ 表示第 i 年的城市化水平的自然对数，Δlnur$_i$ 为其一阶差分序列。本部分采用的数据来源于《中国统计年鉴（2012）》、《新中国六十年统计资料汇编》和《中国能源统计年鉴（2012）》。研究时段为 1978—2011 年。

从图 6-1 可看出，lnur、lngdp 均有不断上升的趋势，这说明 lnur 和 lngdp

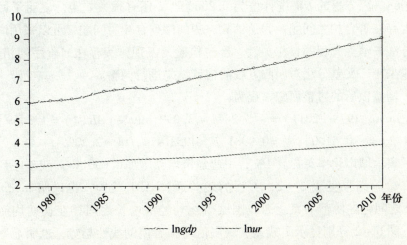

图 6-1 1978—2011 年中国城市化与经济增长变动情况

有着相关关系的可能。同时测算出两者之间的相关系数高达 0.9427。由此可见，城市化与经济增长之间存在着十分紧密的依存关系。

二 实证分析

（一）ADF 单位根检验

首先要对 1978—2011 年我国城市化与经济增长变量进行平稳性检验，以确定其平稳性及单整阶数。检验结果见表 6-1：

表 6-1 $\ln gdp$ 和 $\ln ur$ 的 ADF 检验

变量	统计量	5% 临界值	DW	AIC	SC	检验形式 (C, T, K)
$\ln gdp_i$	-1.9387	-3.5578	1.6541	-3.8449	-3.6616	$(C, T, 1)$
$\Delta\ln gdp_i$	-2.7851	-2.6174	1.6234	-3.7611	-3.6695	$(C, 0, 2)$
$\ln ur_i$	-1.5580	-3.5578	2.0688	-6.0298	-5.8465	$(C, T, 1)$
$\Delta\ln ur_i$	-10.6948	-2.9604	-6.1105	-6.0180	2.3009	$(C, 0, 0)$

表 6-1 说明城市化与经济增长经过一阶差分后无单位根，已是平稳时间序列，所以有 $\ln ur_i \sim I(1)$，$\ln gdp_i \sim I(1)$。

（二）协整检验

因 $\ln ur_i \sim I(1)$，$\ln gdp_i \sim I(1)$，满足协整检验的前提，可以用 Engle-Granger 两步法来检验变量之间的协整关系。协整回归方程为：

$\ln gdp = -2.9725 + 3.0004\ln ur$，$R^2 = 0.9857$，$F = 2202.258$，$DW = 0.2068$。因方程的 DW 统计值为 0.2068 与 2 还有很大差距，说明了回归方程存在着自相关问题。为了消除方程的序列自相关问题，可以采用广义差分法来消除方程的自相关性。经过检验，发现方程存在二阶序列相关，所以采用广义差分法对回归方程的估计结果进行调整。

调整以后的协整回归方程为：

$\ln gdp(1978—2011) = -3.2871 + 3.0901\ln ur + [AR(1) = 1.3469] + [AR(2) = -0.5100]$，$R^2 = 0.9981$，$F = 4953.414$，$DW = 2.2296$。

表示城市化率每提高 1%，引起经济增长增加 3.0901%。残差序列的 ADF 检验结果见表 6-2，方程的残差通过 ADF 检验，也说明 $\ln gdp$ 与 $\ln ur$ 之间存在协整关系。即我国城市化与经济增长之间存在长期均衡关系。图 6-2 分别显示了残差、观测值与拟合值的线性趋势，也明显地说明了变量之间存在协整关系。

表6-2　　　　　　　　　　　残差序列的 ADF 检验

检验类型 (C, T, K)	ADF 检验值	各显著性水平下的临界值			$D-W$ 值	检验结果
		1%	5%	10%		
(C, 0, 0)	-5.7790	-3.6463	-2.9540	-2.6158	2.6713	平稳

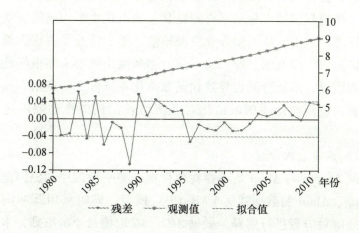

图6-2　残差趋势

（三）格兰杰因果关系检验

通过以上检验发现，1978—2011 年我国城市化与经济增长之间存在长期动态均衡关系，为进一步了解变量之间的关系，可以选取格兰杰因果检验法，进行 Granger 检验。

表6-3　　　　　　　　　　Granger 因果关系检验

滞后期	零假设	F 值	P 值	决策	因果关系结论
4	lnur does not Granger Cause lngdp	0.32262	0.8596	接受	lnur $\neq$ > lngdp
	lngdp does not Granger Cause lnur	2.56194	0.0685	拒绝	lngdp⇒lnur

表6-3表明：滞后期为4年时，经济增长构成城市化的原因很显著。即经济增长对城市化水平提高的效应在滞后4年时最为明显。但是，城市化水平构成经济增长的原因还不显著。由此可见，我国自改革开放以来，经济增长对城市化的作用比城市化对经济增长的影响要明显。其原因在于：经济发展引起了农业生产率的提高以及农民收入水平

的增加，从而使农民产生了强烈的进城意愿。二元经济结构导致我国城乡之间的收入水平、国民的受教育机会以及基础设施建设等方面的巨大差距，从而使城市对农民形成了巨大的吸引力。同时经济增长引起了产业结构变动，规模经济、聚集经济效应促使许多企业向城市聚集。在这几方面的综合作用下，形成了经济增长过程中引发的大量农村人口向城市转移，使得我国城市化水平得到提高。城市化水平构成经济增长的原因还不显著，是由于我国服务业发展较慢，第三产业所占比重低，致使城市的扩散效应以及辐射能力均不强，创新溢出效应未能很好地得到发挥。与此同时，市场分割也导致我国城市化在降低交易费用方面的作用很不明显，进而使得我国城市化对经济增长的反向推动效应还不是很明显。

（四）向量自回归模型

序列 $\Delta\ln gdp$ 与 $\Delta\ln ur$ 均不存在单位根，是平稳的序列。因此，可以用 $\Delta\ln gdp$、$\Delta\ln ur$ 的数据建立 VAR（P）模型，同时采用脉冲响应函数与方差分解对方程进行解释。根据 AIC、SC 取值最小的准则，本部分经过多次尝试将变量滞后区间确定为 1 阶到 2 阶。把 $\Delta\ln gdp$ 与 $\Delta\ln ur$ 滞后 1—4 期的值作为内生变量，采用最小二乘法来估计方程，结果见表 6 - 4。

表 6 - 4　　　　　　　　　　　向量自回归模型

	$\Delta\ln gdp$	$\Delta\ln ur$
$\Delta\ln gdp$（ - 1）	0. 745595	0. 084527
	(0. 22015)	(0. 05637)
	[3. 38680]	[1. 49951]
$\Delta\ln gdp$（ - 2）	- 0. 404619	- 0. 122325
	(0. 27556)	(0. 07056)
	[- 1. 46834]	[- 1. 73366]
$\Delta\ln gdp$（ - 3）	0. 212922	0. 035604
	(0. 26553)	(0. 06799)
	[0. 80189]	[0. 52367]
$\Delta\ln gdp$（ - 4）	- 0. 285978	0. 046462
	(0. 20855)	(0. 05340)
	[- 1. 37124]	[0. 87005]

续表

	$\Delta \ln gdp$	$\Delta \ln ur$
	− 0. 055800	0. 225096
$\Delta \ln ur$ (− 1)	(0. 72426)	(0. 18545)
	[− 0. 07704]	[1. 21378]
	− 0. 603688	0. 612060
$\Delta \ln ur$ (− 2)	(0. 72509)	(0. 18566)
	[− 0. 83257]	[3. 29662]
	0. 608236	0. 156313
$\Delta \ln ur$ (− 3)	(0. 70199)	(0. 17975)
	[0. 86644]	[0. 86962]
	− 0. 138966	− 0. 533167
$\Delta \ln ur$ (− 4)	(0. 66675)	(0. 17072)
	[− 0. 20842]	[− 3. 12296]
	0. 077339	0. 012403
C	(0. 03200)	(0. 00819)
	[2. 41670]	[1. 51362]
R − squared	0. 467880	0. 543566
Adj. R − squared	0. 255032	0. 360993
Sum sq. resids	0. 026773	0. 001755
S. E. equation	0. 036588	0. 009368
F − statistic	2. 198186	2. 977248
Log likelihood	60. 17162	99. 68014
Akaike AIC	− 3. 529078	− 6. 253803
Schwarz SC	− 3. 104744	− 5. 829470
Mean dependent	0. 098977	0. 030566
S. D. dependent	0. 042390	0. 011720
Determinant resid covariance（dof adj.）		8. 71e − 08
Determinant resid covariance		4. 14e − 08
Log likelihood		164. 1931
Akaike information criterion		− 10. 08228
Schwarz criterion		− 9. 233616

表6－4中两个方程各系数下边括号内的数据分别为系数的伴随概率与 t 统计量检验值。方程中所估计的系数大部分比较显著，但是有个别的不甚显著，这是由于一个方程拥有同样变量的多个滞后值产生了多重共线性，但整体上来说，系数是显著的。第一个方程显示：当前的 $\Delta\ln gdp$ 与其自身的滞后值和 $\Delta\ln ur$ 的滞后值有较大的关联度。第二个方程表明：当前的 $\Delta\ln ur$ 与其自身的滞后值和 $\Delta\ln gdp$ 的滞后值均有较大的关联度。对此，本部分可以运用下述脉冲响应函数与方差分解给出合理的解释。图6－3也说明所有的单位根倒数均在单位圆之内，可以证明 VAR 模型整体拟合情况较好，解释力强。

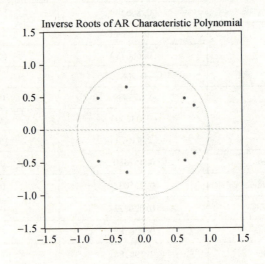

图6－3　VAR 模型特征方程的根的倒数值

（五）脉冲响应函数及预测方差分解

1. 脉冲响应函数

本部分可以依据 VAR 模型具有的特殊的动态结构性质，脉冲响应函数可以很好地识别一个变量的扰动是如何通过模型影响其他所有变量，而最终又反馈到变量自身上来的。图6－4是基于 VAR（4）和渐近解析法（Analtic）模拟的脉冲响应函数曲线。

从图6－4可以发现：城市化与经济增长相互作用的效应差异明显。经济增长对自身的一个标准差新息有较强的反应，而对城市化水平的反应相对较弱。城市化水平对自身的一个标准差开始有较强反应，但效应不断

Response to Cholesky One S.D. Innovations ± 2 S.E.

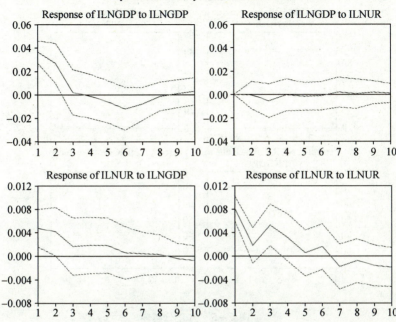

图 6 - 4　脉冲响应函数曲线

注：图中横轴表示响应函数的追踪期数，纵轴表示因变量对解释变量的响应程度，实线为响应函数的计算值，虚线为响应函数值加或减两倍标准差的置信带。在模型中把响应函数的追踪期数设定为 10 年。ILNGDP、ILNUR 分别表示 $\Delta lngdp$ 和 $\Delta lnur$，下同。

减弱。城市化水平对经济增长的冲击反应较弱。

总之，经济增长对城市化新息的一个标准差扰动的响应呈现出比较稳定的响应并且持续时间也比较长。说明了这两个变量之间存在着紧密的联系，并且这种联系也具有长期性。城市化对经济增长新息的一个标准差扰动的响应呈现出稳定的响应。说明了两个变量之间存在密切的长期关系。

2. 预测方差分解

与脉冲响应分析不同，方差分解分析方法提供了另一种描述系统动态的方法。方差分解见图 6 - 5。

本部分为了进一步分析结构冲击对内生变量变化的贡献度，方便评价不同结构冲击的重要性，所以有必要建立预测方差分解模型。根据方差分解理论模型，对城市化水平与经济增长的预测均方误差进行分解，结果见表 6 - 5。

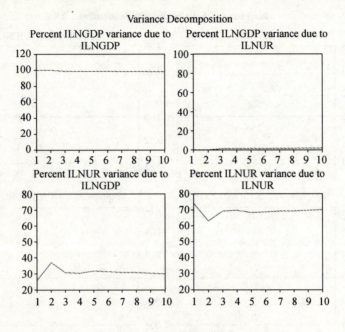

图 6 – 5　方差分解

　　表 6 – 5 中第一列为变量 $\Delta\ln gdp$、$\Delta\ln ur$ 的各期预测标准误差，这种预测误差是因为修正值的现在值或者将来值的变化造成的。$\Delta\ln gdp$、$\Delta\ln ur$ 的列分别代表以 $\Delta\ln gdp$ 列、$\Delta\ln ur$ 列为因变量的方程新息对各期预测误差的贡献度，每行结果相加为 100。

　　从表 6 – 5 中可以发现：经济增长在第 1 期就受自身波动影响，而城市化对经济增长的波动的冲击，即对预测误差的贡献度，在第 3 期才开始显现，以后稳定在 1% 左右。或者说经济增长从第 1 期开始只受自身冲击的影响，且受城市化水平的影响要小于其自身波动的影响，基本稳定在 98% 左右。与此同时，经济增长受城市化水平波动的影响从第 3 期才开始，基本稳定在 1% 左右。正是由于经济增长对城市化的正向作用要明显强于城市化对经济增长的反向作用，结果使得城市化对经济增长产生的影响不是很大。城市化水平的波动在第 1 期就受经济增长波动的影响，其对城市化水平波动的冲击（即对预测误差的贡献度）从第 1 期的 25.87% 上升到第 10 期的 29.90%。与此同时，城市化水平波动受其自身冲击的影响是逐步减弱的，从第 1 期的 74.12% 下降到第 10 期的 70.09%，而这与脉冲响应函数分析的结果是相一致的。

表6-5 $\Delta\ln gdp$ 和 $\Delta\ln ur$ 的方差分解

时期	经济增长的方差分解			城市化的方差分解		
	预测标准误差	$\Delta\ln gdp$（％）	$\Delta\ln ur$（％）	预测标准误差	$\Delta\ln gdp$（％）	$\Delta\ln ur$（％）
1	0.036588	100.0000	0.000000	0.009368	25.87388	74.12612
2	0.045482	99.99021	0.009793	0.010412	36.94987	63.05013
3	0.045845	98.65072	1.349283	0.011805	30.73038	69.26962
4	0.045861	98.64844	1.351559	0.012364	30.26534	69.73466
5	0.046244	98.55972	1.440280	0.012511	31.70386	68.29614
6	0.047745	98.60366	1.396345	0.012629	31.32668	68.67332
7	0.048397	98.45381	1.546187	0.012761	30.79072	69.20928
8	0.048420	98.43211	1.567893	0.012788	30.71233	69.28767
9	0.048472	98.27290	1.727097	0.012896	30.30963	69.69037
10	0.048584	98.22522	1.774781	0.013053	29.90199	70.09801

注：变量顺序：经济增长的一阶差分，城市化的一阶差分。

三 研究结论

根据上述基于我国1978—2011年城市化与经济增长的实证分析发现：

（1）非平稳序列 $\ln gdp$、$\ln ur$ 经过一阶差分后平稳，所以有 $\ln ur_i \sim I$（1），$\ln gdp_i \sim I$（1）。协整检验结果发现：我国城市化与经济增长之间存在长期的均衡关系，城市化每增加1％，引起GDP增加3.0901％。

（2）格兰杰因果关系检验表明：滞后期为4年时，经济增长构成城市化的原因很显著。即经济增长对城市化水平提高的效应在滞后4年时最为明显。但是，城市化水平构成经济增长的原因还不显著。我国一直存在人多地少、二元经济结构以及城乡差距明显的基本国情，这样使得我国经济增长必然会对城市化产生明显的推动作用。但是由于第三产业不发达、城市规模效益未得到充分发挥等因素限制了我国城市的扩散辐射及创新溢出效应功能的发挥，这样就使得我国城市化对经济增长的反向推动作用还不是很强。

（3）基于VAR的模型表明，城市化与经济增长之间存在着紧密的联系，而且这种联系具有长期性。从长期来看，经济增长对于促进城市化水平提高的正向拉动的影响时限更长，效率更高。而城市化水平的提高对经济增长也有一定的正面作用，但推动效果不明显。

第二节 城市化与经济增长的非线性依从关系研究

前面基于线性假设的前提，分析了我国城市化与经济增长之间的协整关系。而有别于前面基于线性假设的前提和以往研究，本部分拟采用 STR（Smooth Transition Regression Model，STR）方法对我国 1978—2011 年城市化与经济增长的关系进行研究，这个模型考虑了城市化对于经济增长影响的门限效应，它允许当城市化水平较低和较高时，城市化对于经济增长有不同的作用，这样可避免由于选择了不同的样本时期而得出不同甚至是相反结论的问题，也可以更全面地了解城市化与经济增长的关系。总之，这样不仅能够找到促进经济增长的最优城市化水平的门限值，且可以检验最优城市化水平在门限值两侧对经济增长的影响是否存在非对称性与在不同状态间的转换速度。从政策意义的角度，研究结论所得到的最优城市化水平将会对以后的经济政策制定提供一定的理论支持及政策参考。同时由于本部分得到最优城市化水平门限值两侧存在非对称性影响和不同状态间的转换速度，这也将会对我国以什么样的速度合理有序地推进城市化从而促进经济增长提供理论帮助。

一 模型的设定

一般标准的 STR 模型定义见式（6.1）：

$$y_t = x'_t \varphi + (x'_t \theta) G(\gamma, c, s_t) + u_t, t = 1, \cdots, T \tag{6.1}$$

y_t 是目标变量，用来表示具体的经济成果。x_t 是解释变量向量，包括目标变量的直到 k 阶的滞后变量和 m 个其他的解释变量，有：

$x_t = (1, x_{1t}, \cdots, x_{pt})' = (1, y_{t-1}, \cdots, y_{t-k}; z_{1t}, \cdots, z_{mt})'$，且有 $p = k + m$。$\varphi = (\varphi_0, \varphi_1, \cdots, \varphi_p)'$ 与 $\theta = (\theta_0, \theta_1, \cdots, \theta_m)'$ 分别表示线性和非线性部分的参数向量，$\{u_t\}$ 是独立同分布的误差序列。转换函数 $G(\gamma, c, s_t)$ 为 $[0, 1]$ 的有界、连续函数。s_t 是转换变量。γ 是平滑参数，代表从一个状态调整到另一个状态的转换速度或调整的平滑性。c 是位置参数，即不同状态下的门限值，其决定了模型非线性变化发生的位置。

格兰杰与泰雷斯维尔塔按转换函数 $G(\gamma, c, s_t)$ 的具体形式，将 STR 模型分成 LSTR 族模型和 ESTR 族模型。若转换函数 $G(\gamma, c, s_t)$ 有以下形式：

$$G(\gamma, c, s_t) = \{1 + \exp[-\gamma(s_t - c)]\}^{-1}, \gamma > 0 \tag{6.2}$$

此类 STR 模型为 LSTR 模型, 即 Logistic 型 STR 模型。在此类模型中, 转换函数 G (γ, c, s_t) 是转换变量 s_t 的单调上升函数, 而约束 $\gamma > 0$ 是一个识别性约束条件。平滑参数 γ 反映了由 "0" 状态过渡到 "1" 状态的速度, 位置参数 c 用来确定状态转变的时刻。式 (6.2) 所表达的 Logistic 型 STR 模型可以称为 LSTR1 型 STR 模型。若转换函数 G (γ, c, s_t) 是如下形式:

$$G(\gamma, c, s_t) = 1 + \exp[-\gamma(s_t - c)^2], \gamma > 0 \tag{6.3}$$

此类 STR 模型即为 ESTR 族模型, 即 Exponential 型 (指数型) STR 模型。这两个模型均以 c 点为转换变量的转折点。

另一种非单调类转换函数是:

$$G(\gamma, c, s_t) = \{1 + \exp[-\gamma(s_t - c_1)(s_t - c_2)]\}^{-1}, \gamma > 0, c_1 \leqslant c_2 \tag{6.4}$$

不同于 LSTR1 型 STR 模型, 此类转换函数 G 值关于 ($c_1 + c_2$) /2 点对称, 而非 LSTR1 型 STR 模型中的 c 点。并且, 当 $s_t \to \pm\infty$ 时, 有 G (γ, c, s_t) $\to 1$; 又对一切 $c_1 \leqslant s_t < c_2$, 当 $\gamma \to \infty$ 时有 G (γ, c, s_t) $\to 0$, 而在其他值处, 有 G (γ, c, s_t) $\to 1$。把式 (6.4) 所表达的 Logistic 型 STR 模型称为 LSTR2 型 STR 模型。

更一般地, 如果转换函数有如下形式:

$$G(\gamma, c, s_t) = \{1 + \exp[-\gamma \prod_{k=1}^{k}(s_t - c_t)]\}^{-1}, \gamma > 0 \tag{6.5}$$

可以称其为有 k 个位置参数的 LSTRK 模型。可见, LSTR1 和 LSTR2 模型都是 LSTRK 模型的特殊形式。

本部分为了研究我国城市化与经济增长的关系, 可以根据标准的平滑转换模型, 设定经济增长为被解释变量, 而城市化为解释变量。模型表达式为:

$$gdp_t = a_{00} + \sum_{i=1}^{p} a_{1i} \times gdp_{t-i} + \sum_{j=0}^{q} a_{2j} \times ur_{t-j}$$

$$+ (b_{00} + \sum_{i=1}^{p} b_{1i} \times gdp_{t-i} + \sum_{j=0}^{q} b_{2j} \times ur_{t-j}) \times G(\gamma, c, s_t) + \eta_t$$

$$\tag{6.6}$$

在模型中, gdp 为经济增长变量, ur 为城市化变量。p、q 是滞后阶数, ε_t 是随机干扰项。这样, 经济增长可以分解为: 线性部分 (a_{00} + $\sum_{i=1}^{p} a_{1i} \times gdp_{t-i} + \sum_{j=0}^{q} a_{2j} \times ur_{t-j}$) 和非线性部分 [($b_{00} + \sum_{i=1}^{p} b_{1i} \times gdp_{t-i} + \sum_{j=0}^{q} b_{2j}$

$\times ur_{t-j}) \times G(\gamma, c, s_t)$]。这种表达不仅能反映我国城市化与经济增长之间的线性关系，且可以进一步描述变量之间可能存在的非线性特征。在实证分析中利用 AIC 准则、SC 准则、t 值和 $D-W$ 值来逐一剔除不必要的滞后阶数。

二 变量及数据来源

本部分选取 gdp_i（单位为元/人）表示第 i 年的人均国内生产总值（用商品零售价格指数进行调整）的自然对数，用来表示经济增长，$dgdp_i$ 为其一阶差分序列；和前面的分析一致，还是以城镇人口占总人口的比重来反映城市化水平，用 ur_i 表示第 i 年的城市化水平的自然对数，dur_i 为其一阶差分序列。

本部分采用的数据来源于《中国统计年鉴（2012）》、《新中国六十年统计资料汇编》和《中国能源统计年鉴（2012）》，研究时段为 1978—2011 年。

三 实证分析

（一）平稳性检验

前面已经分析过了我国 1978—2011 年城市化与经济增长经过一阶差分后无单位根，已是平稳时间序列，所以有 $\ln ur_i \sim I$（1），$\ln gdp_i \sim I$（1）。通过 Engle – Granger 两步法检验也得出了我国城市化与经济增长变量之间存在协整关系。

（二）滞后阶数的确定

Teräsvirta（1998）认为在平滑转换回归（STR）模型中，线性 AR 部分的具体结构要根据 VAR 模型来判定。通过回归检验分析发现：当 $dgdp$、dur 均滞后 0 阶时，DW 统计量较理想，各变量系数也比较显著，同时 AIC 与 SC 值也为最小值。

（三）非线性的检验及其模型的确定

因为非线性检验必须以平滑转换回归（STR）模型的转换函数的泰勒展开式为基础进行分析，所以，可以令转换函数在 $\gamma = 0$ 处进行三级泰勒级数展开，然后可以把展开后的三级泰勒级数代入式（6.1），根据不一样的情形有如下的辅助方程：

如果转换变量 s_t 是 z_t 的一部分，有辅助方程：

$$y_t = \beta'_0 z_t + \sum_{j=1}^{3} \beta'_j z_t s_t^j + u_t^* \tag{6.7}$$

如果转换变量 s_t 不是 z_t 的一部分，有辅助方程：

$$y_t = \beta'_0 z_t + \sum_{j=1}^{3} \beta'_j z_t s_t^j + u_t^* \tag{6.8}$$

其中，$z_t = (1, z_t)$，$z_t = (dgdp_t, dur_t)$，$R_3(\gamma, c, s_t)$ 为泰勒展开式剩余项。对式（6.7）设定原假设 H_0：$\beta_0 = \beta_1 = \beta_2 = 0$，若拒绝原假设就证明存在非线性关系。泰雷斯维尔塔（Teräsvirta）提出用 *LM* 乘数检验来判断模型是否有非线性性质，之后他又更换检验统计量，用 *F* 统计量增强检验的精确度。非线性检验的重要一步是判断模型的具体形式是 LSTR1 或者 LSTR2 型。泰雷斯维尔塔（Teräsvirta）认为备择假设中的 LSTR2 模型包含了 ESTR 模型。模型形式的选择依赖如下的序贯检验：

H_{04}：$\beta_3 = 0$　　H_{03}：$\beta_2 = 0 \mid \beta_3 = 0$　　H_{02}：$\beta_1 = 0 \mid \beta_2 = \beta_3 = 0$

如果 H_{03} 的检验统计量（*F* 统计量）*p* 值最小，那么式（6.2）的转换函数 *G* 的形式应为 LSTR2 或者 ESTR 模型。反之，则说明式（6.2）的转换函数 *G* 的形式为 LSTR1 型。根据上述检验方法，对模型进行线性和非线性检验，具体的检验结果如表6-6所示。表6-6显示：模型的转换变量为 dur_t，而转换函数 *G* 的形式为 LSTR2 模型。

表6-6　　　　　　　　　假设检验及转换函数形式选择

转换变量	*F*	F_4	F_3	F_2	模型形式
dur_t^*	1.1041E−02	4.2719E−01	1.5026E−03	5.1077E−01	*LSTR2*
TREND	4.3593E−02	4.9524E−02	1.5380E−01	2.2326E−01	*LSTR1*

注：F、F_4、F_3 和 F_2 分别表示 H_0、H_{04}、H_{03} 和 H_{02} 假设下的 F 统计量，其对应的每一列数字为 F 统计量的 P 值。＊表示 STR 模型确定的最优转换变量与转换函数的形式。

根据表6-6的检验结果来看：当转换变量为 dur_t 时，接受线性假设的概率为1.1041e−02，远远小于5%，因此，在5%的显著水平上，可以拒绝城市化与经济增长之间线性的假设，而接受变量之间存在非线性关系的备择假设。同时在 F_4、F_3 和 F_2 中，F_3 所对应的 P 值是最小的，所以转换函数 *G* 的形式为 LSTR2。

（四）平滑参数及其位置参数初始值的确定

在判断了转换变量 s_t 以及转换函数 *G* 的具体形式之后，就可以采用 JMuLTi 软件对 STR 模型进行系数估计分析。一般地，可以利用二维格点搜索方法来明确平滑参数 γ 与位置参数 c 的初始值。具体来说：可以在一定的范围内，根据研究需要，选择不一样的平滑参数 γ 与位置参数 c，从而达到平滑转换回归（STR）模型所估计的 SSR（残差平方和）最小。本部分对于 γ 和 c 的初始估计的结果见表 6 - 7。图 6 - 6 到图 6 - 7 为模型在二维格点搜索下 γ 和 c 的等高线图与平面图（平面图显示的是最大化残差的相反数）。

表 6 - 7   平滑参数 γ 与位置参数 c 的初始估计值

SSR	γ	区间	c_1	c_2	区间
0.0570	10.0000	(0.50，10.00)	0.0170	0.0472	(0.01，0.06)

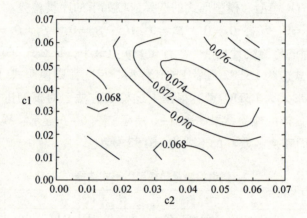

图 6 - 6   格点搜索的等高线

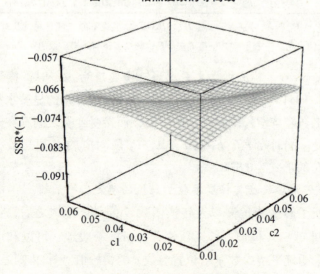

图 6 - 7   格点搜索的平面

　　表 6 - 7 显示了平滑转换回归（STR）模型的平滑参数 γ 与位置参数 c 的初始值都落在了相应的区间之中。Teräsvirta（2004）明确指出只有平滑参数 γ 与位置参数 c 的初始估计值落在了模型所要求的区间之中，才可以对平滑转换回归（STR）模型作进一步的优化处理分析研究。

　　（五）模型参数的估计

　　估算出了平滑转换回归（STR）模型中的平滑参数 γ 与位置参数 c 的初始值之后，把其代入式（6.6）之中，进一步采用 JMuLTi 软件，应用 Newton - Raphson 方法就能够估算出式（6.6）中所有参数的值，结果见表 6 - 8。

表 6 - 8　　　　　　　　　　模型的参数估计值

变量		初始值	估计值	标准差	t 统计量	P 值
线性部分	$Const$	0.30545	0.30002	0.0331	9.0763	0.0000
	dur_t	-5.40125	-5.21923	1.0568	-4.9386	0.0000
非线性部分	$Const$	-0.22417	-0.23116	0.0618	-3.7431	0.0009
	dur_t	6.48004	6.48764	1.5061	4.3077	0.0002
	$Gamma$	10.00000	32.52229	792.8592	0.0410	0.9676
	c_1	0.01703	0.01565	0.0066	2.3614	0.0260
	c_2	0.04722	0.04719	0.0047	10.0653	0.0000
AIC		-5.9758				
SC		-5.6583				
HQ		-5.8690				
R^2		0.52827				
$\bar{R}^2$		0.5426				
SSR		0.0570				

　　通过估计结果可以发现：

　　（1）式（6.6）对应的主要诊断统计量值为：$ARCH - LM =$　5.1418（P 值:0.7423），$J - B =$　0.1260　（P 值:0.9390），$F_{LM} = 0.8091$　（P 值:0.6046）。模型的残差序列顺利通过了异方差性检验、正态性检验和序列相关检验（STR 模型的残差平方和图，见图 6 - 8）。模型的 AIC = -5.9758，SC = -5.6583，较小的 AIC 和 SC 都表明模型拟合程度较高。

（2）实证结果发现：平滑参数 $\gamma = 32.52229$（通常 γ 值在 10 以上，就认为转换速度是比较快的），说明我国城市化与经济增长的关系从一种状态转换到另一种状态的速度是比较快的。大多数的观察值都会落在两种极端状态（$G = 0$ 或者 $G = 1$），只有比较少的观察值会落在中间状态，见图 6 - 9，其中 ur_ log_ d1（t）表示 dur_t。

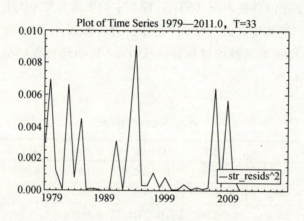

图 6 - 8　STR 模型的残差平方和

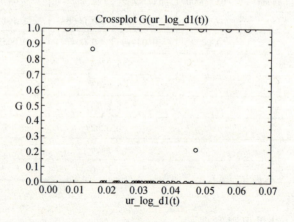

图 6 - 9　STR 模型转换函数

（3）从模型的估计结果来看，LSTR 模型的非线性部分包括转换函数和回归项两部分。转换函数中临界值 $c_1 = 0.01565$，$c_2 = 0.04719$，转换函数关于（$c_1 + c_2$）/2 $= 0.039245$ 对称，当转换变量 $dur = 0.039245$，转换

函数 $G=0$，此时模型的非线性部分消失，模型完全表现为线性形式；当转换变量值等于临界值时，$G=0.5$。平滑参数 $\gamma=32.52229$，说明模型转换的速度比较快。当转换变量值小于 0.01565 或者大于 0.04719 时，也就是当城市化出现绝对的负增长和超高速增长时，转换函数向 1 转换的速度很快，非线性部分对模型的影响也迅速表现出来，也体现出了城市化的正增长和负增长对经济增长的影响是非对称的。当城市化出现负增长（小于 0.01565）时，*dur* 对经济增长的非线性影响便非常显著，城市化有 1% 的下降将导致经济增长下降 1.26841%（6.48764%—5.21923%）；只要城市化的增长不超过 4.719%，城市化同经济增长之间将保持一种稳定的线性关系；而当城市化的增长超过 4.719%，则线性关系迅速向非线性关系转换。这时，城市化有 1% 的上升将导致经济增长上升 1.26841%。但此时的经济增长是以城市化的过度提升为基础的。图 6－10 表明，LSTR2 模型所产生的拟合数据与原始数据的动态特征基本相同，这意味着本书所构建的非线性模型对城市化与经济增长关系的解释力良好，两者之间确实存在长期动态关系。

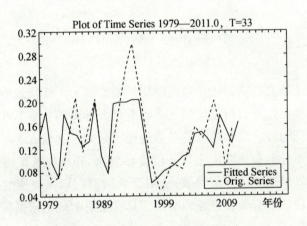

图 6－10　模型原始及拟合数据时间序列

四　研究结论

通过实证研究，可以得出以下研究结论：

（1）本部分运用 STR 模型对我国 1978—2011 年间的城市化与经济增长的关系进行了研究。实证检验发现：使用非线性模型的设定和参数的估计均具有很好的合意性。说明相对于线性模型而言两者的关系更适合使用非线性的 LSTR2 模型来拟合。

（2）从模型的估计结果来看：当转换变量 dur_t < 0.01565 或 dur_t > 0.04719 时，也就是城市化的变动速度下降或者增长过快时，转换函数向 1 转换的速度很快。如果城市化下降较快（当期城市化下降的速度高于 1.5773% ［Exp（0.01565）－1]）或者上升较快（当期城市化上升的速度高于 4.8321% ［Exp（0.04719）－1]）时，当期城市化对于经济增长的非线性影响就会显现，此时城市化变动 1% 会引起当期经济增长变动 1.26841%。

总之，本部分运用 STR 模型对城市化与经济增长之间的关系进行了研究。这种方法不仅可以估计出促进经济增长的最优城市化率（位置参数），还可以实证得出在不同区制状态下的转换速度（平滑参数）。实证检验发现：使用非线性模型的设定和参数的估计均具有很好的合意性。但是，本部分仅基于 1978—2011 年的时间序列数据研究了城市化与经济增长之间的动态关系与非对称影响效应，未考虑到其他影响经济增长的因素。采用面板区间转换模型可作为下一步研究的方向。

第三节　本章小结

本章为了研究我国城市化对经济增长的影响，主要从线性和非线性两个视角对这一问题进行研究。与已有研究最大的不同，本书首次采用 STR 模型对城市化与经济增长之间的关系进行了研究，这种方法不仅可以估计出促进经济增长的最优城市化率（位置参数），还可以实证得出在不同区制状态下的转换速度（平滑参数）。对于政府部门以何种速度有序稳步推进城市化进程，以有效促进经济增长，具有主要的理论依据和参考价值。

第七章 我国城市化、能源消费与经济增长关系研究

前面几章分别分析了能源消费与经济增长、城市化与经济增长以及城市化与能源消费之间的关系。但目前还缺乏在统一框架下同时深入分析城市化、能源消费与经济增长三者关系的文献，这样就会裂割了三个变量的内在联系。因而，本章有必要在统一框架下来研究三个变量之间相互影响的动态演变过程。本部分主要基于线性和非线性时间序列数据的视角把三变量纳入到同一分析框架下，对三变量之间的关系进行全面深入的分析。

第一节 城市化、能源消费与经济增长：基于状态空间模型的变参数分析

一 变量、数据与研究方法

本部分选择 $\ln gdp_i$（单位为元/人）代表第 i 年的人均国内生产总值（用商品零售价格指数进行调整）的自然对数，用来测度经济增长，$\Delta \ln gdp_i$ 为其一阶差分序列；$\ln ec_i$（单位为千克标准煤）为第 i 年的人均能源消费量的自然对数，用来代表能源消费，$\Delta \ln ec_i$ 为其一阶差分序列；在城市化水平指标的选取上，有学者用城市人口比重、城市用地比重或者是非农人口占总人口比重等单一指标法的测度，也有学者将城市住宅建筑面积、居民储蓄额度、城市地方财政支出、工业商业从业人数等指标纳入衡量城市化水平的多项指标综合度量法，但在应用中综合指标法难以实现。

本部分基于数据的可获得性和一般文献通用的做法，以城镇人口占总人口的比重来反映我国城市化水平，用 $\ln ur_i$ 表示第 i 年的城市化水平的自然对数，$\Delta \ln ur_i$ 为其一阶差分序列。本部分采用的数据来源于《中国统

计年鉴（2012）》、《新中国六十年统计资料汇编》和《中国能源统计年鉴（2012）》。研究时段为 1980—2011 年。

二　实证分析

（一）ADF 单位根检验与协整检验

1. 未考虑交互项

一般来说，时间序列数据多数具有趋势特征，是非平稳时间序列，若直接对非平稳时间序列进行普通回归分析就会产生"伪回归"问题。所以，在对时间序列进行回归分析之前，就必须对序列进行单位根检验，以判断时间序列的平稳性。若时间序列是平稳的，就可以进行普通回归分析；若是非平稳时间序列，则需要运用协整理论，进行协整分析。本部分首先对研究的变量进行单位根检验，以判断时间序列的平稳性。

采用 Eviews 6.0 软件，对 $\ln gdp$、$\ln ur$ 和 $\ln ec$ 的单位根进行 ADF 检验，检验方程的选取要根据相应的数据图形来确定，可以采用 AIC 准则确定最佳滞后阶数，差分序列的检验类型按相应的原则确定，相应的检验结果见表 7 - 1。

表 7 - 1 说明城市化、能源消费与经济增长经过一阶差分后无单位根，已是平稳时间序列，所以有 $\ln ur_i \sim$ I（1），$\ln ec_i \sim$ I（1），$\ln gdp_i \sim$ I（1）。因为三个变量均是一阶单整变量，满足协整检验的前提，可以对三个变量进行 Johansen 检验，检验结果（见表 7 - 2）表明：我国城市化、能源消费与经济增长之间存在一个协整关系，且存在稳定的长期关系。

表 7 - 1　　　　　　　　　　　$\ln gdp$、$\ln ur$ 和 $\ln ec$ ADF 检验

变量	统计量	5% 临界值	DW	AIC	SC	检验形式 (C, T, K)
$\ln gdp_i$	- 1.598731	- 4.296729	1.66999	- 3.761609	- 3.574782	(C, T, 1)
$\Delta \ln gdp_i$	- 5.099964	- 3.679322	1.979460	- 3.446360	- 3.352064	(C, T, 0)
$\ln ur_i$	- 1.718453	- 4.296729	2.481231	- 6.088876	- 5.902049	(C, T, 1)
$\Delta \ln ur_i$	- 3.679322	- 2.087426	1.784576	- 6.210071	- 6.068626	(C, 0, 0)
$\ln ec_i$	- 1.795175	- 4.296729	1.426190	- 4.456493	4.269667	(C, T, 3)
$\Delta \ln ec_i$	- 2.789265	- 2.622989	1.909647	- 4.542248	- 4.400804	(C, T, 0)

表 7 - 2   Johansen 协整检验

不受限制的协整秩检验（迹）			
原假设	特征值	迹统计量	显著水平 5% 时的临界值	p 值
None	0.517230	28.28994	29.79707	0.0738
At most 1	0.176930	6.443494	15.49471	0.6431
不受限制的协整秩检验（最大特征根）			
原假设	特征值	max - λ 统计量	显著水平 5% 时的临界值	P 值
None	0.517230	21.84644	21.13162	0.0396
At most 1	0.176930	5.841404	14.26460	0.6337

协整回归方程为：

$\ln gdp = -4.7878 + 1.9551\ln ur + 0.7707\ln ec$，$R^2 = 0.9943$，$F = 2514.816$，$DW = 0.3141$。因为回归方程的 DW 统计值为 0.3141 与 2 还有很大差距，说明了回归方程存在着自相关问题。为了消除方程的序列自相关问题，可以采用广义差分法来消除方程的自相关性。经过检验，发现方程存在二阶序列相关，所以采用广义差分法对回归方程的估计结果进行调整。

调整以后的协整回归方程为：

$\ln gdp$（1980 - 2011）$= -4.9793 + 2.0011\ln ur + 0.7742\ln ec + [AR(1) = 1.2537] + [AR(2) = -0.5251]$，$R^2 = 0.9987$，$F = 4974.692$，$DW = 2.2440$。

表示城市化、能源消费每增加 1%，分别引起经济增长（GDP）增加 2.0011% 和 0.7742%。城市化对经济增长的促进作用比能源消费显著（见表 7 - 3）。残差序列的 ADF 检验结果见表 7 - 4，方程的残差通过 ADF 检验，也说明 $\ln gdp$、$\ln ur$ 和 $\ln ec$ 之间存在协整关系。即我国城市化、能源消费与经济增长之间存在长期均衡关系。图 7 - 1 分别显示了残差、观测值与拟合值的线性趋势，也明显地说明了三个变量之间存在协整关系。

表 7 - 3   方程的回归结果

变量	回归系数	标准差	t 统计量	P 值
lnur	2.001127	0.315514	6.342431	0.0000
lnec	0.774198	0.207173	3.736964	0.0010

续表

变量	回归系数	标准差	t 统计量	P 值
C	-4.979333	0.505341	-9.853406	0.0000
AR (1)	1.253662	0.168338	7.447283	0.0000
AR (2)	-0.525071	0.163600	-3.209488	0.0036

$R^2 = 0.998745$	$\overline{R}^2 = 0.998544$	DW = 2.243979

表 7 - 4　　　　　　　　　残差序列的 ADF 检验

检验类型 (C, T, K)	ADF 检验值	各显著性水平下的临界值			$D - W$ 值	检验结果
		1%	5%	10%		
$(C, 0, 0)$	-5.6409	-2.6417	-1.9521	-1.6104	2.4834	平稳

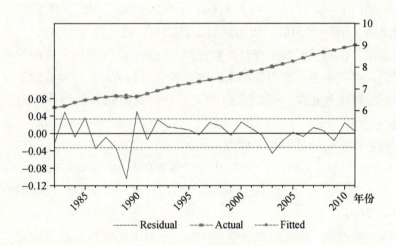

图 7 - 1　残差趋势

2. 考虑交互项

上面的分析中，考察了城市化、能源消费对经济增长的影响。为了进一步考察能源消费具有中介效应产生的间接影响，在 $\ln gdp = \alpha_1 + \beta_1 \ln ur + \beta_2 \ln ec$ 的解释变量中增加城市化与能源消费的交互项，所以，有：

$$\ln gdp = \alpha_2 + \beta_1 \ln ur + \beta_2 \ln ec + \beta_3 \ln ur \times \ln ec$$

经过上面的分析，有 $\ln ur_i \sim I(1)$，$\ln ec_i \sim I(1)$，$\ln gdp_i \sim I(1)$，对交互项 $\ln ur \times \ln ec$ 的 ADF 检验发现：其在 1% 的显著性水平上也是一阶非平稳序列。对变量进行 Johansen 检验，检验结果（见表 7 - 5）表明：变量之间存在两个协整关系，且存在稳定的长期关系。

表 7 - 5 Johansen 协整检验

不受限制的协整秩检验（迹）				
原假设	特征值	迹统计量	显著水平 5% 时的临界值	P 值
None	0.827745	88.09615	47.85613	0.0000
At most 1	0.550105	35.33269	29.79707	0.0104
At most 2	0.313601	11.37049	15.49471	0.1897

不受限制的协整秩检验（最大特征根）				
原假设	特征值	max - λ 统计量	显著水平 5% 时的临界值	p 值
None	0.827745	52.76346	27.58434	0.0000
At most 1	0.550105	23.96220	21.13162	0.0194
At most 2	0.313601	11.28887	14.26460	0.1403

协整回归方程为：

$\ln gdp = 0.3626 + 0.7737 \ln ur - 0.0702 \ln ec + 0.1984 \ln ur \times \ln ec$，$R^2 = 0.9947$，$F = 1755.076$，$DW = 0.3347$。因为回归方程的 DW 统计值为 0.3347 与 2 还有很大差距，说明了回归方程存在着自相关问题。为了消除方程的序列自相关问题，可以采用广义差分法来消除方程的自相关性。经过检验，发现方程存在二阶序列相关，所以还是采用广义差分法对回归方程的估计结果进行调整。

调整以后的协整回归方程为：

$\ln gdp(1980—2011) = -3.2435 + 1.5772 \ln ur + 0.5060 \ln ec + 0.0662 \ln ur \times \ln ec + [AR(1) = 1.2588] + [AR(2) = -0.5310]$，$R^2 = 0.99875$，$F = 3828.731$，$DW = 2.2544$。

方程的回归系数在 10% 的显著性水平下显著，说明能源消费具有显著的中介效应。交互项的系数为正值，说明随着能源消费水平的提高，我国城市化将促进经济增长。此时，表示城市化、能源消费每增加 1%，分别引起经济增长（GDP）增加 1.5772% 和 0.5060%。城市化对经济增长的促进作用仍然比能源消费显著。方程的残差通过 ADF 检验，也说明变量之间存在协整关系。

（二）格兰杰因果关系检验

上面的协整分析表明我国城市化、能源消费与经济增长之间存在长期的动态均衡关系，但是否构成因果关系，即对于三者之间的关系而言，是属于什么情况还需进一步验证。下面采用 Granger 因果关系检验来进一步研究城市化、能源消费与经济增长 3 个变量之间的关系，深入分析变量之间是否存在因果关系与因果关系的方向。

因果关系检验是判断变量之间因果关系的方法，其基本思路是：在做 Y 对其他变量 Y 与自身滞后值的回归时，若把 X 的滞后值包括进来就能够显著改善对 Y 的预测精度，则就说 X 为 Y 的格兰杰原因，可以记为 X⇒Y。

$$X \Rightarrow Y \Leftrightarrow \delta^2 \ (Y_t | Y_{t-k}, \ k>0) \ > \delta^2 \ (Y_t | Y_{t-k}, \ X_{t-k}, \ k>0)$$

表 7 - 6　　　　　　　　　　Granger 因果关系检验

滞后期	零假设	F 值	P 值	决策	因果关系结论
1	lnur does not Granger Cause lngdp	0.43979	0.5126	接受	lngdp ≠ > lngdp
	lngdp does not Granger Cause lngdp	3.22416	0.0834	拒绝	lngdp⇒lngdp
	lnec does not Granger Cause lngdp	0.03945	0.8440	接受	lnec ≠ > lngdp
	lngdp does not Granger Cause lnec	2.55001	0.1215	接受	lngdp ≠ > lnec
	lnec does not Granger Cause lngdp	1.08265	0.3070	接受	lnec ≠ > lngdp
	lngdp does not Granger Cause lnec	6.12948	0.0196	拒绝	lngdp⇒lnec
2	lngdp does not Granger Cause lngdp	0.63410	0.5387	接受	lngdp ≠ > lngdp
	lngdp does not Granger Cause lngdp	1.34652	0.2784	接受	lngdp ≠ > lngdp
	lnec does not Granger Cause lngdp	0.01457	0.9855	接受	lnec ≠ > lngdp
	lngdp does not Granger Cause lnec	3.28036	0.0543	拒绝	lngdp⇒lnec
	lnec does not Granger Cause lngdp	0.43208	0.6539	接受	lnec ≠ > lngdp
	lngdp does not Granger Cause lnec	3.36491	0.0508	拒绝	lngdp⇒lnec

由表 7 - 6 可以发现：经济增长是城市化和能源消费的原因，城市化也是构成能源消费的原因。而城市化和能源消费构成经济增长的原因不显著。说明我国还需要进一步提高城市化的质量，同时也要注意提高能源利用效率，这样才能有效地促进我国的经济增长和提高经济增长的质量。

（三）向量自回归模型

序列 $\Delta \ln gdp$、$\Delta \ln ur$ 与 $\Delta \ln ec$ 均不存在单位根，是平稳的序列。所以，可以用 $\Delta \ln gdp$、$\Delta \ln ur$ 与 $\Delta \ln ec$ 的数据建立 VAR（P）模型，同时采用脉冲响应函数与方差分解对方程进行解释。根据 AIC、SC 取值最小的准则，

本部分经过多次尝试将变量滞后区间确定为 1 阶到 2 阶。把 Δlngdp、Δlnur 与 Δlnec 滞后 1—2 期的值作为内生变量，采用最小二乘法来估计方程，结果见表 7 − 7。

表 7 − 7　　　　　　　　　　　向量自回归模型

	Δlngdp	Δlnur	Δlnec
Δlngdp（−1）	0. 652228	0. 063639	0. 121425
	(0. 21666)	(0. 06289)	(0. 14704)
	[3. 01039]	[1. 01184]	[0. 82578]
Δlngdp（−2）	− 0. 275641	− 0. 023849	− 0. 065094
	(0. 21873)	(0. 06350)	(0. 14845)
	[− 1. 26016]	[− 0. 37560]	[− 0. 43849]
Δlnur（−1）	0. 110980	0. 178673	− 0. 027260
	(0. 68678)	(0. 19937)	(0. 46611)
	[0. 16159]	[0. 89620]	[− 0. 05848]
Δlnur（−2）	− 0. 564007	0. 408388	0. 143909
	(0. 66959)	(0. 19438)	(0. 45444)
	[− 0. 84232]	[2. 10100]	[0. 31667]
Δlnec（−1）	0. 133414	− 0. 081558	0. 883198
	(0. 30101)	(0. 08738)	(0. 20429)
	[0. 44322]	[− 0. 93336]	[4. 32327]
Δlnec（−2）	− 0. 027173	0. 032573	− 0. 288852
	(0. 29137)	(0. 08458)	(0. 19774)
	[− 0. 09326]	[0. 38510]	[− 1. 46073]
C	0. 070679	0. 010637	0. 010701
	(0. 02747)	(0. 00797)	(0. 01864)
	[2. 57327]	[1. 33408]	[0. 57405]
R − squared	0. 387272	0. 324294	0. 574104
Adj. R − squared	0. 220164	0. 140010	0. 457951
Sum sq. resids	0. 030837	0. 002599	0. 014204
S. E. equation	0. 037439	0. 010868	0. 025409
F − statistic	2. 317498	1. 759755	4. 942641
Log likelihood	58. 12252	93. 99157	69. 36297
Akaike AIC	− 3. 525691	− 5. 999419	− 4. 300895

	$\Delta \ln gdp$	$\Delta \ln ur$	$\Delta \ln ec$
Schwarz SC	− 3. 195654	− 5. 669382	− 3. 970858
Mean dependent	0. 098961	0. 030566	0. 049566
S. D. dependent	0. 042396	0. 011720	0. 034512
Determinant resid covariance（dof adj. ）	7. 45e − 11		
Determinant resid covariance	3. 25e − 11		
Log likelihood	226. 7052		
Akaike information criterion	− 14. 18656		
Schwarz criterion	− 13. 19645		

表 7 - 7 中三个方程各系数下边括号内的数据分别为系数的伴随概率与 t 统计量检验值。方程中所估计的系数大部分比较显著，但是有个别的不甚显著，这是由于一个方程拥有同样变量的多个滞后值产生了多重共线性，但整体上来说，系数是显著的。表 7 - 7 中第一个方程显示：当前的 $\Delta \ln gdp$ 与其自身的滞后值和 $\Delta \ln ur$ 与 $\Delta \ln ec$ 的滞后值有较大的关联度。第二个方程表明当前的 $\Delta \ln ur$ 与其自身的滞后值和 $\Delta \ln gdp$、$\Delta \ln ec$ 的滞后值均有较大的关联度。第三个方程表明当前的 $\Delta \ln ec$ 与其自身的滞后值和 $\Delta \ln gdp$、$\Delta \ln ur$ 的滞后值均有较大的关联度。对此，可以运用下述脉冲响应函数与方差分解给出合理的解释。图 7 - 2 也说明所有的单位根倒数均在单位圆之内，可以证明 VAR 模型整体拟合情况较好，解释力强。

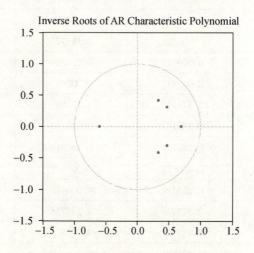

Inverse Roots of AR Characteristic Polynomial

图 7 - 2　VAR 模型特征方程的根的倒数值

（四）脉冲响应函数及预测方差分解

1. 脉冲响应函数

向量自回归（VAR）模型可以测定随机扰动对变量系统的动态影响，其数学表达式为：

$$y_t = A_1 y_{t-1} + \cdots + A_p y_{t-p} + B_1 X_t + \cdots + B_r X_{t-r} + \varepsilon_i$$

其中，y_t 为 M 维内生变量向量，X_t 为 d 维外生变量向量，$A_1 \cdots A_p$ 与 $B_1 \cdots B_r$ 为待估计的参数矩阵，内生变量与外生变量分别有 p、r 阶滞后期，ε_i 为随机扰动项。

本部分可以依据 VAR 模型具有的特殊的动态结构性质，脉冲响应函数可以很好地识别一个变量的扰动是如何通过模型影响其他所有变量，而最终又反馈到变量自身上来的。图 7 - 3 是基于 VAR（2）和渐近解析法（Analtic）模拟的脉冲响应函数曲线。

从图 7 - 3 可以发现：经济增长对城市化、能源消费新息的一个标准差扰动的响应呈现出比较稳定的响应并且持续时间也比较长。说明了这三个变量之间存在着紧密的联系，并且这种联系也具有长期性。城市化对能源消费新息的一个标准差扰动的响应呈现出稳定的响应。而城市化、能源消费对经济增长新息的一个标准差扰动的响应在第 5 期前呈现出波动性，而在第 5 期后呈现出稳定性。这一研究结论又进一步支持了协整的实证结果，也说明了三个变量之间存在密切的长期关系。

2. 预测方差分解

与脉冲响应分析不同，方差分解分析方法提供了另一种描述系统动态的方法。方差分解见图 7 - 4。

表 7 - 8 到表 7 - 10 中第一列为变量 $\Delta \ln gdp$、$\Delta \ln ur$、$\Delta \ln ec$ 的各期预测标准误差，这种预测误差是因为修正值的现在值或者将来值的变化造成的。$\Delta \ln gdp$、$\Delta \ln ur$、$\Delta \ln ec$ 的列分别代表以 $\Delta \ln gdp$ 列、$\Delta \ln ur$ 列、$\Delta \ln ec$ 列为因变量的方程新息对各期预测误差的贡献度，每行结果相加为 100。

从表 7 - 8 中可以发现：经济增长在第 1 期就受自身波动影响，而城市化、能源消费对经济增长的波动的冲击，即对预测误差的贡献度，在第 2 期才开始显现，以后呈现逐步增强态势，但从第 6 期开始，冲击影响趋于稳定，分别稳定在 3% 和 2% 左右。

而从表 7 - 9 中可以发现：城市化从第 1 期起就受到自身波动、经济增长和能源消费冲击的影响，经济增长的影响在第 1 期就达到 18%，此后

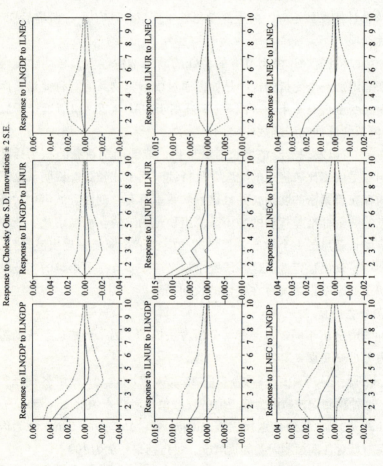

图 7－3　脉冲响应函数曲线

注：图中横轴表示响应函数的追踪期数，纵轴表示因变量对解释变量的响应程度，实线为响应函数的计算值，虚线为响应函数值加或减两倍标准差的置信带。在模型中把响应函数的追踪期数设定为 10 年。ILNGDP、ILNUR、ILNEC 分别表示 $\Delta lngdp$、$\Delta lnur$ 与 $\Delta lnec$，下同。

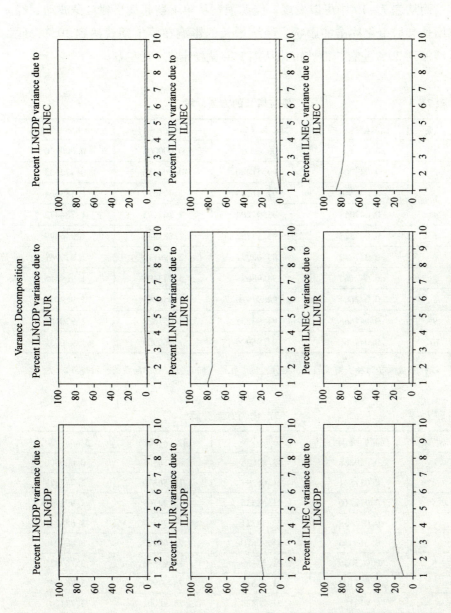

图 7 - 4 方差分解

稳定在 21% 左右，而能源消费在第 2 期也达到了 2.7% 左右，此后稳定在 3.7% 左右。

　　而从表 7 – 10 中可以发现：能源消费从第 1 期起就受到自身波动、经济增长和城市化冲击的影响，经济增长的影响在第 1 期就达到 10%，此后增加到 20% 左右，而城市化从第 1 期就稳定在 3% 左右。

表 7 – 8　　　　　　　　　　　　　　经济增长的方差分解

时期	预测标准误差	Δlngdp（%）	Δlnur（%）	Δlnec（%）
1	0.037439	100.0000	0.000000	0.000000
2	0.045706	99.51900	0.008416	0.472585
3	0.046546	97.41268	1.403659	1.183664
4	0.047058	95.94804	2.267485	1.784472
5	0.047527	95.17197	2.881930	1.946099
6	0.047642	95.02992	2.999110	1.970969
7	0.047662	94.98693	3.043403	1.969665
8	0.047664	94.97920	3.050866	1.969929
9	0.047665	94.97227	3.057622	1.970104
10	0.047666	94.96906	3.060909	1.970031

　　注：变量顺序为经济增长的一阶差分，城市化的一阶差分，能源消费的一阶差分。

表 7 – 9　　　　　　　　　　　　　　城市化的方差分解

时期	预测标准误差	Δlngdp（%）	Δlnur（%）	Δlnec（%）
1	0.010868	18.83636	81.16364	0.000000
2	0.011534	21.66297	75.56370	2.773329
3	0.012716	21.58535	75.42169	2.992964
4	0.012858	21.54821	74.79307	3.658725
5	0.013036	21.29670	75.00927	3.694030
6	0.013065	21.27459	74.95638	3.769031
7	0.013102	21.25611	74.97990	3.763995
8	0.013111	21.26824	74.96002	3.771741
9	0.013120	21.27305	74.95700	3.769945
10	0.013122	21.27622	74.95250	3.771278

　　注：变量顺序为经济增长的一阶差分，城市化的一阶差分，能源消费的一阶差分。

表 7 – 10   能源消费的方差分解

时期	预测标准误差	$\Delta \ln gdp$（%）	$\Delta \ln ur$（%）	$\Delta \ln ec$（%）
1	0.025409	10.21353	3.875306	85.91117
2	0.035136	16.22096	3.804317	79.97472
3	0.038280	19.47055	3.319021	77.21043
4	0.038775	20.08670	3.240723	76.67258
5	0.038787	20.08718	3.259305	76.65352
6	0.038815	20.13093	3.273681	76.59539
7	0.038845	20.15900	3.293573	76.54742
8	0.038858	20.15826	3.304851	76.53689
9	0.038862	20.15426	3.312419	76.53332
10	0.038863	20.15448	3.314960	76.53056

注：变量顺序为经济增长的一阶差分，城市化的一阶差分，能源消费的一阶差分。

三 基于状态空间模型的变参数分析

构建城市化与能源消费对经济增长的可变参数空间状态模型，采用卡尔曼滤波（Kalman Filtering）对弹性系数进行估计，模型为：

测量方程：$\ln gdp_t = \pi + \alpha_t \ln ur_t + \beta_t \ln ec_t + \mu_t$

状态方程：$\begin{cases} \alpha_t = \alpha_{t-1} \\ \beta_t = \beta_{t-1} \end{cases}$

可变参数模型定义为：

@$signal$ $\ln gdp_t = c(1) + sv1 * \ln ur + sv2 * \ln ec + [\text{var} = \exp(2)]$

@$state$ $sv1 = sv1$（ -1 ）

@$state$ $sv2 = sv2$（ -1 ）

通过实证分析，从表 7 – 11 可以发现：可变参数空间状态模型的估计值通过检验，模型形式选择正确。经济增长对城市化的弹性在 0.3326—2.0167，经济增长对能源消费的弹性在 0.7413—1.5429。变系数估计值见表 7 – 12。通过图 7 – 5 可以看出，弹性系数呈现出明显的阶段性特征。1985—1996 年，能源消费弹性大于城市化弹性。但城市化弹性在 1996 年后却是逐渐上升的。

表 7 - 11　　　　　　　　可变参数模型参数的估计值及检验

参数	Coefficient	Std. Error	z – Statistic	Prob
C （1）	– 4. 788331	0. 396195	– 12. 08580	0. 0000
C （2）	– 5. 337128	0. 297122	– 17. 96275	0. 0000
Parameter	Final State	Root MSE	z – Statistic	Prob
SV1	1. 954807	0. 135746	14. 40052	0. 0000
SV2	0. 770902	0. 066851	11. 53159	0. 0000

表 7 - 12　　　　　　　　　　变系数估计值

年份	$sv1$	$sv2$	年份	$sv1$	$sv2$
1980	0. 6432	1. 3927	1996	0. 9442	1. 2549
1981	1. 5957	0. 9528	1997	1. 3348	1. 0683
1982	1. 0577	1. 2025	1998	1. 6772	0. 9043
1983	1. 0009	1. 2289	1999	1. 8335	0. 8293
1984	1. 0539	1. 2041	2000	1. 9327	0. 7817
1985	1. 1352	1. 1661	2001	1. 9949	0. 7518
1986	1. 0914	1. 1867	2002	2. 0167	0. 7413
1987	0. 9936	1. 2326	2003	1. 9858	0. 7562
1988	0. 8375	1. 3058	2004	1. 9501	0. 7732
1989	0. 5291	1. 4505	2005	1. 9259	0. 7846
1990	0. 3709	1. 5249	2006	1. 912	0. 7912
1991	0. 3326	1. 5429	2007	1. 9108	0. 7917
1992	0. 4246	1. 4996	2008	1. 9189	0. 7879
1993	0. 5496	1. 4409	2009	1. 9264	0. 7844
1994	0. 6625	1. 3880	2010	1. 9404	0. 7777
1995	0. 7187	1. 3621	2011	1. 9548	0. 7709

四　研究结论

根据上述基于我国 1980—2010 年城市化、能源消费与经济增长的实证分析发现：

（1）非平稳序列 lngdp、lnur、lnec 经过一阶差分后平稳，所以有 $lnur_i$ ~

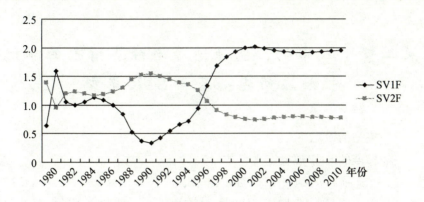

图7－5　城市化与能源消费弹性的动态变化

I（1），$\ln ec_i \sim$ I（1），$\ln gdp_i \sim$ I（1）。协整检验结果发现：我国城市化、能源消费与经济增长之间存在长期的均衡关系，城市化、能源消费每增加1%，分别引起经济增长（GDP）增加2.0011%和0.7742%。城市化对经济增长的促进作用比能源消费显著。进一步的分析还发现：能源消费具有显著的中介效应。交互项的系数为正值，说明随着能源消费水平的提高，我国城市化将促进经济增长。此时，表示城市化、能源消费每增加1%，分别引起经济增长（GDP）增加1.5772%和0.5060%。城市化对经济增长的促进作用仍然比能源消费显著。

（2）格兰杰因果关系检验表明：经济增长是城市化和能源消费的原因，城市化也是构成能源消费的原因。而城市化和能源消费构成经济增长的原因不显著。说明我国还需要进一步提高城市化的质量，同时也要注意提高能源利用效率，这样才能有效地促进我国的经济增长和提高经济增长的质量。

（3）基于 VAR 的模型表明，城市化、能源消费与经济增长之间存在着紧密的联系，而且这种联系具有长期性。

（4）基于状态空间模型的可变参数模型研究发现：经济增长对城市化的弹性在 0.3326—2.0167，经济增长对能源消费的弹性在 0.7413—1.5429。城市化与能源消费对经济增长均产生积极影响。但弹性系数呈现出明显的阶段性特征。1985—1996 年，能源消费弹性大于城市化弹性。但城市化弹性在 1996 年后却是逐渐上升的。

第二节　城市化、能源消费与经济增长的非线性效应研究：基于 STR 模型

一　模型的设定

一般标准的 STR 模型定义见式（7.1）：

$$y_t = x'_t \varphi + (x'_t \theta) G(\gamma, c, s_t) + u_t, t = 1, \cdots, T \tag{7.1}$$

y_t 是目标变量，用来表示具体的经济成果。x_t 是解释变量向量，包括目标变量的直到 k 阶的滞后变量和 m 个其他的解释变量，有：

$x_t = (1, x_{1t}, \cdots, x_{pt})' = (1, y_{t-1}, \cdots, y_{t-k}; z_{1t}, \cdots, z_{mt})'$，且有 $p = k + m$。$\varphi = (\varphi_0, \varphi_1, \cdots, \varphi_p)'$ 与 $\theta = (\theta_0, \theta_1, \cdots, \theta_m)'$ 分别表示线性和非线性部分的参数向量，$\{u_t\}$ 是独立同分布的误差序列。转换函数 $G(\gamma, c, s_t)$ 为 $[0, 1]$ 的有界、连续函数。s_t 是转换变量。γ 是平滑参数，代表从一个状态调整到另一个状态的转换速度或调整的平滑性。c 是位置参数，即不同状态下的门限值，其决定了模型非线性变化发生的位置。

格兰杰与泰雷斯维尔塔按转换函数 $G(\gamma, c, s_t)$ 的具体形式，将 STR 模型分成 LSTR 族模型和 ESTR 族模型。若转换函数 $G(\gamma, c, s_t)$ 有以下形式：

$$G(\gamma, c, s_t) = \{1 + \exp[-\gamma(s_t - c)]\}^{-1}, \gamma > 0 \tag{7.2}$$

此类 STR 模型为 LSTR 模型，即 Logistic 型 STR 模型。在此类模型中，转换函数 $G(\gamma, c, s_t)$ 是转换变量 s_t 的单调上升函数，而约束 $\gamma > 0$ 是一个识别性约束条件。平滑参数 γ 反映了由 "0" 状态过渡到 "1" 状态的速度，位置参数 c 用来确定状态转变的时刻。式（7.2）所表达的 Logistic 型 STR 模型可以称为 LSTR1 型 STR 模型。若转换函数 $G(\gamma, c, s_t)$ 是如下形式：

$$G(\gamma, c, s_t) = 1 + \exp[-\gamma(s_t - c)^2], \gamma > 0 \tag{7.3}$$

此类 STR 模型即为 ESTR 族模型，即 Exponential 型（指数型）STR 模型。这两个模型均以 c 点为转换变量的转折点。

另一种非单调类转换函数是：

$$G(\gamma, c, s_t) = \{1 + \exp[-\gamma(s_t - c_1)(s_t - c_2)]\}^{-1}, \gamma > 0, c_1 \leq c_2 \tag{7.4}$$

不同于 LSTR1 型 STR 模型，此类转换函数 G 值关于 $(c_1 + c_2)$ /2 点对称，而非 LSTR1 型 STR 模型中的 c 点。并且，当 $s_t \to \pm \infty$ 时，有 $G(\gamma, c, s_t) \to 1$；又对一切 $c_1 \leqslant s_t < c_2$，当 $\gamma \to \infty$ 时有 $G(\gamma, c, s_t) \to 0$，而在其他值处，有 $G(\gamma, c, s_t) \to 1$。把式（7.4）所表达的 Logistic 型 STR 模型称为 LSTR2 型 STR 模型。

更一般地，如果转换函数有如下形式：

$$G(\gamma, c, s_t) = \{1 + \exp[-\gamma \prod_{k=1}^{k} (s_t - c_t)]\}^{-1}, \gamma > 0 \qquad (7.5)$$

可以称其为有 k 个位置参数的 LSTRK 模型。可见，LSTR1 和 LSTR2 模型都是 LSTRK 模型的特殊形式。

本部分为了研究我国城市化、能源消费与经济增长的关系，可以根据标准的平滑转换模型，设定经济增长为被解释变量，城市化、能源消费为解释变量。模型表达式为：

$$gdp_t = a_{00} + \sum_{i=1}^{p} a_{1i} \times gdp_{t-i} + \sum_{j=0}^{q} a_{2j} \times ur_{t-j} + \sum_{h=0}^{m} a_{3h} \times ec_{t-h}$$

$$+ (b_{00} + \sum_{i=1}^{p} b_{1i} \times gdp_{t-i} + \sum_{j=0}^{q} b_{2j} \times ur_{t-j} + \sum_{h=0}^{m} b_{3h} \times ec_{t-h})$$

$$\times G(\gamma, c, s_t) + \eta_t \qquad (7.6)$$

在模型中 gdp 为经济增长变量，ur 为城市化变量，ec 为能源消费变量。p、q、m 是滞后阶数，ε_t 是随机干扰项。这样，经济增长可以分解为：线性部分（$a_{00} + \sum_{i=1}^{p} a_{1i} \times gdp_{t-i} + \sum_{j=0}^{q} a_{2j} \times ur_{t-j} + \sum_{h=0}^{m} a_{3h} \times ec_{t-h}$）和非线性部分 $[(b_{00} + \sum_{i=1}^{p} b_{1i} \times gdp_{t-i} + \sum_{j=0}^{q} b_{2j} \times ur_{t-j} + \sum_{h=0}^{m} b_{3h} \times ec_{t-h}) \times G(\gamma, c, s_t)]$。这种表达不仅能反映我国城市化、能源消费与经济增长之间的线性关系，且可以进一步描述变量之间可能存在的非线性特征。在实证分析中利用 AIC 准则、SC 准则、t 值和 $D-W$ 值来逐一剔除不必要的滞后阶数。

二　变量及数据来源

本部分选取 gdp_i（单位为元/人）表示第 i 年的人均国内生产总值（用商品零售价格指数进行调整）的自然对数，用来表示经济增长，$dgdp_i$ 为其一阶差分序列；ec_i（单位为千克标准煤）为第 i 年的人均能源消费量的自然对数，用来表示能源消费，dec_i 为其一阶差分序列；在城市化水平指标的选取上，有用城市人口比重、城市用地比重或者是非农人口占总人口比重等单一指标法的测度，也有将城市住宅建筑面积、居民储蓄额度、城市地方财政支出、工业商业从业人数等指标纳入衡量城市化水平的多项指标综合度量法，但在应用中综合指标法难以实现。本书基于数据的可获得性和一般文献通用的做法，以城镇人口占总人口的比重来反映城市化水平，用 ur_i 表示第 i 年的城市化水平的自然对数，dur_i 为其一阶差分序列。本部分采用的数据来源于《中国统计年鉴（2012）》和《新中国六十年统计资料汇编》、《中国能源统计年鉴（2012）》。研究时段为 1980—2011 年。

三 实证分析

（一）平稳性检验

表 7 - 13 ADF 检验

变量	统计量	临界值	DW	AIC	SC	检验形式 (C, T, K)
gdp_i	−1.598731	−4.296729	1.66999	−3.761609	−3.574782	(C, T, 1)
$dgdp_i$	−5.099964	−3.679322	1.979460	−3.446360	−3.352064	(C, T, 0)
ur_i	−1.718453	−4.296729	2.481231	−6.088876	−5.902049	(C, T, 1)
dur_i	−3.679322	−2.087426	1.784576	−6.210071	−6.068626	(C, 0, 0)
ec_i	−1.795175	−4.296729	1.426190	−4.456493	4.269667	(C, T, 3)
dec_i	−2.789265	−2.622989	1.909647	−4.542248	−4.400804	(C, T, 0)

对三个变量进行平稳性检验是进行 STR 非线性检验与估计的前提。表 7 - 13 说明 ur、ec 与 gdp 经过一阶差分后已无单位根，是平稳时间序列，所以有 $ur \sim I(1)$，$ec \sim I(1)$，$gdp \sim I(1)$。因三个变量均是一阶单整变量，满足协整检验的前提，可以对 ur、ec 与 gdp 进行 Johansen 检验，检验结果表明：我国城市化、能源消费与经济增长之间存在一个协整关系，且存在稳定的长期关系（Johansen 协整检验结果第一节已经给出）。

（二）滞后阶数的确定

Teräsvirta（1998）认为在平滑转换回归（STR）模型中，线性 AR 部分的具体结构要根据 VAR 模型来判定。通过回归检验分析，研究发现：

当 $dgdp$、dur、dec 均滞后 1 阶时，DW 统计量较理想，各变量系数也比较显著，同时 AIC 与 SC 值也为最小值。

模型线性部分有如下的估计结果：

$$dgdp_t = 0.029409 + 0.482146 dgdp_{t-1} + 0.867449 dur_t + 0.427418 dec_t$$

$$-0.583442 dur_{t-1} - 0.158172 dec_{t-1} \quad R^2 = 0.430817, \quad \overline{R}^2 = 0.312237, \quad AIC$$

$$= -3.674281, \quad SC = -3.394042$$

（三）非线性的检验及其模型的确定

因为非线性检验必须以平滑转换回归（STR）模型的转换函数的泰勒展开式为基础进行分析，所以，可以令转换函数在 $\gamma = 0$ 处进行三级泰勒级数展开，然后可以把展开后的三级泰勒级数代入式（7.1），根据不一样的情形有如下的辅助方程：

如果转换变量 s_t 是 z_t 的一部分，有辅助方程：

$$y_t = \beta'_0 z_t + \sum_{j=1}^3 \beta'_j z_t s_t^j + u_t^* \tag{7.7}$$

如果转换变量 s_t 不是 z_t 的一部分，有辅助方程：

$$y_t = \beta'_0 z_t + \sum_{j=1}^3 \beta'_j z_t s_t^j + u_t^* \tag{7.8}$$

其中，$z_t = (1, \tilde{z}_t)$，$\tilde{z}_t = (dgdp_{t-1}, dur_t, dec_t, dur_{t-1}, dec_{t-1})$，$R_3$ (γ, c, s_t) 为泰勒展开式剩余项。对式（7.7）设定原假设 $H_0: \beta_0 = \beta_1 = \beta_2 = 0$，若拒绝原假设就证明存在非线性关系。泰雷斯维尔塔（Teräsvirta）提出用 LM 乘数检验来判断模型是否有非线性性质，之后他又更换检验统计量，用 F 统计量增强检验的精确度。非线性检验的重要一步是判断模型的具体形式是 LSTR1 或者 LSTR2 型。泰雷斯维尔塔（Teräsvirta）认为备择假设中的 LSTR2 模型包含了 ESTR 模型。模型形式的选择依赖如下的序贯检验：

$$H_{04}: \beta_3 = 0 \quad H_{03}: \beta_2 = 0 \mid \beta_3 = 0 \quad H_{02}: \beta_1 = 0 \mid \beta_2 = \beta_3 = 0$$

如果 H_{03} 的检验统计量（F 统计量）P 值最小，那么式（7.2）的转换函数 G 的形式应为 LSTR2 或者 ESTR 模型。反之，则说明式（7.2）的转换函数 G 的形式为 LSTR1 型。根据上述检验方法，对模型进行线性和非线性检验，具体的检验结果如表 7-14 所示。表 7-14 显示，式（7.6）的转换变量为 dec_{t-1}，转换函数 G 的形式也为 LSTR1 模型。

表 7 – 14　　　　　　　　　假设检验及转换函数形式选择

转换变量	F	F_4	F_3	F_2	模型形式
$dgdp_{t-1}$	1.1459e – 01	5.0109e – 01	3.3573e – 02	2.2506e – 01	Linear
dur_t	NaN	NaN	1.2163e – 01	2.3253e – 01	Linear
dec_t	1.6809e – 01	3.5455e – 01	1.2553e – 01	2.4272e – 01	Linear
dur_{t-1}	NaN	NaN	1.6415e – 01	7.3119e – 01	Linear
dec_{t-1}^*	1.8616e – 02	3.0878e – 01	1.7796e – 01	1.1701e – 03	LSTR1
TREND	1.1210e – 01	8.7560e – 02	2.2365e – 01	7.8200e – 01	Linear

注：F、F_4、F_3 和 F_2 分别表示 H_0、H_{04}、H_{03} 和 H_{02} 假设下的 F 统计量，其对应的每一列数字为 F 统计量的 P 值。* 表示 STR 模型确定的最优转换变量与转换函数的形式。

　　根据表 7 – 14 的检验结果来看：当转换变量为 dec_{t-1} 时，接受线性假设的概率为 1.8616e – 02，远远小于 5%，因此，在 5% 的显著水平上，可以拒绝城市化、能源消费与经济增长之间线性的假设，而接受变量之间存在非线性关系的备择假设。同时在 F_4、F_3 和 F_2 中，F_3 所对应的 P 值不是最小的，所以转换函数 G 的形式为 LSTR1。

　　（四）平滑参数和位置参数初始值的确定

　　在判断了转换变量 s_t 以及转换函数 G 的具体形式之后，就可以采用 JMuLTi 软件对 STR 模型进行系数估计分析。一般地，可以利用二维格点搜索方法来明确平滑参数 γ 与位置参数 c 的初始值。具体来说是：可以在一定的范围内，根据研究需要，选择不一样的平滑参数 γ 与位置参数 c，从而达到平滑转换回归（STR）模型所估计的 SSR（残差平方和）最小。平滑参数 γ 与位置参数 c 的初始估计值如表 7 – 15 所示。图 7 – 6 到图 7 – 7 为模型在二维格点搜索下 γ 和 c 的等高线图与平面图（平面图显示的是最大化残差的相反数）。

表 7 – 15　　　　　平滑参数 γ 与位置参数 c 的初始估计值

SSR	γ	区间	c_1	区间
0.0052	5.9660	(0.50, 10.00)	0.0614	(– 0.03, 0.14)

　　表 7 – 16 显示了模型的 γ 和 c 的初始估计值，都落在了相应的区间内。因为泰雷斯维尔塔（Teräsvirta）说明 γ 和 c 的初始估计值必须落在其构造的区间内，才可以对模型作进一步的优化。

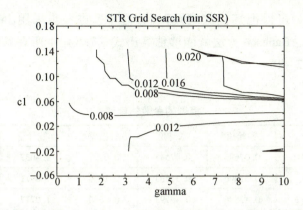

图7-6　格点搜索的等高线

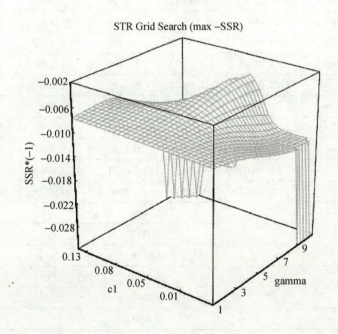

图7-7　格点搜索的平面

（五）模型参数的估计

由于变量之间可能存在联系使得模型产生多重共线性问题，因此，本书在建模过程中，采用了条件数法和 VIF 法对模型进行多重共线性检验，结果显示模型不存在多重共线性问题。

估算出了平滑转换回归（STR）模型中的平滑参数 γ 与位置参数 c 的

初始值之后，可以把其代入式（7.6）之中，进一步采用 JMuLTi 软件，应用 Newton – Raphson 方法就能够估算出式（7.6）中所有参数的值。估计结果见表 7 – 16。

表 7 – 16 模型的参数估计值

变量		初始值	估计值	标准差	t 统计量	P 值
线性部分	$Const$	0.07696	0.07545	0.0171	4.4037	0.0004
	$dgdp_{t-1}$	0.31006	0.31504	0.1090	2.8911	0.0106
	dur_t	0.42896	0.49793	0.4646	1.0717	0.2997
	dec_t	0.03684	0.01320	0.1919	0.0688	0.9460
	dur_{t-1}	-0.87479	-0.90909	0.4424	-2.0550	0.0566
	dec_{t-1}	0.54480	0.51389	0.2879	1.7850	0.0932
非线性部分	$Const$	-0.98001	-0.80789	0.3318	-2.4352	0.0270
	$dgdp_{t-1}$	4.01543	3.25377	1.4299	2.2756	0.0370
	dur_t	8.93282	7.56672	3.3770	2.2407	0.0396
	dec_t	1.39541	1.21324	0.6052	2.0047	0.0622
	dur_{t-1}	0.65146	0.79885	1.5848	0.5041	0.6211
	dec_{t-1}	-0.06149	-0.16598	0.6323	-0.2625	0.7963
	$Gamma$	5.96602	7.59935	3.6782	2.0661	0.0554
	c_1	0.06142	0.05871	0.0040	14.8537	0.0000
AIC		-7.7651				
SC		-7.1112				
HQ		-7.5559				
R^2		0.90461				
$\overline{R}^2$		0.9078				
SSR		0.0052				

通过估计结果可以发现：

（1）式（7.6）对应的主要诊断统计量值为：$ARCH - LM = 6.8158$（P 值：0.5566），$J - B = 0.1366$（P 值：0.9340），$F_{LM} = 1.2344$（P 值：0.3531）。模型的残差序列顺利通过了异方差性检验、正态性检验和序列相关检验（STR 模型的残差平方和图，见图 7 – 8）。模型的 AIC = -7.7651，SC = -7.1112，$\overline{R}^2 = 0.9078$。较高的 $\overline{R}^2$ 和较小的 AIC 和 SC 都表明模型拟合

程度较高，也说明 STR 模型很好地证明了我国城市化、能源消费与经济增长之间存在着非线性关系。即我国城市化、能源消费与经济增长之间的关系较之于线性模型来说，用非线性模型来拟合更适合。

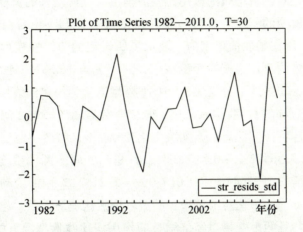

图 7-8　STR 模型的残差平方和

（2）实证结果发现，平滑参数 $\gamma = 7.59935$（通常 γ 值在 10 以上，就认为转换速度是比较快的），说明我国城市化、能源消费与经济增长的关系从一种状态转换到另一种状态的速度是很慢的。大多数的观察值都会落在中间状态，只有比较少的观察值会落在两种极端状态（G=0 或者 G=1），见图 7-9，其中 ec_ log_ d1（t）表示 dec_{t-1}。

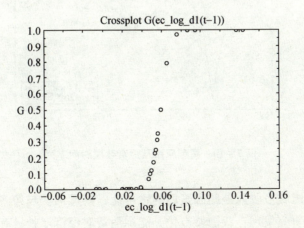

图 7-9　STR 模型转换函数

（3）模型的线性部分分析发现：当期城市化变动1%，将会引起当期经济增长0.49793%的变动，即城市化水平的提高能促进经济增长。而能源消费变动1%，将会引起经济增长0.01320%的变动。可见，在线性情况下，城市化对经济增长的作用比能源消费对经济增长的贡献要明显。

LSTR1模型的非线性部分包括转换函数和回归项两部分。位置参数 $c_1 = 0.05871$ 落在了取值范围内，表示了所设定的非线性模型具有一定的合意性。具体而言，当转换变量 $dec_{t-1} < c_1$（$c_1 = 0.05871$）时，转换函数值趋向于零，非线性部分消失，LSTR1模型退化为简单的线性模型。当转换变量 $dec_{t-1} > c_1$ 时，我国城市化、能源消费与经济增长之间就会表现出明显的非线性特征。此时，当期城市化变动1%，将会引起当期经济增长8.06465%（7.56672% + 0.49793%）的变动。而能源消费变动1%，将会引起经济增长1.22644%（0.01320% + 1.21324%）的变动。可见，在非线性情况下，城市化对经济增长的贡献依然比能源消费对经济增长的贡献要明显。并且两个变量对经济增长的作用均比线性情况下的作用要大。图7-10表明，LSTR1模型所产生的拟合数据与原始数据的动态特征基本相同，这意味着本书所构建的非线性模型对我国城市化、能源消费与经济增长关系的解释力良好，三者之间确实存在长期动态关系。

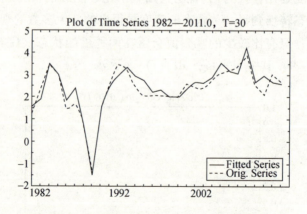

图7-10　模型原始及拟合数据时间序列

四　考虑城乡收入差距因素后的城市化、能源消费与经济增长

上面的研究发现：我国城市化、能源消费对经济增长具有明显的非对称效应。同时随着我国城乡收入差距的不断扩大，城乡收入差距对经济增

长也会产生影响，本部分将在式（7.6）中引入城乡收入差距这一变量。因为我国 1978 年城乡居民收入比为 2.57：1，绝对收入差距为 209.8 元，而到了 2011 年城乡居民收入比为 3.13：1，绝对收入差距高达 14832.49 元。可见，我国城乡居民之间确实存在较大的收入差距，并且这种收入差距有进一步扩大的趋势。为此，政府制定了调节收入分配的相应政策，以缩减城乡收入差距。那么，政府采取调控政策的效果如何？我国城乡收入差距到底是有利于还是不利于经济增长？两者是线性关系还是非线性关系？回答这些问题具有重要的理论与现实意义。

自 Kuznets（1955）提出"倒 U 假设"后，国外学者对收入差距与经济增长的关系进行了大量的理论及实证研究，但是到目前为止学术界对于两者的关系到底是倒"U"形或是正相关或是负相关或是不相关关系还没有达成共识。Kaldor（1956）发现：收入分配不均将促进财富由穷人向富人转移，而富人的边际储蓄倾向比穷人高，当经济增长率与储蓄率正相关时，收入差距可以提高经济增长率；Aghion 等（1999）认为因为投资的不可分性，且由于投资又是一笔巨大的沉淀成本，在一个没有运转良好的资本市场情形下，财富集聚在少数人手中可能导致更加有利于经济增长的活动；而 Persson 等（1994）研究发现：物资资本及人力资本的积累受到一国税收政策的影响，若对富人征收高额税收来缩小收入差距，就会降低人们的生产积极性，从而不利于经济增长；Deininger 等（1998）发现：在绝大多数情况下收入不平等对经济增长起到了负面作用。

国内学者对这一问题也未形成一致看法。汪同三和蔡跃洲（2006）认为收入差距扩大对经济增长有利。其研究发现：我国城乡居民收入差距扩大导致投资结构中重工业比重增大，经济增长速度提高，即城乡居民收入差距之间为正向促进关系；而陆铭、陈钊和万广华（2005）却发现我国城乡居民收入差距对经济增长的影响显著为负；吕炜和储德银（2011）研究发现：东部地区城乡居民收入差距与经济增长正相关，但中部和西部地区城乡居民收入差距均与经济增长负相关；王少平和欧阳志刚（2007）的结论说明：改革初期的城乡收入差距促进了经济增长而现阶段城乡收入差距的扩大对经济增长产生阻滞作用；王立勇等（2013）发现：随着收入差距从低到高变化，收入差距对经济增长的影响呈独特的倒"U"形曲线轨迹，在城乡收入比达到 2.75 左右正影响达到最大，之后正影响逐渐减少；当城乡收入比达到 3.1 左右时，收入差距对经济增长将产生负面影响。过低的收入差距和过高的收入差距对经济增长都是不利的。

用 gap_i 来代表第 i 年的城乡收入比的自然对数，用来测度城乡收入差距，$dgap_i$ 为其一阶差分序列。本书采用的数据来源于《中国统计年鉴（2012）》和《新中国六十年统计资料汇编》。经过 ADF 检验，城乡收入差距变量亦为一阶单整变量。

把城乡收入差距变量引入非线性模型（7.6）中，可以得到包含城乡收入差距影响下的非线性模型，所以有模型（7.9）：

$$gdp_t = a_{00} + \sum_{i=1}^{p} a_{1i} \times gdp_{t-i} + \sum_{j=0}^{q} a_{2j} \times ur_{t-j} + \sum_{h=0}^{m} a_{3h} \times ec_{t-h} + \sum_{k=0}^{n} a_{4k} \times gap_{t-k}$$

$$+ \left(b_{00} + \sum_{i=1}^{p} b_{1i} \times gdp_{t-i} + \sum_{j=0}^{q} b_{2j} \times ur_{t-j} + \sum_{h=0}^{m} b_{3h} \times ec_{t-h} + \sum_{k=0}^{n} b_{4k} \right.$$

$$\left. \times gap_{t-k} \right) \times G(\gamma, c, s_t) + \eta_t \tag{7.9}$$

由于变量之间可能存在联系使得模型产生多重共线性问题，因此，本书在建模过程中，采用了条件数法和 VIF 法对模型进行多重共线性检验，结果显示模型不存在多重共线性问题。非线性模型的具体形式与最优转换变量见表 7 - 17。表 7 - 17 显示，模型（7.9）的转换变量为 $dgap_t$，转换函数 G 的形式也为 LSTR1 模型。γ 和 c 的初始估计的结果如表 7 - 18 所示，表 7 - 18 显示了模型的 γ 和 c 的初始估计值，都落在了相应的区间内。而 γ 和 c 的等高线图与平面图见图 7 - 11 和图 7 - 12。模型（7.9）的参数估计结果见表 7 - 19。

表 7 - 17　　　　　　　　　假设检验及转换函数形式选择

转换变量	F	F_4	F_3	F_2	模型形式
$dgdp_{t-1}$	1.6897e-01	4.1191e-01	4.9541e-02	5.3998e-01	Linear
dur_t	NaN	NaN	8.9467e-01	6.0546e-01	Linear
dec_t	3.3968e-01	1.4461e-01	7.7333e-01	4.0629e-01	Linear
$dgap_t^*$	3.4626e-04	9.6870e-04	2.7065e-02	4.1271e-01	LSTR1
TREND	3.6225e-01	1.9793e-01	3.5419e-01	8.8799e-01	Linear

表 7 - 18　　　　　平滑参数 γ 与位置参数 c 的初始估计值

SSR	γ	区间	c_1	区间
0.0211	9.0186	(0.50, 10.00)	-0.0341	(-0.12, 0.14)

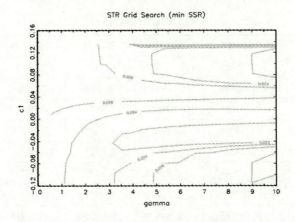

图 7 – 11　格点搜索的等高线

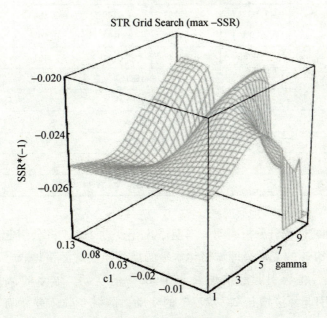

图 7 – 12　格点搜索的平面

　　模型（7.9）对应的主要诊断统计量值为：$ARCH - LM = 12.1446$（P 值：0.1449），$J - B = 7.6001$（P 值：0.0224），$F_{LM} = 3.3888$（P 值：0.0250）。模型的残差序列顺利通过了异方差性检验、正态性检验和序列相关检验。平滑参数 $\gamma = 9.02777$ 大于模型（7.6）没有考虑城乡收入差距变量下的平滑参数（$\gamma = 7.59935$），表明在城乡收入差距的冲击影响下，我国经济增长率在两种不同机制间的转换速度较快。

表 7 - 19   模型的参数估计值

变量		初始值	估计值	标准差	t 统计量	P 值
线性部分	$Const$	0.15688	0.17685	0.2976	0.5943	0.5597
	$dgdp_{t-1}$	-1.17878	-1.40908	3.0567	-0.4610	0.6503
	dur_t	3.11484	3.50681	6.9831	0.5022	0.6216
	dec_t	1.84089	2.04983	4.6042	0.4452	0.6615
	$dgap_t$	2.07374	2.37277	3.9313	0.6036	0.5537
非线性部分	$Const$	-0.21445	-0.23420	0.3009	-0.7782	0.4465
	$dgdp_{t-1}$	2.00569	2.23427	3.0533	0.7317	0.4737
	dur_t	-1.51636	-1.90871	6.9825	-0.2734	0.7877
	dec_t	-1.49950	-1.70804	4.6021	-0.3711	0.7149
	$dgap_t$	-1.99311	-2.29293	3.9239	-0.5843	0.5662
	$Gamma$	9.01855	9.02777	18.0103	0.5013	0.6223
	c_1	-0.03409	-0.03547	0.0144	-2.4639	0.0240
AIC				-6.4587		
SC				-5.8983		
HQ				-6.2794		
R^2				0.59753		
$\overline{R}^2$				0.6109		
SSR				0.0211		

　　模型的线性部分分析表明：当期城市化变动 1%，将会引起当期经济增长 3.50681% 的变动，即城市化水平的提高能促进经济增长。而能源消费变动 1%，将会引起经济增长 2.04983% 的变动。城乡收入差距变动 1%，将会引起经济增长 2.37277% 的变动，即城乡收入差距有利于经济增长。可见，在线性情况下，城市化对经济增长的作用最明显，其次才是城乡收入差距变量与能源消费变量。

　　模型（7.9）的非线性部分包括转换函数和回归项两部分。位置参数 $c_1 = -0.03547$ 落在了取值范围内，表示了所设定的非线性模型具有一定的合意性。具体而言，当转换变量 $dgap_t < c_1$（$c_1 = -0.03547$）时，转换函数值趋向于零，非线性部分消失，LSTR1 模型退化为简单的线性模型。当转换变量 $dgap_t > c_1$ 时，我国城市化、能源消费、城乡收入差距与经济增长之间就会表现出明显的非线性特征。此时，当期城市化变动 1%，将会引起当期经济增长 1.5981%（3.50681% - 1.90871%）的变动。而能源消费变动 1%，将会引起经济增长 0.34179%（2.04983% - 1.70804%）的变动。城乡收入差距变动 1%，将会引起经济增长 0.07984%（2.37277% - 2.29293%）的变动，即在非线性条件下，城乡收入差距仍然有利于经济增长。这意味着对于追求经济更快增长的政府而言，城乡居民收入差距并非越小越好，即缩小城乡居民收入差距并不一定实现经济更快增长的目标。

图 7 - 13 表明，LSTR1 模型所产生的拟合数据与原始数据的动态特征基本相同，这意味着本书所构建的非线性模型对我国城市化、能源消费、城乡收入差距与经济增长关系的解释力良好，变量之间确实存在长期动态关系。

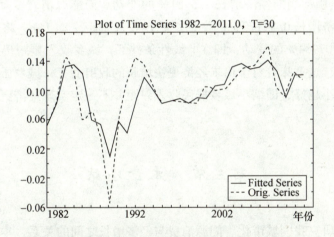

Plot of Time Series 1982—2011.0，T=30

图 7 - 13　模型原始及拟合数据时间序列

五　研究结论

本部分在传统的线性模型基础上引入 STR 模型，构建了一个我国城市化、能源消费与经济增长的非线性模型，同时，引入城乡收入差距因素，考察了我国城市化、能源消费、城乡收入差距与经济增长的动态演变。研究结论如下：

（1）与传统的线性模型相比，平滑转换回归（STR）模型能够反映我国城市化、能源消费对经济增长的非对称效应。三者的关系更适合使用非线性的 LSTR1 模型来拟合。当转换变量 $dec_{t-1} > 0.05871$ 时，也就是前一期的能源消费的上升速度超过 6.04677% ［Exp（0.05871）－1］时，模型就转换为非线性的，此时城市化、能源消费的变动对于经济增长的非线性影响就会体现出来。当期城市化变动 1%，将会引起当期经济增长 8.06465% 的变动。而能源消费变动 1%，将会引起经济增长 1.22644% 的变动。可见，在非线性情况下，城市化对经济增长的贡献依然比能源消费对经济增长的贡献要明显。并且两个变量对经济增长的作用均比线性情况下的作用要大。

（2）考虑城乡收入差距因素后，当转换变量 $dgap_t$ > －0.03547 时，也就是城乡收入差距的上升速度超过 －3.4848% ［Exp（－0.03547）－1］时，模型就转换为非线性的，此时城市化、能源消费与城乡收入差距的变动对于经济增长的非线性影响就会体现出来。此时，当期城市化变动 1%，将会引起当期经济增长 1.5981% 的变动。而能源消费变动 1%，将会引起经济增长 0.34179% 的变动。城乡收入差距变动 1%，将会引起经济增长 0.07984% 的变动，即在非线性条件下，城乡收入差距仍然有利于经济增长。这意味着对于追求经济更快增长的政府而言，城乡居民收入差距并非越小越好，即缩小城乡居民收入差距并不一定实现经济更快增长的目标。

第三节　本章小结

为了研究我国城市化、能源消费与经济增长之间的关系，本章主要基于线性和非线性分析方法对城市化、能源消费与经济增长之间的关系进行了实证分析。采用 STR 模型对城市化、能源消费与经济增长的非线性效应进行研究，尤其是在传统的线性模型基础上引入 STR 模型，构建了一个我国城市化、能源消费与经济增长的非线性模型，同时，引入城乡收入差距因素，考察我国城市化、能源消费、城乡收入差距与经济增长的动态演变，是本书的一个初步尝试。

第八章 研究结论与展望

第一节 研究结论

能源是人类赖以生存与发展的重要物质基础，能源也是一个国家发展经济的基础要素，能源的有效利用以及合理的消费关系到一个国家经济社会的可持续发展，能源消费量过快增长与较低的能源效率均会妨碍一个国家经济的持续增长。研究能源消费和经济增长之间的关系是科学进行能源需求预测的基础。随着世界各国经济发展，能源在经济增长中发挥的作用越来越重要，能源相关问题的研究日益受到国内外学者的关注。本书遵循"城市化—能源消费—经济增长"这一研究思路，采用线性（主要包括：协整、误差修正模型、格兰杰因果检验、向量自回归模型、脉冲响应函数、方差分解以及状态空间模型）和非线性方法（STR）分别对城市化与能源消费、能源消费与经济增长和城市化与经济增长以及城市化、能源消费与经济增长之间的内在深层次作用关系进行了研究。总之，本书从理论与实证两个方面研究了城市化、能源消费与经济增长之间的关系，试图为可持续发展政策的实施提供理论帮助，主要的研究结论如下：

（1）通过对城市化与能源消费、能源消费与经济增长和城市化与经济增长内在关系研究文献的梳理，找出现有文献的缺陷，进而提出本书的研究视角与研究思路。通过文献述评，研究发现：不同国家或地区的城市化与能源消费、能源消费与经济增长、城市化与经济增长之间的内在依从关系有差异。即使是同一个国家的不同发展时期，由于使用的样本期选取不同，研究结论也是迥异的。比较重要的一个原因在于以上大多数文献都是基于线性假设的前提。虽然线性化建模方法具有理论成熟和实际应用广泛以及易于操作等优点，但是这样就无法揭示出变量之间存在的复杂而微妙的真正关系。同时虽然也有一些非线性的文献，但由于对非线性模型没有进行具体细化分析，且也与线性模型未进行对比分析，这样就无法精确捕捉到我国城市化与能源消费、能源消费与经济增长、城市化与经济增长之间的真正关系。同时还发现：目前对城市化、能源消费与经济增长的关系研究尚未形成一个系统的理论分析框架。虽有少数零散的文献对三变量进行了分析，但均是基于线性分析框架，而且还未形成一套完整的理论框架和体系。因此，为了进一步揭示城市化与能源消费、能源消费与经济增长、城市化与经济增长以及城市化、能源消费与经济增长之间复杂而真实的关系，很有必要采用非线性平滑转换回归（Smooth Transition Regression Model，STR）模型对其相互关系进行实证分析，揭示城市化、能源消费与经济增长之间的内在深层次作用关系。

（2）对我国城市化进程中的能源消费问题进行分析，研究发现：①我国 1987—2010 年城市化水平与能源消费之间存在长期的均衡关系，城市化水平每提高 1%，能源消费量将增加 1.734%，说明随着城市化水平的提高，我国能源消费量同时也增加了。从误差修正模型来看，误差修正系数为 -0.165，符合相反修正机制，两者的短期动态均衡关系是，城市化水平短期内每提高 1%，能源消费将反方向变动 0.513%。格兰杰因果关系检验表明：城市化均是引起能源消费的原因，而能源消费构成城市化的原因并不显著。②进一步采用 STR 模型对中国 1953—2011 年间的城市化与能源消费关系的实证检验发现：使用非线性模型的设定和参数的估计均具有很好的合意性，说明相对于线性模型而言两者的关系更适合使用非线性的 LSTR2 模型来拟合。如果城市化下降较快（当期城市化下降的速度高于 2.388%）或者上升较快（当期城市化上升的速度高于 15.3684%）时，当期城市化对于能源消费的非线性影响就会显现，此时城市化变动 1% 会引起当期能源消费变动 10.59124%。③把 1978 年、1995 年作为 2 个时间分割点，分别对 1953—1978 年、1979—1995 年、1996—2011 年三组时间段内城市化、工业化与能源消费的关系问题进行比较研究发现：首先，对 1953—1978 年（城市化曲折发展阶段）我国城市化、工业化与能源消费关系的研究发现：我国城市化水平每提高 1%，能源消费将增加 0.1280%，而工业化水平每提高 1%，能源消费将增加 2.9594%，说明 1953—1978 年，能源消费增长主要受工业化驱动，城市化的影响较小。其次，对 1979—1995 年我国（城市化初期发展阶段）城市化、工业化与能源消费关系的研究发现：城市化水平每提高1%，能源消费将增加2.4881%，而工业化水平每提高1%，能源消费将增加0.3147%，说明1979—1995年，能源消费受城市化影响很大，但是受工业化的影响较小。最后，对1996—2011年（城市化中期发展阶段）我国城市化、工业化与能源消费关系的研究发现：城市化水平每提高1%，能源消费将增加1.9561%，而工业化水平每提高1%，能源消费将增加3.1174%，说明在1996—2011年，城市化与工业化共同驱动能源消费的增长。

（3）对我国能源消费与经济增长内在依从关系的研究发现：①在不考虑其他投入要素的情况下，本书基于协整理论和状态空间模型实证分析了能源消费与经济增长的动态关系，协整检验研究发现：能源消费与经济增长之间具有很强的正向关联性，两者之间存在长期均衡关系。能源消费每增加1%，国内生产总值将增加1.819%，说明能源消费对经济增长具有明显的促进作用。基于状态空间模型的可变参数模型研究发现，能源消费的产出弹性在1.8710—1.8780，弹性系数呈现出明显的阶段性特征。1978—1985年间，能源消费弹性一直在增加。若劳动力与资本要素投入水平不变，能源消费的经济增长偏弹性系数为1.189，即当劳动力和资本要素投入水平不变时，能源消费每增加1%，GDP将提高1.189%。资本、劳动力和能源消费与经济增长存在正向作用关系。能源投入产出弹性为1.189，高于资本产出弹性0.470和劳动产出弹性0.446。要素的产出弹性之和大于1，表明规模报酬为递增。②我国煤炭消费、石油消费、电力消费和经济增长之间存在长期的均衡关系。格兰杰因果关系检验表明：煤炭消费、石油消费和电力消费均是经济增长的原因，说明各类能源消费的增长直接导致国内生产总值的增加。该结论表明中国经济发展具有较强的"能源依赖"、"能源高耗"等特征，能源供应紧张将成为制约中国经济增长的"瓶颈"。即各类能源均是中国经济增长过程中不可缺少的要素。③我国能源效率与经济增长之间存在长期的均衡关系。能源效率每提高1%，我国经济增长将提高0.6823%。格兰杰因果关系检验表明：滞后期为2时，能源效率与经济增长互为因果关系。说明在1978—2011年中国经济发展过程中，能源效率提高能够促进经济增长，同时经济增长也能带动中国能源效率提高，能源效率与经济增长两者之间是一种互相促进的关系。④运用STR模型构造了四个不同的STR模型来分别研究能源消费与经济增长的长期动态非线性关系。实证检验发现：使用非线性模型的设定和参数的估计均具有很好的合意性。

（4）对我国城市化与经济增长之间关系的研究发现：①我国城市化与经济增长之间存在长期的均衡关系，城市化每增加1%，引起GDP增加3.0901%。格兰杰因果关系检验表明：滞后期为4年时，经济增长构成城市化的原因很显著。即经济增长对城市化水平提高的效应在滞后4年时最为明显。但是，城市化水平构成经济增长的原因还不显著。②采用STR模型对我国1978—2011年间的城市化与经济增长的关系进行实证检验发现：使用非线性模型的设定和参数的估计均具有很好的合意性。说明相对于线性模型而言两者的关系更适合使用非线性的LSTR2模型来拟合。如果城市化下降较快（当期城市化下降的速度高于1.5773%）或者上升较快（当期城市化上升的速度高于4.8321%）时，当期城市化对于经济增长的非线性影响就会显现，此时城市化变动1%会引起当期经济增长变动1.26841%。

（5）对我国城市化、能源消费与经济增长关系之间关系的研究发现：①我国城市化、能源消费与经济增长之间存在长期的均衡关系，城市化、能源消费每增加1%，分别引起经济增长（GDP）增加2.0011%和0.7742%。城市化对经济增长的促进作用比能源消费显著。进一步的分析还发现：能源消费具有显著的中介效应。交互项的系数为正值，说明随着能源消费水平的提高，我国城市化将促进经济增长。此时，表示城市化、能源消费每增加1%，分别引起经济增长（GDP）增加1.5772%和0.5060%。城市化对经济增长的促进作用仍然比能源消费显著。格兰杰因果关系检验表明：经济增长是城市化和能源消费的原因，城市化也是构成能源消费的原因。而城市化和能源消费构成经济增长的原因不显著。说明我国还需要进一步提高城市化的质量，同时也要注意提高能源利用效率，这样才能有效地促进我国的经济增长和提高经济增长的质量。基于状态空间模型的可变参数模型研究发现：经济增长对城市化的弹性在0.3326—2.0167，经济增长对能源消费的弹性在0.7413—1.5429。城市化与能源消费对经济增长均产生积极影响。但弹性系数呈现出明显的阶段性特征。1985—1996年间，能源消费弹性大于城市化弹性。但是城市化弹性在1996年后却是逐渐上升的。②在传统的线性模型基础上引入STR模型，构建了一个我国城市化、能源消费与经济增长的非线性模型，同时，引入城乡收入差距因素，考察了我国城市化、能源消费、城乡收入差距与经济增长的动态演变。与传统的线性模型相比，平滑转换回归（STR）模型能够反映我国城市化、能源消费对经济增长的非对称效应。三者的关系更适合使用非线性的 LSTR1 模型来拟合。前一期的能源消费的上升速度超过 6.04677% 时，模型就转换为非线性的，此时城市化、能源消费的变动对于经济增长的非线性影响就会体现出来。当期城市化变动 1%，将会引起当期经济增长 8.06465% 的变动。而能源消费变动 1%，将会引起经济增长 1.22644% 的变动。可见，在非线性情况下，城市化对经济增长的贡献依然比能源消费对经济增长的贡献要明显。并且两个变量对经济增长的作用均比线性情况下的作用要大。考虑城乡收入差距因素后，当城乡收入差距的上升速度超过 -3.4848% 时，模型就转换为非线性的，此时城市化、能源消费与城乡收入差距的变动对于经济增长的非线性影响就会体现出来。此时，当期城市化变动 1%，将会引起当期经济增长 1.5981% 的变动。而能源消费变动 1%，将会引起经济增长 0.34179% 的变动。城乡收入差距变动 1%，将会引起经济增长 0.07984% 的变动，即在非线性条件下，城乡收入差距仍然有利于经济增长。这意味着对于追求经济更快增长的政府而言，城乡居民收入差距并非越小越好，即缩小城乡居民收入差距并不一定实现经济更快增长的目标。

第二节　主要创新点

与已有的研究相比较而言，本书的创新点主要体现在以下几个方面：

（1）城市化进程对能源消费到底具有何种影响效应呢？未来一段时期我国城市化仍将快速推进，而能源消费问题将比较突出，在这种背景下来分析城市化水平与能源消费的动态关系，建立以能源节约为主导的城市化发展模式，对于促进城市化进程与能源消费的协调发展具有重要的理论意义和现实意义。与已有学者研究城市化与能源消费基于线性假设前提不同的是，本书构建了城市化与能源消费之间的非线性平滑转换回归模型（STR），实证检验发现：使用非线性模型的设定和参数的估计均具有很好的合意性。说明相对于线性模型而言，两者的关系更适合使用非线性的 LSTR2 模型来拟合。如果城市化下降较快（当期城市化下降的速度高于

2.388%）或者上升较快（当期城市化上升的速度高于 15.3684%）时，当期城市化对于能源消费的非线性影响就会显现，此时城市化变动 1% 会引起当期能源消费变动 10.59124%。本书的研究拓展了城市化与能源消费之间关系的研究，研究得出的实证结论和政策建议较为新颖和更具有针对性，从而更系统认知了城市化背景下能源消费的机理。同时还基于诺瑟姆城市化发展曲线的标准，以 1978 年与 1995 年为阶段分界点，把中国城市化进程划分为城市化曲折发展阶段、城市化初期阶段及城市化中期阶段三个阶段，并且实证分析了与我国城市化发展阶段性特征相适应的能源生产及消费特征。这样的分析更为细化，对我国在不同城市化阶段制定不同的能源消费政策具有很强的理论帮助。

（2）构造了四个不同的 STR 模型来分别研究能源消费与经济增长的长期动态非线性关系，这在当前学术界是一个初步的尝试，丰富了能源消费与经济增长研究方面的文献。这样不仅能够找到促进经济增长的最优能源消费的阈值，且可以检验最优能源消费在阈值两侧对经济增长的影响是否存在非对称性以及在不同状态间的转换速度。由于本书得到最优能源消费阈值两侧存在非对称性影响和不同状态间的转化速度，这也将会对我国以什么样的速度合理有序地进行能源消费从而促进经济增长提供理论帮助。正是基于这样的假定以及理论基础，本书的研究更为贴近现实，从而也拓宽了能源消费和经济增长差异理论研究的视野。采用 STR 模型发现能源消费与经济增长在某一个区间内是线性关系，而在另一个区间内却呈现一种非线性的关系，这样就丰富了能源消费和经济增长研究的计量方法手段。从政策意义的角度，研究结论所得到的最优能源消费将会对以后的能源政策制定提供一定的理论支持和政策参考。

（3）运用 STR 模型对我国城市化与经济增长的关系进行了研究。研究发现：相对于线性模型而言两者的关系更适合使用非线性的 LSTR2 模型来拟合。当城市化下降较快（当期城市化下降的速度高于 1.5773%）或者上升较快（当期城市化上升的速度高于 4.8321%）时，当期城市化对于经济增长的非线性影响就会显现，此时城市化变动 1% 会引起当期经济增长变动 1.26841%。这样就估计出了促进经济增长的最优城市化率（位置参数），也实证得出模型在不同区制状态下的转换速度（平滑参数）。本书弥补了当前研究中关于城市化与经济增长是线性关系的不足，使得更系统认知了城市化对经济增长的作用机理以及影响，为我国稳步推进城市化相关政策的制定提供了有效的理论依据。

（4）采用非线性平滑转换回归（Smooth Transition Regression Model，STR）模型在统一框架下，对城市化、能源消费与经济增长之间相互影响的动态关系进行了研究。这个模型考虑了城市化与能源消费、能源消费与经济增长、城市化与经济增长的门限效应，可以更为全面地了解变量之间的关系。尤其是在传统的线性模型基础上引入 STR 模型，构建了一个我国城市化、能源消费与经济增长的非线性模型，同时，引入城乡收入差距因素，考察了我国城市化、能源消费、城乡收入差距与经济增长的动态演变。这一研究发现了城市化、能源消费与经济增长之间更内在和更细致的互动作用关系，弥补了当前研究中对这一问题进行定量分析的空白，为我国节能战略、低碳经济发展战略以及缩小城乡收入差距政策的制定提供了理论支持和参考价值。

第三节　研究局限及展望

本书采用线性和非线性方法分别对城市化与能源消费、能源消费与经济增长和城市化与经济增长以及城市化、能源消费与经济增长之间的内在深层次作用关系进行了研究，取得了一些研究成果与理论创新，也对我国稳步推进城市化、提高能源利用、有效实施节能减排政策在实践方面有着一定的参考价值。但不管是从研究方法和研究深度层面而言，笔者还处在不断学习和借鉴过程中，因此，本书还存在不少有待于进一步拓展研究的地方。本书的研究局限和以后需要进一步深入细化分析与完善的方面如下：

（1）本书未能有效区别生活性能源消费和生产性能源消费对经济增长的影响效应，也未能区别三次产业能源消费对经济增长的影响效应，所以，本书的研究还有待进一步细化深入分析不同用途与不同产业内部的能源消费对增长的作用。

（2）城市化和能源消费都能促进经济增长，众多学者已经从理论层面进行了阐释，也构建了相关模型，但目前把城市化和能源消费作为变量纳入到内生经济增长模型中，并且从数理上推演出城镇与乡村人口比例发生变化和能源消费结构的变动是如何影响经济增长（影响机理）的，可能需要通过系统学习新兴古典经济学的理论和新经济增长理论，才能推演出比较完美的具有一定解释力的数理模型。在这一方面还需进一步深入研究。

（3）目前国内外研究者使用线性计量模型对能源消费与经济增长之间关系的研究比较多，而采用非线性面板模型的研究还比较少，比如非线性面板平滑转换回归模型（PSTR）等方法。此外，考虑到空间因素（地理因素）对能源消费与经济增长关系的影响，可以运用空间计量经济学的方法对省域内部以及地级市的能源消费与经济增长之间关系进行深入探讨。也就是说非线性模型与相关的计量经济学方法和空间计量经济学方法可以作为本书未来研究这一问题可供选择的研究方法。

（4）本书未研究能源价格对能源消费的影响。由于我国的能源定价（除煤炭是市场价）是由政府主导的，能源价格还未充分发挥其作为供求关系变化的信号作用，能源没有按照市场机制定价，所以，较低的能源价格致使大量的能源浪费。因此，深入研究能源价格对能源消费的影响和对能源体制改革问题的研究也是有待于进一步完善的问题。

参考文献

［1］肖涛：《能源消耗与经济增长关系的实证研究》，博士学位论文，重庆大学，2011年。

［2］刘生龙、王亚华、胡鞍钢：《西部大开发成效与中国区域经济收敛》，《经济研究》2009年第9期。

［3］刘洪涛：《中国最终需求变动对能源消费的影响效应研究》，博士学位论文，西安交通大学，2011年。

［4］Jumbe C. B. L.. Cointegration and Causality Between Electricity Consumption and GDP: Empirical Evidence from Malawi [J]. Energy Economics, 2004, 26 (1): 61 – 68.

［5］Altinay G., Karagol E.. Electricity Consumption and Economic Growth: Evidence from Turkey [J]. Energy Economics, 2005, 27 (6): 849 – 856.

［6］Shiu A., Lam P. L.. Electricity Consumption and Economic Growth in China [J]. Energy Policy, 2004, 32 (1): 47 – 54.

［7］Ghosh S.. Electricity Consumption and Economic Growth in India Energy Policy [J]. Energy Policy, 2002, 30 (2): 125 – 129.

［8］Yoo S. H.. The Causal Relationship between Electricity Consumption and Economic Growth in the ASEAN Countries [J]. Energy Policy, 2006, 34 (18): 3573 – 3582.

［9］姜爱林：《城镇化水平的五种测算方法分析》，《中央财经大学学报》2002年第8期。

［10］梁小民：《西方经济学教程》，中国统计出版社1998年版。

［11］Solow RM. A Contribution to the Theory of Rconomic Growth [J]. Quarterly Journal of Economics, 1956, 70 (1): 65 – 94.

［12］Swan TW. Economic Growth and Capital Accumulation [J]. Economic Record, 1956, 32 (2): 334 – 361.

[13] Helpman E. The mystery of economic growth [M]. Cambridge: Harvard University Press, 2004: 20 – 30.

[14] Yimin Chen, Xia Li, Yong Zheng, et al. Estimating the relationship between urban forms and energy consumption: a case study in the pearl river delta, 2005 – 2008 [J]. Landscape and Urban Planning, 2011, 102 (1): 33 – 42.

[15] Phetkeo Poumanyvong, ShinjiKaneko. Does urbanization lead to less energy use and lower CO_2 emissions? a cross – country analysis [J]. Ecological Economics, 2010, 70 (2): 434 – 444.

[16] Yaobin Liu. Exploring the relationship between urbanization and energy consumption in China using ARDL (Autoregressive Distributed Lag) and FDM (Factor Decomposition Model) [J]. Energy, 2009, 34 (11): 1846 – 1854.

[17] Reinhard Madlener, Yasin Sunak. Impacts of urbanization on urban structures and energy demand: what can we learn for urban energy planning and urbanization management [J]. Sustainable Cities and Society, 2011, 1 (1): 45 – 53.

[18] Weijun Gao, Xingtian Wang, LiHai feng, et al. Living environment and energy consumption in cities of Yangtze Delta area [J]. Energy and Buildings, 2004, 36 (12): 1241 – 1246.

[19] Lei Shen, Shengkui Cheng, Aaron James Gunson, et al. Urbanization, sustainability and the utilization of energy and mineral resources in China [J]. Cities, 2005, 22 (4): 287 – 302.

[20] Wei B. R. , Yagita H. , Inaba A. , Sagisaka M. Urbanization impact on energy demand and CO_2 emission in China [J]. Journal of Chongqing University, 2003, (2): 46 – 50.

[21] Hiroyuki IMAI. The effect of urbanization on energy consumption [J]. Journal of Population Problem, 1997, 53 (2): 43 – 49.

[22] York, Richard. Demographic trends and energy consumption in European Union Nations 1960 – 2025 [J]. Social Science Research, 2007, 36 (3): 855 – 872.

[23] Pairkh, J. , Shukla, V. Urbanization, energy use and greenhouse

Effects in Economic Development [J]. Global Environmental Change, 1995, 5 (2): 87 – 103.

[24] Jones, D. W. How Urbanization Affects energy Use in Developing Countries [J]. Energy Policy, 1991, 19 (7): 621 – 630.

[25] Hohedahl, P. , Joutz, F. L. Residential Electricity Demand in Taiwan [J]. Energy Economics, 2004, 26 (2): 201 – 224.

[26] Liddle, B. Demographic Dynamics and Per Capita Environmental Impact: using Panel Regressions and Household Decompositions to Examine Population and Transport [J]. Population and Environment, 2004, 26 (1): 23 – 39.

[27] Paehauir, S. An Analysis of Corss – sectional Variations in Total Household energy Requirements in India Using Micro Survey Data [J]. Energy Policy, 2004, 32 (11): 1723 – 1735.

[28] Chen, H. , Jia, B. , Lau, s. s. Y. Sustainable Urban form for Chinese Compact Cities: Challenges of Rapid Urbanized Economy [J]. Habitat International, 2008, 32 (1): 28 – 40.

[29] 耿海清：《能源基础与城市化发展的相互作用机理分析》，博士学位论文，中国科学院地理科学与资源研究所，2004 年。

[30] 梁朝晖：《城市化不同阶段能源消费的影响因素研究》，《上海财经大学学报》2010 年第 5 期。

[31] 刘耀彬：《中国城市化与能源消费关系的动态计量分析》，《财经研究》2007 年第 11 期。

[32] 许冬兰、李琰：《山东省城市化和能源消耗的关系研究》，《中国人口·资源与环境》2010 年第 11 期。

[33] 袁晓玲、方莹、张宝山：《能源消费与城市化水平关系的动态计量分析》，《城市发展研究》2011 年第 3 期。

[34] 杨肃昌、韩君：《城市化与能源消费：动态关系计量与贡献度测算》，《西北人口》2012 年第 4 期。

[35] 黄献松：《城市化与能源消费关系的动态计量分析》，《城市发展研究》2009 年第 3 期。

[36] 程开明：《城市化不是推动能源消耗的重要动力》，《调研世界》2011 年第 7 期。

[37] 王子敏、范从来：《城市化与能源消耗间关系实证研究》，《城市问题》2012 年第 8 期。

[38] 郑云鹤：《工业化、城市化、市场化与中国的能源消费研究》，《北方经济》2006 年第 10 期。

[39] 成金华、陈军：《中国城市化进程中的能源消费区域差异》，《经济评论》2009 年第 3 期。

[40] 周国富、藏超：《城市化与能源消费的动态相关性及其传导机制》，《经济经纬》2011 年第 3 期。

[41] 张黎娜、夏海勇：《城市化进程中的能源消费差异研究——基于中国省际面板分析》，《学海》2013 年第 2 期。

[42] 马珩：《中国城市化和工业化对能源消费的影响研究》，《中国软科学》2012 年第 1 期。

[43] 梁进社、洪丽璇、蔡建明：《中国城市化进程中的能源消费增长——基于分解的 1985—2006 年间时序比较》，《自然资源学报》2009 年第 1 期。

[44] 张馨、牛叔文、赵春升、胡莉莉：《中国城市化进程中的居民家庭能源消费及碳排放研究》，《中国软科学》2011 年第 9 期。

[45] 何晓萍、刘希颖、林艳苹：《中国城市化进程中的电力需求预测》，《经济研究》2009 年第 1 期。

[46] 袁晓玲、雷厉、杨万平：《陕西省工业化、城市化进程中的能源消费变动》，《统计与信息论坛》2010 年第 8 期。

[47] Ray M. Northam. Urban Geography [M]. New York：John Wiley & Sons, 1975：66.

[48] Sathaye, J., Meyers, S. Energy Use in Cities of the Developing countries [J]. Annual Review Energy, 1985, (10)：109 - 133.

[49] Pachauri, S., Jiang, L.. The Household Energy Transition in India and China [J]. Energy Policy, 2008, 36 (11)：4022 - 4035.

[50] Shu Li Huang, Chia Wen Chen. Theory of Urban Energetic and Mechanisms of Urban an Development [J]. Ecological Modelingm, 2005, 189 (1 - 2)：49 - 71.

[51] Parik, J. and Vibhooti, S. Urbanization, Energy use and Greenhouse effects in Economic Development：Resulits from a Cross National Study

of Development Countries [J]. Global Environmental Change, 1995 (5): 87 – 103.

[52] 仇保兴:《中国城市化发展进程中的城市规划变革》,同济大学出版社 2005 年版。

[53] Kraft J., Kraft A. On the Relationship between Energy and GNP [J]. Journal of Energy and Development, 1978, 3 (2): 401 – 403.

[54] Akarca A. T., Long T. V. On the Relationship Between Energy and GNP: a Reexamination [J]. Journal of Energy Development, 1980, 5 (2): 326 – 331.

[55] Yu, Eden S. H. and Been – Kwei Hwang. The Relationship Eetween Energy and GNP: Further Results [J]. Energy Economics, 1984, 6 (3): 186 – 190.

[56] Masih A. M., Masih R. Energy Consumption, Real Income and Temporal Causality: Results from a Multi – country Study based on Cointegration and error – correction Modeling Techniques [J]. Energy Economics, 1996, 18 (3): 165 – 183.

[57] Asafu – Adjaye J. The Relationship Between Electricity Consumption, Electricity Prices and Economic Growth: Time Series Evidence from Asian developing Countries [J]. Energy Economics, 2000, 22 (6): 615 – 625.

[58] Oh W., Lee K. Causal Relationship between Energy Consumption and GDP Revisited: the Case of Korea 1970 – 1999 [J]. Energy Economics, 2004, 26 (1): 1 – 177.

[59] Ghali K H, El – Sakka M I T. Energy Use and Output Growth in Canada: a Multivariate Cointegration Analysis [J]. Energy Economics, 2004, 26 (2): 225 – 238.

[60] Stern, David I. Energy and Economic Growth in the USA: a Multivariate Approach [J]. Energy Economics, 1993, 15 (2): 137 – 150.

[61] Stern, David I. Multivariate Cointegration Analysis of the role of Energy in the US Macroeconomy [J]. Energy Economics, 2000, 22 (2): 267 – 283.

[62] Dergiades T, Martinopoulos G, Tsoulfidis L. Energy Consumption and E-

conomic Growth：Parametric and non – Parametric Causality Testing for the case of Greece［J］. Energy Economics，2013，36（3）：686 – 697.

［63］Hamit – Haggar M. Greenhouse Gas Emissions，Energy Consumption and Economic Growth：A Panel co – integration Analysis from Canadian Industrial sector Perspective［J］. Energy Economics，2012，34（1）：358 – 364.

［64］Fuinhas J. A. ，Marques A C. Energy Consumption and Economic Growth nexus in Portugal，Italy，Greece，Spain and Turkey：an ARDL Bounds test Approach（1965 – 2009）［J］. Energy Economics，2012，34（2）：511 – 517.

［65］Shahbaz M，Zeshan M，Afza T. Is Energy Consumption Effective to Spur Economic Growth in Pakistan？ New Evidence form Bounds to Level Relationship，and Granger Causality Tests［J］. Economic Modeling，2012，29（6）：2310 – 2319.

［66］Jafari Y. ，Othman J. ，Nor A H S M. Energy Consumption，Economic Growth and Environmental Pollutants in Indonesia［J］. Journal of Policy Modeling，2012，34（6）：879 – 889.

［67］Yalta A. T. . Analyzing Energy Consumption and GDP Nexus Using Maximum Entropy Bootstrap：the Case of Turkey［J］. Energy Economics，2011，33（3）：453 – 460.

［68］师博：《能源消费、结构突变与中国经济增长：1952—2005》，《当代经济科学》2007 年第 5 期。

［69］吴巧生、成金华、王华：《中国工业化进程中的能源消费变动——基于计量模型的实证分析》，《中国工业经济》2005 年第 4 期。

［70］汪旭辉、刘勇： 《中国能源消费与经济增长：基于协整分析和 Granger 因果检验》，《资源科学》2007 年第 9 期。

［71］张优智：《中国能源消费与经济增长关系实证研究》，《价格月刊》2012 年第 8 期。

［72］杨宜勇、池振合：《中国能源消费与经济增长关系研究——基于误差修正模型》，《经济与管理研究》2009 年第 9 期。

［73］张唯实：《能源效率与中国经济增长关系研究》，《经济问题》2010 年第 8 期。

[74] 陶磊：《中国能源消费与经济增长的动态关系》，《数理统计与管理》2009 年第 5 期。

[75] 李晓嘉、刘鹏：《中国经济增长与能源消费关系的实证研究》，《软科学》2009 年第 8 期。

[76] 陈首丽、马立平：《我国能源消费与经济增长效应的统计分析》，《管理世界》2010 年第 1 期。

[77] 尹建华、王兆华：《中国能源消费与经济增长间关系的实证研究——基于 1953—2008 年数据的分析》，《科研管理》2011 年第 7 期。

[78] 赵霄伟、高志刚：《新疆经济增长与能源消费的实证分析》，《地域研究与开发》2011 年第 1 期。

[79] 曾胜、黄登仕：《中国能源消费、经济增长与能源效率》，《数量经济技术经济研究》2009 年第 8 期。

[80] 李国璋、霍宗杰：《中国能源消费、能源消费结构与经济增长——基于 ARDL 模型的实证研究》，《当代经济科学》2010 年第 3 期。

[81] 李宏岳：《能源消费和中国经济增长关系研究》，《经济问题探索》2012 年第 1 期。

[82] 刘剑锋、汤晓蔚：《能源消费与经济增长再探讨——基于最大熵自助法的研究》，《统计与信息论坛》2012 年第 9 期。

[83] 马颖：《基于 MS – VAR 模型的经济增长与能源消费关系研究》，《统计与决策》2012 年第 18 期。

[84] 李韧：《中国经济增长中的综合能耗贡献分析——基于 1978—2007 年时间序列数据》，《数量经济技术经济研究》2010 年第 3 期。

[85] 蔡雪雄、唐勇、罗瑞雪：《区域能源消费与经济增长关系的实证研究——以长三角、珠三角和海西经济区为例》，《学海》2012 年第 6 期。

[86] Narayan P. K. , Smyth R. Energy Consumption and Real GDP in G7 Countries: New Evidence from Panel co – integration with Structural Breaks [J]. Energy Economics, 2008, 30 (5): 2331 – 2341.

[87] Akkemik K. A. , Gooksal K. Energy Consumption – GDP Nexus: Heterogeneous Panel Causality Analysis [J]. Energy Economics, 2012, 34 (4): 865 – 873.

［88］ Belke A. , Dohnik F. , Dreger C. Energy Consumption and Economic Growth: New Insights into the Co – integration Relationship ［J］. Energy Economics, 2011, 33 (5): 782 – 789.

［89］ Narayan P. K. , Popp S. The Energy Consumption – Real GDP Nexus Revisited: Empirical Evidence from 93 Countries ［J］. Economic Modeling, 2012, 29 (2): 303 – 308.

［90］ Zhang C. , Xu J. Retesting the Causality Between Energy consumption and GDP in China: Evidence from Sectoral and Regional Analyses Using Dynamic Panel data ［J］. Energy Economics, 2012, 34 (6): 1782 – 1789.

［91］ 李鹏：《能源消费与我国的经济增长——基于动态面板数据的实证分析》，《经济管理》2013 年第 1 期。

［92］ 吴巧生、陈亮、张炎涛、成金华：《中国能源消费与 GDP 关系的再检验——基于省际面板数据的实证分析》，《数量经济技术经济研究》2008 年第 6 期。

［93］ 胡军峰、赵晓丽、欧阳超：《北京市能源消费与经济增长关系研究》，《统计研究》2011 年第 3 期。

［94］ 齐绍洲、罗威：《中国地区经济增长与能源消费强度差异分析》，《经济研究》2007 年第 7 期。

［95］ 于全辉、孟卫东：《基于面板数据的中国能源与经济增长关系》，《系统工程》2008 年第 6 期。

［96］ 赵湘莲、李岩岩、陆敏：《我国能源消费与经济增长的空间计量分析》，《软科学》2012 年第 3 期。

［97］ 王火根、沈利生：《中国经济增长与能源消费关系研究——基于中国 30 省市面板数据的实证检验》，《统计与决策》2008 年第 3 期。

［98］ 肖涛、张宗益、汪锋：《我国区域能源消耗与经济增长关系——基于能源输入省与输出省面板数据的实证分析》，《管理工程学报》2012 年第 3 期。

［99］ Hamilton J. D. What is an Oil Shock ［J］. Journal of Econometrics, 2003, 113 (2): 363 – 398.

［100］ Lee C. C. , Chang C. P. The Impact of Energy Consumption on Economic Growth: Evidence from Linear and Nonlinear Models in Taiwan ［J］. Energy, 2007, 32 (12): 2282 – 2294.

[101] Huang B. N., Hwang M. J., Yang C. W. Does More Energy Consumption Bolster Economic Growth? an Application of the Nonlinear Threshold Regression Model [J]. Energy Policy, 2008, 36 (2): 755 – 767.

[102] 赵进文、范继涛:《经济增长与能源消费内在依从关系的实证研究》,《经济研究》2007 年第 8 期。

[103] 梁经纬、刘金兰、柳洲:《能源消费与经济增长非线性动态关系研究》,《干旱区资源与环境》2014 年第 5 期。

[104] 王火根、龙建辉:《能源消费与经济增长非线性关系分析:基于门限协整系统》,《技术经济与管理研究》2005 年第 4 期。

[105] 田涛:《中国能源消费具有收敛性的特征吗》,《贵州财经学院学报》2012 年第 6 期。

[106] 刘长生、郭小东、简玉峰:《能源消费对中国经济增长的影响研究——基于线性与非线性回归方法的比较分析》,《产业经济研究》2009 年第 6 期。

[107] 原艳梅、林振山、陈玲玲:《基于 EMD 的中国经济增长与能源消费的关系》,《长江流域资源与环境》2009 年第 12 期。

[108] 梁经纬、刘金兰、吴召山:《门限效应、能源消费与中国的经济增长》,《西安电子科技大学学报》(社会科学版)2013 年第 2 期。

[109] 王火根、沈利生:《中国经济增长与能源消费空间面板分析》,《数量经济技术经济研究》2007 年第 12 期。

[110] 贺小莉、潘浩然:《基于 PSTR 模型的中国能源消费与经济增长非线性关系研究》,《中国人口·资源与环境》2013 年第 12 期。

[111] 梁经纬、刘金兰、柳洲:《基于半参数估计的能源消费与经济增长关系研究》,《统计与信息论坛》2013 年第 7 期。

[112] Yang H. Y.. A Note on the Causal Relationship between Energy and GDP in Taiwan [J]. Energy Economics, 2000, 22 (3): 309 – 317.

[113] Yuan J., Kang J., Zhao C., Hu Z.. Energy Consumption and Economic Growth: Evidence from China at both Aggregated and Disaggregated Levels [J]. Energy Economics, 2008, 30 (6): 3077 – 3094.

[114] Saria R., Ewingc B. T., Soytasb U.. The Relationship between Disaggregate Energy Consumption and Industrial Production in the United States: an ARDL Approach [J]. Energy Economics, 2008, 30 (5):

2302 - 2313.

[115] Ziramba E. . Disaggregate Energy Consumption and Industrial Production in South Africa [J]. Energy Policy, 2009, 37 (6): 2214 - 2220.

[116] Cho W. G. , Nam K. , Pagán J. A. Economic Growth and Inter - factor/inter - fuel Substitution in Korea [J]. Energy Economics, 2004, 26 (1): 31 - 50.

[117] Harvey A C, Marshall P. Inter - fuel Substitution, Technical Change and the Demand for Energy in the UK Economy [J]. Applied Economics, 1991, 23 (6): 1077 - 1086.

[118] Hu J. L. , Lin C. H. Disaggregated Energy Consumption and GDP in Taiwan: A Threshold Co - integration Analysis [J]. Energy Economics, 2008, 30 (5): 2342 - 2358.

[119] Bessec M. , Fouquau J. The non - linear Link between Electricity Consumption and Temperature in Europe: A Threshold Panel Approach [J]. Energy Economics, 2008, 30 (5): 2705 - 2721.

[120] Yuan, J. , Zhao, C. , Yu, S. , Hu, Z. . Electricity Consumption and Economic Growth in China: Cointegration and Co - feature Analysis [J]. Energy Economics, 2007, 29 (6): 1179 - 1191.

[121] 林伯强：《电力消费与中国经济增长：基于生产函数的研究》，《管理世界》2003 年第 11 期。

[122] 马超群、储慧斌、李科、周四清：《中国能源消费与经济增长的协整与误差校正模型研究》，《系统工程》2004 年第 10 期。

[123] 牟敦国：《中国能源消费与经济增长的因果关系研究》，《厦门大学学报》（哲学社会科学版）2008 年第 2 期。

[124] 曾胜、郑贤贵、饶呈祥：《我国能源消费结构与经济增长的关联关系分析》，《软科学》2009 年第 8 期。

[125] 周海燕、吴宏、陈福中：《异质性能源消耗与区域经济增长的实证研究》，《管理世界》2011 年第 10 期。

[126] 张炎涛：《经济增长与能源消费关系再研究——基于阈值协整的分析》，《贵州财经学院学报》2012 年第 1 期。

[127] 曹丰、黄淑芬、许健榕：《基于 C - D 生产函数的电力消费与经济增长关系研究》，《海南大学学报》（人文社会科学版）2012 年第

2 期。

[128] 张琳、何炼成、王俊霞：《电力消费与中国经济增长——基于中国 30 省市面板数据的协整检验》,《山西财经大学学报》2008 年第 12 期。

[129] 胡源：《我国经济增长对电力消费影响关系的实证分析》,《统计与决策》2012 年第 15 期。

[130] 李科：《基于阈值回归模型的中国电力消费与经济增长的关系》,《系统工程理论与实践》2012 年第 8 期。

[131] 牛东晓、嵇灵、劳咏昶、路妍：《中国电力消费与经济增长关系的实证研究》,《统计与决策》2013 年第 2 期。

[132] 刘生龙、高宇宁、胡鞍钢：《电力消费与经济增长》,《产业经济研究》2014 年第 3 期。

[133] 李强、王洪川、胡鞍钢：《中国电力消费与经济增长——基于省际面板数据的因果分析》,《中国工业经济》2013 年第 9 期。

[134] 梁经纬、刘金兰、柳洲：《分类型能源消费与中国经济增长关系研究》,《云南财经大学学报》2013 年第 2 期。

[135] Richard F. Garbaccio, Mun S. H., W. Jorgenson. Why has the Energy Output Ratio Fallen in China? [J]. The Energy Journal, 1999, 20 (3): 63 −91.

[136] Fisher Vanden K., Jefferson GH., Liu, H. M, et al. What is Driving China's Decline in Energy Intensity? [J]. Resource and Energy Economics, 2004, 26 (1): 77 −97.

[137] Fan Ying, Hua Liao, Wei Yi −ming. Can Market Oriented Economics Reforms Contribute to Energy Efficiency Improvement? Evidence from China [J]. Energy Policy, 2007, 35 (4): 2287 −229.

[138] Hang Lei −ming, Tu Mei −zeng. The Impacts of Energy Prices on Energy Intensity: Evidence from China [J]. Energy Policy, 2007, 35 (5): 2978 −2988.

[139] Thomas G. Rawshi. What is Happening to China's Energy Consumption [J]. Energy Policy, 2001, 28 (10): 671 −687.

[140] 李廉水、周勇：《技术进步能提高能源效率吗——基于中国工业部门的实证检验》,《管理世界》2006 年第 10 期。

[141] 史丹：《结构变动是影响中国能源消费的主要因素》，《中国工业经济》1999 年第 11 期。

[142] 史丹：《我国经济增长过程中能源利用效率的改进》，《经济研究》2002 年第 9 期。

[143] 施发启：《对中国能源消费弹性系数变化及成因的初步分析》，《统计研究》2005 年第 5 期。

[144] 蒋金荷：《提高能源效率与经济结构调整的策略分析》，《数量经济技术经济研究》2004 年第 10 期。

[145] 孙鹏、顾晓薇、刘敬智等：《中国能源消费的分解分析》，《资源科学》2005 年第 5 期。

[146] 孙立成、周德群、李群：《能源利用效率动态变化的中外比较研究》，《数量经济技术经济研究》2008 年第 8 期。

[147] 张琳：《中国能源消费与经济增长关系的实证研究》，西北大学博士学位论文，2011 年。

[148] 李振名：《能源消费与经济增长——基于中国的实证研究》，复旦大学博士学位论文，2010 年。

[149] 王火根：《中国经济增长与能源消费内在关系研究》，华侨大学博士学位论文，2008 年。

[150] 杨冕、杨福霞、陈兴鹏：《中国能源效率影响因素研究——基于 VEC 模型的实证检验》，《资源科学》2011 年第 1 期。

[151] 师博、张良悦：《我国区域能源效率收敛性分析》，《当代财经》2008 年第 2 期。

[152] 王丹枫：《我国能源利用效率、经济增长及产业结构调整的区域特征——基于 1995—2007 年 31 个省域数据的分位点回归分析》，《财经研究》2010 年第 7 期。

[153] 武春友、赵奥、王晓岭：《中国不可再生能源消耗效率的关键影响因素研究》，《当代财经》2012 年第 1 期。

[154] 沈能、刘凤朝：《空间溢出、门槛特征与能源效率的经济增长效应》，《中国人口·资源与环境》2012 年第 5 期。

[155] 原毅军、郭丽丽、孙佳：《结构、技术、管理与能源利用效率——基于 2000—2010 年中国省际面板数据的分析》，《中国工业经济》2012 年第 7 期。

［156］周建：《我国区域经济增长与能源利用效率改进的动态演化机制研究——基于省域面板数据协整模型的实证分析》，《数量经济技术经济研究》2008 年第 9 期。

［157］范如国、罗明：《中国能源效率演化中的异质性特征及反弹效应影响》，《经济管理》2014 年第 6 期。

［158］吴琦、武春友：《我国能源效率关键影响因素的实证研究》，《科研管理》2010 年第 5 期。

［159］史丹、吴利学、傅晓霞、吴滨：《中国能源效率地区差异及其成因研究——基于随机前沿生产函数的方差分解》，《管理世界》2008 年第 2 期。

［160］傅晓霞、吴利学：《中国能源效率及其决定机制的变化——基于变系数模型的影响因素分析》，《管理世界》2010 年第 9 期。

［161］吴利学：《中国能源效率波动：理论解释、数值模拟及政策含义》，《经济研究》2009 年第 5 期。

［162］晏艳阳、宋美喆：《我国能源利用效率影响因素分析》，《软科学》2011 年第 6 期。

［163］曾胜、靳景玉：《能源消费结构视角下的中国能源效率研究》，《经济学动态》2013 年第 4 期。

［164］魏楚、沈满洪：《能源效率及其影响因素——基于 DEA 的实证分析》，《管理世界》2007 年第 8 期。

［165］Lucas, R. E. On the Mechanics of Economic Development ［J］. Journal of Monetary Economics, 1988, 22 (3): 3 – 42.

［166］Lampard, E. The History of Cities in the Economically Advanced Areas ［J］. Economic Development and Cultural Change, 1955, 2 (3): 81 – 136.

［167］Bairoch P. Cities and Economic Development: from Dawn of History to the Present ［M］. Chicago: University of Chicago Press, 1988: 20 – 31.

［168］J. Jacobs. The Economy of Cities ［M］. New York: Random House, 1969: 1 – 10.

［169］Ronald L. Moomaw, Ali M. Shatter. Urbanization and Economic Development: A Bias Toward Large Cities ［J］. Journal of Urban Economics, 1996, 4 (1): 13 – 37.

[170] Jones. , B. and Kone. , S. An Exploration of Relationships Between Urbanization and Per capita Income: United States and Countries of the world [J]. Papers in Regional Science, 1996, 75 (2): 35 – 153.

[171] Lemelin. A. , Polese, M. What about the Bell – shaped Relationship Between Primacy and Development [J]. Interactional Regional Science Review, 1995, 18 (3): 313 – 330.

[172] Tolley, G. S. , Thomas, V. The Economics of Urbanization and Urban Policies in Developing Nations [M]. Washington, D. C. : The World Bank, 1987: 10 – 15.

[173] Prud' Homme, R. Urban Transportation and Economic Development [J]. Region and Development, 1997, 10 (5): 4 – 53.

[174] Krugman. , P. Increasing Returns and Economic Geography [J]. Journal of Political Economy, 1991, 99 (3): 483 – 99.

[175] Rauch. , J. Productivity Gains from Geographic Concentration of Humane Capital: Evidence from the Cities [J]. Journal of Urban Economies, 1993, 34 (3): 380 – 400.

[176] Quigley. , J. M. Urban Diversity and Economic Growth [J]. Journal of Economic Perspectives, 1998, 12 (2): 127 – 138.

[177] Ciccone. , Antonio and R. E. Hall. Productivity and the Density of Economic Activity [J]. The American Economic Review, 1996, 86 (1): 54 – 70.

[178] Glaeser. , E. L. Cities, Information, and Economic Growth [J]. Cityscape,1994, 1 (1): 9 – 77.

[179] Glaeser, E. L. Are Cities Dying? [J]. Journal of Economic Perspectives, 1998, 12 (2): 139 – 160.

[180] Henderson, J. V. The Urbanization Process and Economic Growth: the So – what Question [J]. Journal of Economic Growth, 2003, 8 (1): 47 – 71.

[181] 钱纳里、赛尔昆：《发展的格局：1950—1970》，经济科学出版社 1988 年版。

[182] Mills, E. , C. Becker. Studies in Indian Urban Development [M]. Oxford University Press, 1986: 30 – 35.

[183] Mills, E. S. , B. Song. Urbanization and Urban Problems [M]. Harvard University Press, 1979: 18 – 20.

[184] Davis, J. , J. V. Henderson. Evidence on the Political Economy of the Urbanization Process [J]. Journal of Urban Economics, 2003, 53 (1): 98 – 125.

[185] Black, D. , J. V. Henderson. A Theory of Urban Growth [J]. Journal of Political Economy, 1999, 107 (2): 252 – 284.

[186] Evans, A. W. The Pure theory of City size in an Industrial Economy [J]. Urban Studies, 1972, 9 (1): 49 – 77.

[187] Polese, M. On the Non – city Foundations of Economic Growth and the Unverifiability of the "Jacobs Hypothesis": a reply to Peter Taylor's comment [J]. Urban Studies, 2006, 43 (9): 1631 – 1637.

[188] Krugman P. Geography and Trade [M]. MIT Press, 19: 20 – 35.

[189] 杨小凯、张永生：《新兴古典经济学和超边际分析》，中国人民大学出版社 2000 年版。

[190] Duranton, G. Urbanization, Urban Structure, and Growth [M]. Cambridge: Cambridge University Press, 2000: 290 – 317.

[191] 周一星：《城市地理学》，商务印书馆 1995 年版。

[192] 成德宁：《城市化与经济发展——理论、模式与政策》，科学出版社 2004 年版。

[193] 高佩义：《中外城市化比较研究》（增订本），南开大学出版社 2004 年版。

[194] 沈坤荣、蒋锐：《中国城市化对经济增长影响机制的实证研究》，《统计研究》2007 年第 6 期。

[195] 程开明：《中国城市化与经济增长的统计研究》，博士学位论文，浙江工商大学，2008 年。

[196] 李金昌、程开明：《中国城市化与经济增长的动态计量关系》，《财经研究》2006 年第 9 期。

[197] 中国经济增长与宏观稳定课题组：《城市化、产业效率与经济增长》，《经济研究》2009 年第 10 期。

[198] 项本武、张鸿武：《城市化与经济增长的长期均衡与短期动态关系——基于省际面板数据的经验证据》，《华中师范大学学报》

（人文社会科学版）2013 年第 2 期。

[199] 曾贤林：《贵州省城市化与经济增长关系的实证分析》，《贵州民族大学学报》（哲学社会科学版）2013 年第 6 期。

[200] 聂华林、韩燕、钱力：《基于面板数据的我国人口城市化与经济增长动态比较研究》，《软科学》2012 年第 5 期。

[201] 施建刚、王哲：《中国城市化与经济增长关系实证分析》，《城市问题》2011 年第 9 期。

[202] 杨筠、孙丽萍、王旭霞：《基于面板数据的西部人口城市化与经济增长相互关系分析》，《重庆师范大学学报》（哲学社会科学版）2014 年第 2 期。

[203] 冯亚娟、陈振环：《工业化、城市化与中国经济增长的动态相关性研究》，《统计与决策》2013 年第 19 期。

[204] 王稳琴、王成军、刘大龙：《中国城市化与经济增长关系研究》，《山西大学学报》（哲学社会科学版）2011 年第 2 期。

[205] 金荣学、解洪涛：《中国城市化水平对省际经济增长差异的实证分析》，《管理世界》2010 年第 2 期。

[206] 钟陈、陈苏丽：《中国城市化进程与省域经济增长的实证分析——基于 1989—2009 年 29 个省份的面板数据》，《西部经济管理论坛》2012 年第 2 期。

[207] 范晓莉：《城市化、能源消费与中国经济增长》，《西南民族大学学报》（人文社会科学版）2014 年第 1 期。

[208] 白积洋：《经济增长、城市化与中国能源消费——基于 EKC 理论的实证研究》，《世界经济情况》2010 年第 7 期。

[209] 雷强、郭白滢：《中国经济增长、能源消费与城市化关系的实证研究》，《发展研究》2013 年第 12 期。

[210] Masih AM M., Masih R. Energy consumption real income and temporal causality: results from a multi – country study based on co – integration and error – correction modeling techniques [J]. Energy Economics, 1996, 18 (3): 165 – 183.

[211] Cheng S. B., Lai T. W. An investigation of co – integration and causality between energy consumption and economic activity in Taiwan province of China [J]. Energy Economics, 1997, 19 (4): 435 – 444.

[212] Apergis N., Payne J. E. Energy consumption and economic Growth in Central America: evidence from a panel co – integration and error correction model [J]. Energy Economics, 2009, 31 (2): 641 – 647.

[213] Gross C. Explaining the (non –) causality between energy and economic growth in the U. S. – a multivariate sectoral analysis [J]. Energy Economics, 2012, 34 (2): 489 – 499.

[214] 宋峰华、罗夫永：《西部能源消费与经济增长关系的实证研究》，《干旱区资源与环境》2013 年第 5 期。

[215] 饶晓辉、廖进球：《城乡收入差距与经济增长：基于 STR 模型的实证分析》，《经济评论》2009 年第 3 期。

[216] 赵进文、丁林涛：《贸易开放度、外部冲击与通货膨胀：基于非线性 STR 模型的分析》，《世界经济》2012 年第 9 期。

[217] 赵进文、闵捷：《央行货币政策操作效果非对称性实证研究》，《经济研究》2005 年第 2 期。

[218] 赵进文、闵捷：《央行货币政策操作政策拐点与开关函数的测定》，《经济研究》2005 年第 12 期。

[219] 李村璞、赵守国、何静：《我国的政府规模与经济增长：1979—2008——基于非线性 STR 模型的分析》，《经济科学》2010 年第 4 期。

[220] 李村璞、何静：《我国货币政策与房地产价格：缺乏弹性的非对称性影响》，《产业经济研究》2011 年第 3 期。

[221] 何静、李村璞、邱长溶：《热钱流入与我国股市动态关系的实证研究》，《经济经纬》2011 年第 6 期。

[222] 李村璞、何静：《我国地价与房价动态关系的实证研究——以北京市为例》，《经济经纬》2011 年第 4 期。

[223] 白雪梅、吴德燚：《中国股市与经济增长的非线性依从关系研究》，《统计研究》2010 年第 6 期。

[224] 肖兴志、陈长石、齐鹰飞：《安全规制波动对煤炭生产的非对称影响研究》，《经济研究》2011 年第 9 期。

[225] 赵天奕：《民生财政与经济增长：1978—2010 年——基于非线性 STR 模型的实证分析》，《经济研究参考》2011 年第 58 期。

[226] 李明贤、李学文：《基于 STR 模型的金融机构信贷资金投放与中国

经济增长的实证研究》，《系统工程》2009 年第 1 期。

[227] 陈建宝、李坤明：《国际油价对我国物价水平的非线性冲击》，《厦门大学学报》（哲学社会科学版）2011 年第 5 期。

[228] 靳玲：《中国城市化对能源消费的影响研究》，大连理工大学硕士学位论文，2009 年。

[229] 赵红军：《交易效率、城市化与经济发展》，复旦大学博士学位论文，2005 年。

[230] 高帆：《产业依赖假说与地区发展：理论描述及实证研究》，《财经研究》2003 年第 10 期。

[231] 高铁梅：《计量经济分析方法与建模》（第二版），清华大学出版社 2009 年版。

[232] 张晓峒：《计量经济学软件 Eviews 使用指南》（第二版），南开大学出版社 2004 年版。

[233] 易丹辉：《数据分析与 Eviews 应用》，中国人民大学出版社 2008 年版。

[234] 宋元梁、肖卫东：《中国城镇化发展与农民收入增长关系的动态计量经济分析》，《数量经济技术经济研究》2005 年第 9 期。

[235] 张优智、党兴华：《城市化水平与能源消费的动态均衡关系实证研究》，《长安大学学报》（社会科学版）2013 年第 3 期。

[236] 鲁克波尔、克莱茨希：《应用时间序列计量经济学》，机械工业出版社 2008 年版。

[237] Teräsvirta, T. Handbook of Applied Economic Statistics [M]. Cambridge University Press, 1998: 507 – 552.

[238] Teräsvirta, T. Smooth Transition Regression Model [M]. Cambridge University Press, 2004: 2 – 10.

[239] 张优智、党兴华：《我国城市化与能源消费非线性动态关系研究》，《城市问题》2013 年第 10 期。

[240] 梁朝晖：《城市化不同阶段能源消费的影响因素研究》，《上海财经大学学报》2010 年第 5 期。

[241] 张优智、党兴华：《研发投入与技术创新关联性的动态分析——基于协整检验和状态空间模型的研究》，《科技管理研究》2014 年第 8 期。

[242] 张优智、侯海青:《城镇化水平与农民增收:基于陕西数据的分析》,《商业研究》2011 年第 5 期。

[243] 张优智:《财政科技投入与经济增长的协整检验》,《科技进步与对策》2012 年第 7 期。

[244] 张优智:《技术市场发展与经济增长的协整检验——基于 1987—2009 年的数据分析》,《大连理工大学学报》(社会科学版)2011 年第 4 期。

[245] 张优智、党兴华、赵璟:《陕西省 R&D 投入与创新产出动态均衡关系研究——基于陕西省 2000—2010 年的数据实证分析》,《科技管理研究》2014 年第 3 期。

[246] 张优智、党兴华:《专利产出与经济增长的协整关系研究》,《科技管理研究》2013 年第 11 期。

[247] 张优智:《基于状态空间模型的中国能源消费和经济增长动态关系研究》,《中国石油大学学报》(社会科学版)2014 年第 5 期。

[248] 张优智:《我国科技投入与经济增长的动态关系研究》,《科研管理》2014 年第 9 期。

[249] Kuznets S. Economic Growth and Income Inequality [J]. American Economic Review, 1955, 45 (1): 1 – 28.

[250] Kaldor N. Alternative Theories of Distribution [J]. Review of Economic Studies, 1956, 23 (2): 61.

[251] Aghion P. Inequality and Economic Growth: the Perspective of the New growth theories [J]. Journal of Economic Literature, 1999, 37 (1): 1615 – 1660.

[252] Persson, Tabellini. Is Inequality Harmful for Growth? [J]. The American Economic Review, 1994, 84 (3): 600 – 621.

[253] Deininger K. A New Ways of Looking at Old issue: Inequality and Growth [J]. Journal of Development Economics, 1998, 57 (1): 259 – 287.

[254] 汪同三、蔡跃洲:《改革开放以来收入分配对资本积累及投资结构的影响》,《中国社会科学》2006 年第 1 期。

[255] 陆铭、陈钊、万广华:《因患寡,而患不均——中国的收入差距、投资、教育和增长的相互影响》,《经济研究》2005 年第 12 期。

［256］吕炜、储德银：《城乡居民收入差距与经济增长研究》，《经济学动态》2011 年第 12 期。

［257］王少平、欧阳志刚：《我国城乡收入差距的度量及其对经济增长的效应》，《经济研究》2007 年第 10 期。

［258］王立勇、万东灿、杨雨婷、曹庆明：《我国收入差距对经济增长动态影响的经验研究》，《当代财经》2013 年第 3 期。

［259］张优智、党兴华：《我国城乡收入差距与经济增长——基于非线性 STR 模型的实证分析》，《运筹与管理》2014 年第 4 期。

后 记

本书是在笔者博士论文的基础上修改完善而成的，也是在西安石油大学优秀学术著作出版基金、西安石油大学油气资源经济管理研究中心和陕西省教育厅人文社科专项项目（2013JK0106）的资助下完成的。

我一直认为，如果不具备扎实的经济学和管理学理论基础、一定的数理功底、丰富的经济史知识与开阔的视野、活跃的思维、直面经济和管理现象的深切感悟，那么撰写一部科学、规范和严谨的学术著作将是一项极有压力感和富有挑战性的工作。但在经历了不知的困惑、求知的艰辛、理解的愉悦之后，在自己理论工具可以驾驭的范围内，终于完成了这部专著。显然，由于自身理论水平有待进一步提升，难以完全满足以上的写作条件，所以，这部专著还有这样那样的不足之处，但它毕竟是我19年经济学和管理学学习、教学和科研的一个成果。

在专著的写作过程中，得到了许多良师益友的精心指导与热情帮助。首先，感谢我的导师党兴华教授！从选题、拟定提纲到修改定稿，整个过程都凝结了党老师大量的心血。他的指导、鼓励和支持，对我顺利完成专著的撰写以及今后继续进行学术研究都具有重要的作用和非凡的意义。

感谢西安理工大学经济与管理学院的扈文秀教授和李随成教授等老师的悉心授业。感谢赵璟、陈敏灵、李大军、段发明、刘立、韩瑾、石琳、王育晓、李阳等同门的帮助和鼓励，每两周一次的同门学术例会给我提供了提升学术水平的机会，使我受益颇多。感谢我的硕士生导师西安交通大学经济与金融学院经济学系主任、博士生导师张倩肖教授、复旦大学经济学系副主任高帆博士后以及西安石油大学经济管理学院副院长王君萍教授、曾昭宁教授、杨嵘教授、侯海青教授、王爱莲教授、王张明博士、刘笑明副教授、苟三勇副教授、史晓燕副教授、程骏副教授、侯万宏、陈楠、袁静等老师在专著写作过程中给予的大量帮助。感谢王昱、李文锋、罗宁、刘党社、李村璞、何静、李继刚、李治、贺信、杨相群、杨智慧和西安航空职业技术学院院长赵居礼教授以及陕西工业职业技术学院杨卫军、王永莲、雷引周、王荣琦、郭鹏勃等好友的大力支持和无私帮助。

特别感谢我的父母亲以及妻子魏建华女士对我的理解、支持和勉励，正是他们给我的无私的爱和包容，才能使我安心地完成学业！女儿张子歆的出生和成长给我的生活增添了不少快乐。

在撰写专著的过程中，本书参考和借鉴了国内外学者的最新研究成果，尤其是浙江工商大学程开明教授的相关研究成果给我很多启发。正是在前人的研究基础上，本书才做出了自己的边际知识贡献。在此感谢这些学者！

还要感谢西安石油大学科技处诸位同事的热情帮助和西安石油大学优秀学术著作出版基金的资助以及西安石油大学经济管理学院所提供的良好科研氛围。感谢中国社会科学出版社刘晓红编辑对本书不厌其烦的校对和修改完善！

感谢所有在生活、学习和工作上曾经给予过我帮助、关心、支持和鼓励的人！

由于本人学术水平有限，本书中难免有不当之处，敬请业内专家和读者批评指正！

张优智

2015 年 5 月 18 日于西安石油大学